세일즈의 탄생

고객 창조를 위한 생산적 판매

저자 / Tim Hurson, Tim Dunne 역자 / 박재찬

Never be Closing

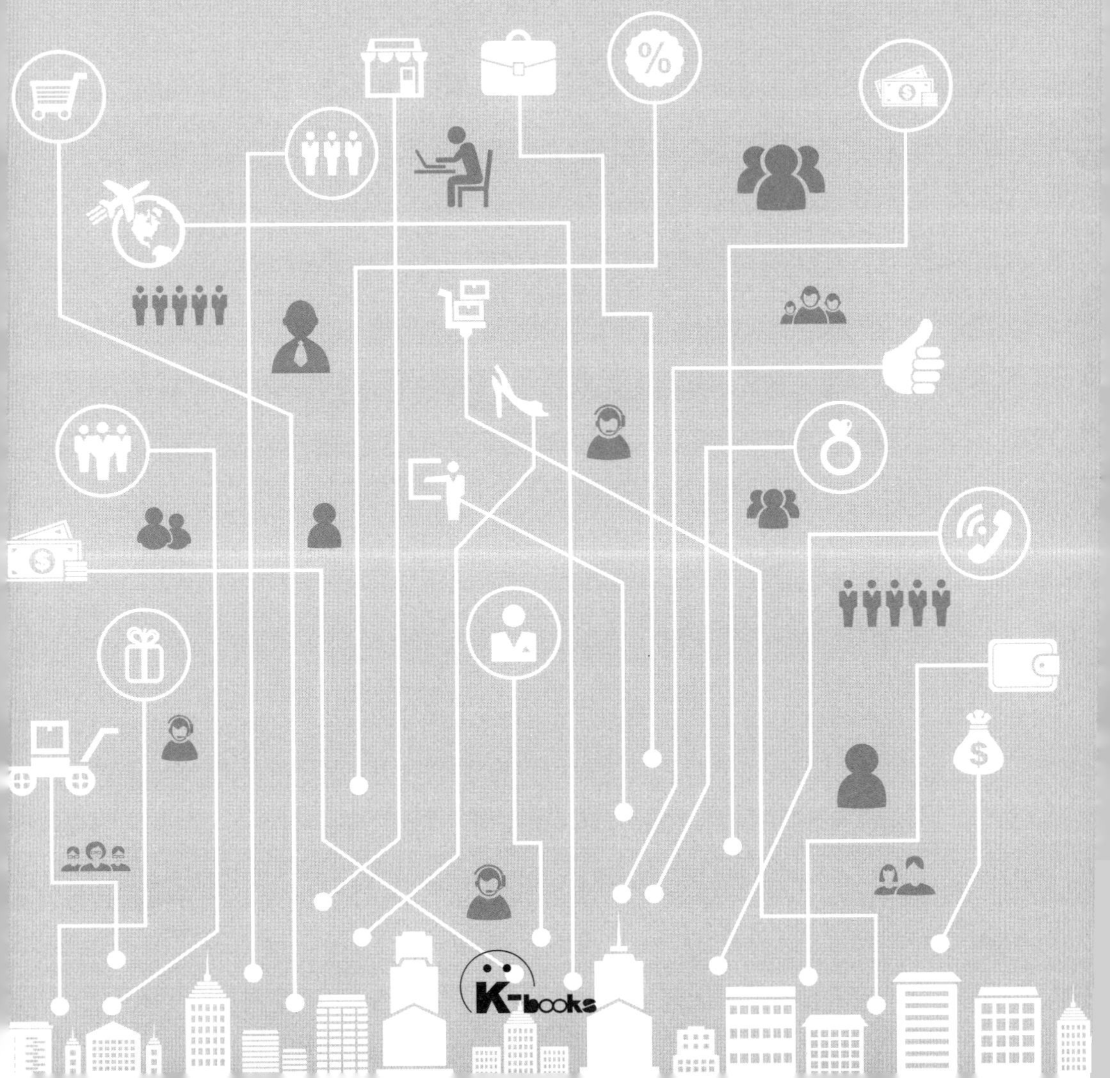

NEVER BE CLOSING

* 잘못된 책은 교환해 드립니다.

"세일즈의 탄생" 한국어 독자 여러분께

최근 전 세계 영어권 지역에서는 비즈니스에 종사하는 많은 사람들이 세일즈 활동에 대해서 혁신적인 시각에서 새롭게 접근하고 있습니다. 이는 "생산적 판매"라고 일컫는 창의적 고객관계 철학과 기법을 익힌 까닭입니다. 이번에 저의 절친한 친구인 박재찬 대표의 노력과 도움으로 이러한 원리들과 도구들을 한국 사회에 소개하게 되어서 매우 기쁘게 생각합니다.

생산적 판매는 우리가 자칫 망각하는 당연한 진실, 즉 첫 거래를 넘어서는 지속적인 고객관계가 바람직하다는 점에서 세일즈를 새롭게 인식하고 실행할 것을 주창합니다. 고객에게 절실한 가치를 지속적으로 창출하는 세일즈를 할 수 있어야만, 우리는 일상적으로 부딪히는 타인과 정상적이고 실질적인 사업적 및 인간적 관계를 유지할 수 있습니다. 이렇게 하는 유일한 길은 고객이 지니거나 당면한 문제를 제대로 파악하고 효과적으로 해결하는 것입니다. 그저 실적에 매달리는 판매정책이나 일방적인 판촉기법으로는 고객을 떠나보낼 뿐입니다. 반면에, 고객의 입장에서 숨은 애로점을 파악하고 창의적인 해법으로 도움을 줄 수 있다면, 영원한 고객으로 남을 것입니다.

*"세일즈의 탄생"*을 통하여 세일즈의 진정한 가치를 만끽하시기를 바랍니다.

팀 허슨

캐나다 토론토에서

2015년 11월

옮긴이의 글

극작가 아서 밀러는 희곡 "세일즈맨의 죽음"에서 미국 사회의 냉엄하고 처절한 단면을 그렸다. 대량생산 현대 산업사회에서 인정되는 성공과 실패, 인간의 소외와 절망을 절묘한 기법으로 그려낸 1940년대 이 작품은 오늘날에도 보통 시민들에게 절실하게 다가온다. 본서 *"세일즈의 탄생"* 의 공저자인 팀 허슨과 팀 던은 함께 주창하기를, "생산적 판매" 방법을 통해서 진정한 세일즈의 가치를 회복할 수 있으며 "세일즈맨의 부활"을 이룰 수 있다고 말한다.

젊은 시절부터 영업 및 마케팅 분야에서 국내외 세일즈 활동에 종사하고 세일즈맨들과 고락을 같이해 온 사람으로서, 나 역시 "세일즈맨의 죽음"을 연상시키는 온갖 어려운 경우를 주위에서 많이 보고 겪어왔다. 제대로 역할과 위치를 찾지 못하고 중도에서 탈락하거나 좌절하는 세일즈맨들을 안타깝게 여겨왔으며, 만족하지 못하고 아쉬워하는 고객들과 잠재적 가치를 사장시키는 거래를 수없이 목도한 바 있다. 이번에 "세일즈의 탄생"을 우리 사회에 소개하고자 하는 데는 위와 같은 사회적 부담과 낭비를 덜고자 하는 취지도 있으며, 저자 팀 허슨과도 만나서 같은 생각을 나누어 왔다.

상품과 서비스를 세일즈하는 사람들은 물론 남에게 자기의 뜻을 전달하고 이해시키며 공감을 얻어야 하는 많은 사람들은 필연적으로 세일즈라는 활동을 하는 셈이다. 기본적으로 고객의 상황을 제대로 이해하고, 올바른 문제를 파악한 후, 고객과의 접점에서 얻은 아이디어와 생각으로 진정한 해결방안을 찾으면, 상호 인정하는 상황에서 세일즈가 이루어진다. 일견 단순해 보이는 이런 과정을 창의적 사고기법으로 확립된 "생산적 사고방법"을 "생산적 판매"로 체계화한 것이 본서의 내용이다.

본서는 원리와 방법론을 제시한 내용과 함께 구체적이고 실질적인 세일즈 과정의 여러 가지 기법들과 도구들을 흥미 있는 사례를 중심으로 풀어내어서 설명하고 있으므로, 전문적 세일즈맨들과 비즈니스 업계에서 고객과 접촉하는 연관부서 직원들은 물론, 일상활동에서 공감과 이해 위에서 공동의 목표를 향해서 일하는 일반시민 모두에게 도움이 되길 절실히 바란다. 디지털 사회이자 글로벌 경제체제로 공간과 시간이 확대되고 압축되는 이 시대에 가장 눈에 띄는 사실은 정보의 패러다임이 판매자와 구매자 간에 균형상태로 변화되었다는 점이다. 이러한 새로운 패러다임 위에서 정립된 "생산적 판매"를 통해서, 세일즈에 종사하는 분들이 B2C는 물론 B2B 세일즈의 용도에 부합하게끔 제시된 사례들과 창의적인 기법들을 익히고 적용하는 일은 매우 바람직하다고 믿는다.

번역은 제2의 창작이라고 흔히 말한다. 이번 번역작업에서 그 어려움을 절감하면서, 옮긴이로서 제2의 창작에서 빚어질 수 있는 오류나 부족함에 부담감과 책임감을 느낀다. 지난 수 개월 동안 기획은 물론 교정과정에서 직접적인 도움을 주신 경문사의 한헌주 사장, 그리고 편집진 여러분께 감사를 드린다. 아울러 옆에서 지속적으로 응원하고 격려를 해준 아내와 가족 모두에게 감사와 사랑의 뜻을 전한다.

2015년 11월
*"세일즈의 탄생"*을 옮기는 일을 마치면서
박재찬

“세일즈의 탄생”을 환영하는 마음…

“기네스북에 기재된 미국의 전설적 세일즈맨 조 지라드는 자신의 변신과 성공 비결로 절실한 마음, 고객에 대한 열정, 끊임없는 노력이라는 평범한 답을 했다.”

오늘날 너무나 급히 진행되는 변화 속에서 우리는 항시 남에게 무엇인가 전달하고 설득하고 동의를 구하려 한다. 사실 정치 외교 경제는 물론 모든 사회활동에서 우리는 서로 타인에게 영향을 미치고 결과를 구하려 한다. 바로 “파는 행위”에 다름이 아닌 우리의 진면목이다. 그러나 고객을 판매행위의 대상이 아닌 공동의 파트너로 함께 만족할 수 있는 길이 있다. “진정한 거래”를 추구하는 데 필요한 태도, 접근방식, 기법을 체계적으로 정리한 저자의 통찰에서 보다 나은 사회를 지향하는 가치관을 읽는다. 알게 모르게 “팔고 사는 현실”에 젖은 우리 일상생활에 새로운 기운을 가져다주는 지혜와 재치가 넘친다.

이 책을 마치 소설처럼 읽는 사이 저절로 창조적 세일즈의 영역에 발을 들여놓게 된다.

- 김수종, (사)녹색섬 포럼 이사장, (전) 한국일보 주필

추천의 말

필립 코틀러는 인간이 원하는 것을 얻는 방법으로 자급자족, 약탈, 구걸, 교환의 네 가지가 있다고 했다. 인간은 거의 모든 것을 교환을 통해서 얻으며, 교환의 출발이 세일즈다.

세일즈를 위해서는 내게 줄 것이 있어야 하고, 이를 필요로 하는 상대가 있어야 하며, 교환할 효익(benefit)의 가치가 비슷해야 한다. 이 책 "*세일즈의 탄생*"은 Tim Hurson이 제안하는 "창의적 문제해결"을 생산적 교환이 이루어지는 전체 과정에 어떻게 적용할 것인가를 심층적으로 다루고 있다. 세일즈 상황을 중심으로 문제해결책을 풀어나가고 있지만, 이 책은 사실 모든 이를 위한 것이다. 누구와 어떻게 관계를 맺고, 그것을 통해 어떻게 서로 신뢰하는 교환을 이어갈 것인가를 제시하는 실전 매뉴얼에 가깝다.

- 김진국, CEO/ Consumer Insight, Inc.

목 차

01부 | 세일즈, 그 기본원리

01장 | 낯선 이의 등장…세일즈의 시작_3
02장 | 생각을 한다…생각을 잘해야 세일즈를 잘한다_7
03장 | 모든 사람은 세일즈맨이다…불가피한 역할_24
04장 | 오리온 별자리…행동지침을 수립한다_29

02부 | 상담여건을 마련한다

05장 | 문제는 단순하다…사람 또는 프로세스?_43
06장 | 세일즈 상담 토론…사후검토와 사전검토_63

03부 | 상담을 준비하는 과정

07장 | 알프레드 히치콕이 제안한다…스크립트의 힘_81
08장 | 첫 승낙…상담약속을 받는다_103
09장 | 리서치를 해야 이해가 된다…5가지 질문_124
10장 | 사전검토…성공기준을 세운다_139
11장 | 취약한 연결점…노트를 잘 이용하라_152

04부 | 고객과의 실제 상담

12장 | 세일즈 대화의 진행…3막(幕)_165

13장 | 등장인물…고객이 알아듣게끔 말을 하라_171

14장 | 대화, 서막…상담은 이미 시작되었다_189

15장 | 대화, 제1막…신뢰감을 쌓는다_214

16장 | 대화, 제2막…질문을 계속한다_240

17장 | 막간 휴식…상담 중 잠깐 쉰다_269

18장 | 대화, 제3막…고객에게 도움이 되도록 한다_275

05부 | 상담 후

19장 | 필수사항…상담 후가 중요하다_299

20장 | 상담 후…프로세스를 점검한다_302

21장 | 보물찾기…상담내용을 사후에 점검한다_321

22장 | 새로운 시작…기억영역을 확보한다_329

부록 생산적 판매 – 리뷰_335

Part

01

세일즈, 그 기본원리

Guiding Principle

세일즈의 탄생

Never be Closing

Chapter 01 낯선 이의 등장 ••• 세일즈의 시작

> 모든 소설은 다음 두 이야기 중 한 가지다:
> 어떤 이가 여행 길을 나서거나 낯선 이가 마을에 들어선다.
>
> - 레오 톨스토이 Leo Tolstoy

아득히 먼 옛날, 사람들은 어떻게 살았을까 생각해보자. 그들은 가까운 가족집단을 이루고 살았는데, 가족은 식구라야 몇 되지 않았을 것이다. 서로서로 뻔히 아는 사이이므로 무엇을 팔고 사는 기술이 별로 소용이 없었을 것이다. 한 공동체 안에서, 재산은 아마 공유되었을 듯하다. 이웃집 아무개가 어떤 성격인지, 어떤 일에 솜씨가 있는지, 강점과 약점은 무엇인지, 어떤 것을 좋아하고 싫어하는지, 그리고 무엇이 필요한지 등을 잘 아는 사이인 데다가, 자기와 별반 다를 것 없는 모습이었을 것이다.

이들은 서로 간에 무엇을 "세일즈" 할 필요가 없었다.

하지만 그러다가 새로운 일이 일어났다. 어느 날, 한 나그네가 마을에 찾아왔다. 부락민들이 먼저 보이는 반응은 그를 내쫓거나 아니면 죽이려고 했을지 모른다. 행여나 그가 나쁜 역병이라도 몰고 올지도 모르니 말이다.

그런데 그 나그네는 무언가 생전 못 보던 것을 지니고 있었다. 말하자면, 쓸모있는 도구나 신기한 장신구 아니면 잘 다듬은 사냥용 곤봉 같은 물건들인데, 거래할 대상이었다. 순식간에 양쪽 입장이 달라졌다. 여전히 께름칙하지만, 이제는 이 나그네를 잘 대접해야 할 이유를 깨닫게 된다.

첫 세일즈 상황은 이렇게 이루어졌을 가능성이 많다.

물론 그 나그네는 주인에게 몇 가지 점을 납득시켜야 했을 것이다.

첫째, 자기가 가져온 사냥용 곤봉이 쓸모가 있다는 점, 곤봉이 사냥에서 자기가 말하는 효능이 있을 것이라는 점, 그리고 자기가 하는 말을 믿어도 된다는 점이다. 심지어 나그네는 자기와 자기 "물건들"이 틀림없게 쓸모가 있다는 점을 실제로 보여주었을 것이다.

둘째, 자기가 물건들이 요구한 대가만큼 가치가 있다는 점이다. 만약 그 나그네가 주인이 애지중지하는 손도끼를 원하는 경우에는, 그는 주인이 유리하다고 여길 만한 거래를 제안하여야 할 것이다.

본시 주인 형제나 이웃사람이 주인에게 무엇인가를 부탁하고자 할 적에는 그는 평소 지닌 평판에 의존할 것이다. 그러나 낯선 나그네의 경우에는 그러한 평판이나 입장과 같은 이점이 없다. 그는 자기가 제안하는 것을 주인에게 어떻게든 세일즈하는 방안을 찾아내어야 할 것이다.

우리가 상상으로 그린 나그네가 마을에 와서 자기 사냥용 곤봉을 주인의 손도끼와 바꾸자라고 제안한 이후로 지금껏 세일즈의 본질은 별로 변하지 않았다.

만일 당신이 세일즈에 종사하거나 세일즈를 더 잘 하기를 원한다면, 당신은 그 나그네가 겪었던 딜레마에 대해서 이해를 해야 한다.

나그네의 입장에서는 당장에 필요한 신뢰라는 수단을 갖고 있지 않다. 그러므로 신뢰를 대신할 갖가지 판매방안, 판매도구 및 판매마감 기술들이 개발되어 왔다는 사실은 놀랄 일이 아니다. 이러한 도구와 기술들을 개발한 목적은 흔히 당장 사는 행위가 고객자신에게 최선의 이익이 아님에도 불구하고 고객에게 사도록 유혹하는 의도라고 하겠다.

본 책자에서 필자들이 주창하는 '생산적 판매'Productive Selling 방식과 교육과정들은 그 나그네의 딜레마를 전혀 다른 방법으로 극복하기 위해서 개발되었다. 생산적 판매는 고객의 주머니에서 돈을 끄집어내기 위한 기술들을 소개하는 것이 아니다. 생산적 판매는 문제를 파악하고 해결하는 목적으로 철저히 연구된 과정으로 구성된 포괄적 전략이다. 앞에서 선사시대의 사냥용 곤봉과 돌도끼의 예에서 보았듯이, 주인과 나그네 간에 거래를 할 수 있다는 것은 각자가 상대의 문제를 풀어주었기 때문－한 쪽은 사냥용 곤봉의 가치를 알아보았으며, 다른 한 쪽은 손도끼의 가치를 보았다는 것－이다. 생산적 판매는 기본적으로 상대방의 문제를 해결하는데 도움을 주는 방식이다. 이 방식은 고객들을 위해서 개발된 문제해결 과정을 사려 깊게 따르도록 하는데 주안점을 둔다. 생산적 판매는 시간을 두고 여러분과 고객 사이에 상호 진정으로 유익한 관계를 만들어내려면 어떻게 창의적으로 접근해야 하는지를 보여준다. 그 방식은 현실적으로 고객에게 신뢰를 얻어서 나그네의 낯선 입장을 벗어날 수 있는 방법을 보여준다. 그렇게 되면 당신은 세일즈를 더 잘하게 된다.

시작하기 전에, 톨스토이가 제시한 관점을 뒤집어 생각해보는 것이 중요하다－소설에서 두 번째 이야기는 어떤 이가 여행을 떠난다는 것이다.

톨스토이는 훨씬 단순하게 얘기를 묘사할 수 있었을 것이다. "어떤 이가 여행 길을 나선다"와 "낯선 이가 마을에 들어선다"는 실제는 같은 이야기로서 관점을 달리해서 말한 것일 따름이다.

만약 모든 고객이 세일즈맨을 의심하여야 할지 또는 믿어야 할 지 모르는 나그네로 본다면, 세일즈를 하는 사람은 누구나 할 것 없이 여행길에 나선 나그네가 되는 셈이다. 낯선 곳에서 낯선 사람들에게 매번 새로운 도전에 부딪혀서 자신을 증명해 보여야 하는 나그네와 같은 처지다.

그러므로 나그네여, 환영합니다. 이 책은 당신에 대한 것이자 당신을 위한 책이랍니다. 우리는 나그네 당신이 이렇게 장사한다는 일을 새롭게 더 잘 할 수 있도록 길잡이가 되고자 합니다. 그리고 그 여정에서 당신과 당신의 고객들이 도움을 얻게 되기를 바랍니다.

Chapter 02 생각을 한다 ••• 생각을 잘해야 세일즈를 잘한다

> 창의적 사고란, 의례껏 해오던 방식대로 일을 하는 것이 특별한 가치가 없다는 점을 깨닫는 것이다.
>
> \- **루돌프 플레쉬** Rudolph Flesch

몇 해 전에 우리는 대형 인쇄업체에서 고위 임원진을 대상으로 혁신프로그램을 진행한 적이 있었다. 시작 후 일주일이 지나서, 버트Bert 사장에게 진행상황을 설명하는 자리가 있었다. 그는 사업을 하기 전에는 미식축구 세미프로 팀의 풀백 수비진으로 뛰었는데, 그의 리더십 스타일은 아직도 필드 한복판으로 곧장 내닫는 저돌적인 식이었다. 그가 "이 프로그램은 내가 여태껏 본 영업훈련 중 가장 좋군요. 우리 회사 세일즈맨들에게 꼭 필요한 과정입니다."라고 말했다.

버트 사장의 커뮤니케이션 스타일은 너무나 직설적이어서 어떤 때에는 그가 농담을 하는지 분간이 되지 않았다. "사장님, 지금 세일즈맨들을 우리 혁신프로그램에 참가시켜야 한다는 말씀인가요?"

"아니요, 그들은 가만히 앉아서 혁신과정에 있는 것을 견디질 못할 것입니다. 그러나 여러분이 지금 생각하는 방식 말입니다. 바로 문제해결 부분인데요. 그것이 세일즈맨들에게 쓸모가 있을 것 같아요. 아주 좋은 내용입니다. 거기에 뭔가를 더 보완해서 해보세요. 짧은 과정으로."

우리 대화는 곧바로 다음 주제, 곧 개최될 예정인 회사의 이사회에 대한 준비작업으로 넘어갔는데, 이런 짧은 대화는 버트 사장에 어울리는 것이었다.

나중에 우리가 자체적으로 사후검토를 하는 동안, 우리는 버트 사장이 혁신프로그램에 보인 반응에 대해서 생각해 보기 시작했다. 우리는 대부분 시간에 국내외의 크고 작은 조직체들에게 '생산적 사고'Productive Thinking와 '창의적 문제해결'Creative Problem-Solving에 관한 서비스를 제공하여 왔었다. 우리는 혁신프로젝트, 전략적 사업계획, 신제품 개발, 마케팅, 분쟁해결, 심지어 정치적 캠페인에 대해서도 위와 같은 프로세스를 성공적으로 적용하여 왔었다. 생산적 사고는 워낙 우리가 주창하는 기본적인 내용이어서 우리는 이를 우리 자신의 세일즈에는 자연스럽게 응용하였지만, 한 번도 이것을 '세일즈 프로세스'에 맞게 만들어서 고객들에게 제안한다는 생각을 해본 적이 없었다. 그런데 버트 사장은 그 자리에서 "생산적 사고는 영업실전에 적용할 가치가 있다"라고 바로 알아본 것이다.

그의 판단은 옳았다. 근본적으로 세일즈하는 사람들은 고객들이 지닌 문제를 해결해 준다. 바로 그것이 생산적 사고가 추구하는 일이다. 둘 간의 차이는 단 하나, 고객이 당면하고 있는 문제의 형태다. 생산적 사고에서, 우리는 혁신적 마케팅 계획, 신제품 개발, 프로세스 개선 등에서 고객들을 돕는 데 주안점을 둔다. 뛰어난 세일즈맨들은 고객들이 안고 있는 개별적 문제들을 해결해 주는데, 비용상 애로점들로부터 비효율적 공급망 그리고 촉박한 인도마감일 등에 이르는 문제들도 포함된다. 그러나 기본적 상황은 동일하다. 만약 세일즈맨이 고객들로 하여금 당면한 도전들을 보다 명확히 파악하고, 유용하고 창의적 아이디어로 그 문제들을 해결하게끔 도울 수 있다면, 세일즈맨은 자기 일을 제대로 하는 셈이다.

"버트, 고마워요."

이 책과 이 책의 기초작업은 앞에서 말한 단순한 통찰의 결과물이다. 우리가 확신하기로는, 여러분이 고객을 이해하고 고객과 소통하는 데 있어서 생산적 사고의 여러 도구를 잘 이용하게 되면 여태껏 해온 방식보다 더 많이 그리고 효과적으로 세일즈를 할 수 있게 될 것이다.

이 책에서는 '무작위 방문판매'cold-calling 또는 '신규고객 소구방법'qualifying 또는 '계약 마감방법'closing 등은 다루지 않는다. '고객의 거부의사를 극복하는 10가지 비법' 등도 여기에 없다. 또한 우리가 어디에서든 '고객으로 하여금 구매를 결심하게 설득하는 방법' 등에 대한 강의를 하는 일도 찾아볼 수 없을 것이다.

당신이 보게 될 내용은, 가망고객들에게 필요한 진정한 가치를 찾아내어서 이를 제공하고, 더 나아가 고객들과 지속적이며 생산적인 관계를 형성하는데 쓰이는 '기본 원리들과 도구들'이다. 우리의 전제는 "세일즈는 설득하는 기술이 아니다"라는 것이다. 좋은 세일즈는 가망고객에 대한 당신의 진정한 관심과 그 고객에게 유용한 용도가 되겠다는 당신의 욕구가 일치하는 데서 만들어진다.

너무나 당연한 말로 들리는가? 당신은 "세일즈맨에 당했다"고 느꼈던 경험—누군가가 겉으로만 아양을 떨거나, 속이 드러나 보이게 하던 얘길 되풀이하거나, 또는 계약을 부추기는 '조건강화 마감'drop close, '반사적 답변 질문 마감'reflex question close, '긍정유도 마감'inverted tie-down, '매진 마감' the ever-popular porcupine* [*이같은 용어가 생소할 것으로 안다. 우리도 그랬다. 비록 그것들이 세일즈와 세일즈맨에게 나쁜 인상을 주는 교묘한 기법들이라고 할지라도, 아주 잘 알려진 명칭들이다. 그 재미를 조금이라도 알려거든, 구글에서 찾아보라. 고객들에게 만병통치약을 파는 방법을 알게 될 것이다] 같은 기법들이 동원되는 가운데 당한 경험—을 다시 떠올려 볼 수 있는지? 그 세일즈맨이 당신을 교묘하게 조종하고 꼬드겼다는 사실을 알았는가? 어떤 기분이 들었는가? 결국 당신은 계약하기로 결정하였더라도, 그 세일즈맨과 다시 거래를 하고 싶은 생각이 있는가?

생산적 판매에서는 다른 접근방법을 택한다. 생산적 판매는 고객과 지속적인 관계를 맺는다는, 그리고 당신의 진정한 뜻이 고객에게 가치를 제공하려는 것이라는 실질적인 의도에 초점을 둔다. 당신은 우리가 고객에게 지속적이고 유용한 가치를 창출해야 된다고 줄기차게 얘기하는 것을 보게 될 것이다. 우리는 그것이 인생을 살아가고 일하는 데 있어서 올바른 원리라고 생각한다. 실제로, *'세일즈의 탄생'*Never Be Closing은 당신 생각에 "나의 고객들이 읽었으면 좋겠다"라고 일컫는 첫 번째 영업 관련 책자가 될 것이다.

생산적 판매Productive Selling는 원래 생산적 사고 모델Productive Thinking

Model에 기반을 두고 있으므로, 도입부에서는 생산적 사고가 도대체 어떤 사고방식인지 그리고 생산적 사고의 원리들을 실행하는 것이 어떻게 당신으로 하여금 세일즈를 잘 하게 하는지를 살펴보기로 한다.

지난번 발간했던 〈Think Better〉에서 설명했듯이, 생산적 사고란 '문제 및 기회'에 접근하는 체계적 방법이다. 혁신을 추구하는 사람들은, 생산적 사고 체계를 실행하는 과정에서, 다음과 같은 필수적인 행위 세 가지를 한다.

- 해결하여야 할 대상 문제들을 명확하게 인식하게 된다.
- 대상 문제들을 해결하는 데 필요한 필수적인 질문들을 구체적으로 파악한다.
- 창의적이며 유용한 해결책들을 만들어서, 실행계획으로 발전시킨다.

생산적 사고에서 이러한 사고활동들은 여섯 단계로 전개된다.

1. **무슨 일이 일어나고 있는가?** What's going on? 현재 상황을 철저하게 파헤친다. 해결해야 할 애로사항들을 구체적으로 파악하며, 미래에 대한 비전을 세운다. 이렇게 함으로써, 다음 단계 사고에 대한 유용한 내용을 만들어낸다.

2. **무엇을 추구하는가?** What's success? 제안된 해결안들이 갖는 잠재적인 효과를 측정해서 성공기준을 설정한다. 여기에서 우리가 미래인력이라고 부르는 비전이 창출된다. '미래인력'Future Pull은 매우 매력적인 미래비전인데, 당신으로 하여금 불가피한 난관을 뚫고 앞으로

나아가게끔 이끌게 된다.

3. **무엇이 문제인가?** What's the question? 애로사항을 해소하기 위해서 충족되어야 하는 질문들을 구체적으로 나열해 본다. 이렇게 도출된 질문들은 대상문제를 새롭게 보게 하고 해결책도 새롭게 찾게 하는 촉매 역할을 한다.

4. **답변을 생성(生成)한다.** Generate Answers. 도출된 질문에 대한 창의적인 아이디어들을 제안해낸다. 이처럼 브레인스토밍에서 도출된 아이디어들은 해결에 필요한 여러 가지 대안을 보여줄 것이다. 완전한 해결책이 아닐지라도, 검토할 만한 가능성이 있는 생각들을 보여줄 것이다.

5. **해결방안을 단조(鍛造)한다.** Forge the Solution. 가장 가능성이 많다고 보이는 답들을 견실한 해결방안으로 만들어낸다. 이 단계에서는 가장 유망한 아이디어들을 골라내어서 충실하고 실행이 가능한 해결방안으로 만들어낸다.

6. **자원을 조달(調達)한다.** Align Resources. 실행계획을 만들어서 이를 실행에 옮기는데 필요한 자원들을 파악하고 조달한다.

다이어그램으로 그려보면, 생산적 사고 프레임워크는 다음과 같다.

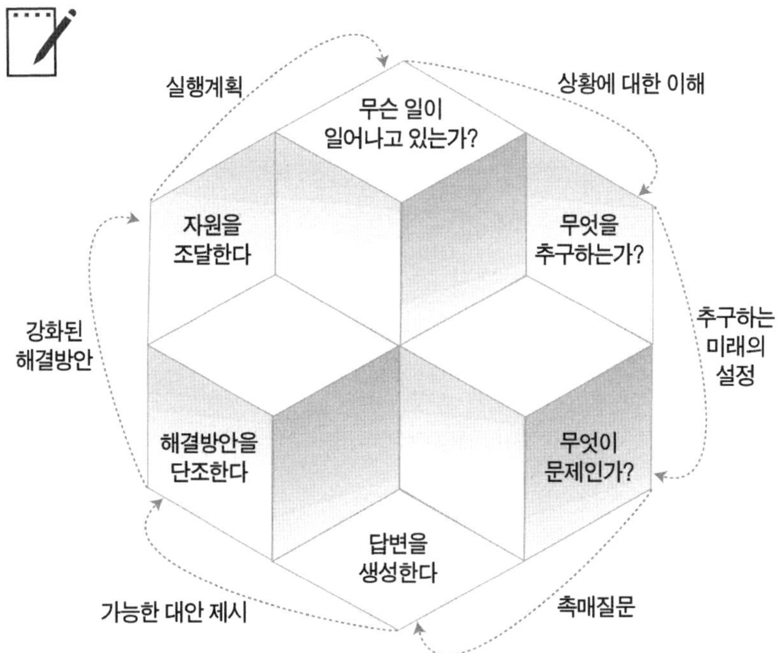

각 단계에서는 사람이 사고과정에서 효율적이며 효과적 그리고 창의적으로 사고를 진척시키는 데 유용한 일단의 도구들이 사용된다.

생산적 사고는 또한 몇 가지 기본 원리들—창의적 문제해결 프로세스에 내재된 여러 가지 생각하는 방법들—위에 세워졌다. 그런 원리들이 바로 버트 사장이 "여러분이 지금 생각하는 방식 말입니다."라고 했을 때 지칭하는 것들이다.

1. 패턴화된 사고방식을 깨닫는다

첫째 원리는, 사람은 자신을 창의적이라고 여기고자 하는 만큼이나 자기 자신이 이미 일단의 내재된 장애(障碍)들을 지니고 있다는 점을 깨닫는 것이다. 사람은 패턴으로 생각하는 경향이 있다. 사람은 일을 할 때나 사물을 볼 때 특정한 방식으로 배우고 나서는, 다르게 하는 것이 훨씬 유용하다는 증거가 넘치는 경우에도, 줄곧 그 방식으로만 일을 하거나 보는 경향이 있다. 당신도 자신에게서 이러한 패턴화된 면들을 깨닫곤 할 것이다—매일 아침 식사할 때 식탁에서 똑같은 자리에 앉는다든지, 매일 같은 길로 출근을 한다든지, 같은 단어들과 표현들을 즐겨 사용한다든가 등등 한없이 많다. 당신에게만 해당되는 것이 아니라, 주위 사람들 모두가 다 그런 식으로 한다.

이러한 패턴화된 사고방식은 우리가 접시를 닦는다든지 양치질을 할 때에는 별 다른 부담을 주지 않지만, 가끔 우리는 아무런 생각도 없이 이러한 패턴을 따르다가 예상치 못한 어려움에 빠지게 된다. 패턴화된 사고방식으로 인해서 우리는 새로운 관점이나 통찰을 보지 못한다. 그래서 새로운 해결책들이 필요한 경우에도, 사람들은 '뻔하고 구태의연한' 해답에만 매달리는 잘못을 저지른다.

코끼리 사슬 The Elephant's Tether

패턴화된 사고방식에서 첫 번째 장애는 코끼리 사슬이라는 것이다. 전통적으로 인도에서는 코끼리 몰이꾼들이 어린 코끼리 다리 한쪽을 땅에 깊이 박힌 기둥에 쇠사슬로 채워서 돌아다니지 못하게 한다. 어린 코끼리들은 사슬을 끊거나 기둥을 뽑아낼 정도로 힘이 세지 않다. 기를 쓰고 당길수록 쇠사슬이 다리를 죄기 때문에 아프고 불편하게 된다. 그래서 시간이 조금 지나면, 어린 코끼리들은 아예 포기하고 만다. 코끼리들이 성장하면, 땅에 적당히 박힌 기둥에 삼으로 짠 밧줄로 묶인 채 자리를 지킨다. 성장한 코끼리들인지라 힘으로 당기면 쉽게 빠져나올 수 있지만 그런 일은 생기지 않는다. 코끼리들은 빠져나온다는 것이 불가능하다는 패턴에 사로잡히게 된 것이다. 코끼리에게는 패턴화된 사고가 어느 물리적 속박 못지 않게 강력한 힘으로 행동을 제약하는 작용을 한다.

악어 뇌 Gator Brain

두 번째 장애는 사람들이 이미 알고 있는 상태와 현재 모습을 애써 지키려고 하는 경향을 가지고 있다는 사실이다. 우리가 신체 두뇌 속의 주름이 많은 대뇌피질에서 "사고를 한다"라고 생각하는 경향이 있지만, 실제는 보다 더 원시적인 뇌 영역들—감정을 유발하는 변연계(邊緣系)와 위험이 감지될 때 본능적으로 반응하는 간뇌(幹腦)—에서 많은 사고활동이 일어난다. 우리는 뇌의 이러한 본능적인 간뇌영역을 '악어 뇌'라고 부른다.

과학적으로 밝혀진 바에 따르면, 인간은 스스로 겪는 모든 경험을 먼저 악어 뇌를 통해서 처리하고, 그 다음에 감정을 조절하는 변연계 영역에서, 그리고 마지막으로 인지활동을 하는 합리적 뇌 영역에서 처리한다. 이는 인간이 외부에서 받아들이는 지각정보를 뇌의 세 영역에 연결하는 신경세포들의 길이가 각기 다르기 때문이다. 감각기관에서 자극을 감지한 경우, 그 신호는 맨 먼저 신경망을 통해서 간뇌로, 그 다음에 변연계로,

맨 마지막으로 대뇌피질로 흘러간다. 이 모든 작용이 불과 수천 분의 일 초에 일어난다. 이 생물학적이며 동시에 물리학적 현상은 인간이 주변 환경에 반응하는 양태에 대하여 많은 것을 시사한다.

만약 여러분이 자동차 사고를 피하고자 브레이크를 급하게 밟아야 할 경우, 지금 무슨 말을 하는지 알 것이다. 맨 먼저 하는 반응으로, 발로 브레이크를 급하게 밟는다. 그리고 바로 감정영역 뇌가 작동하여서 공포, 분노, 안도감 같은 감정을 느끼게 된다. 그런 후에 인지영역 뇌가 작동을 시작해서 "와, 큰일날 뻔했네!" 아니면 "바보 같은 녀석!" 이라고 생각을 한다.

우리 인간은 그렇게 만들어져 있다.

그런데 이것은 좋은 일이다. 이런 위급한 경우에, 당신의 악어 뇌가 당신을 물리적으로 다치지 않게끔 했을 법한 때는 수도 없이 많았을 것이다. 아마 당신의 생명을 구했을 수도 있다.

문제는 우리가 복잡한 과제에 관해서 전략적인 작업을 하고자 할 때 발생한다. 악어 뇌가 이런 경우에 자주 방해를 하기 때문이다. 당신이 얼마 전 참석한 회의에서, 누군가가 놀랠만한 아이디어를 끄집어내었던 경우를 상기해 보자. 보증하건대, 그 사람이 말을 끝내기도 전에 당신의 악어 뇌가 반응한다. 당신의 머리 한쪽에서 작지 않은 목소리가 다음과 같이 말한다. "저것은 내가 들어본 아이디어 중 가장 바보 같은 생각이다."

우리는 이 책 후반부에서 어떻게 악어 뇌(당신의 뇌 또는 당신 고객의 뇌)가 세일즈 상담을 망치는지 보게 될 것이다. 그러나 걱정을 하지 않아도 된다. 우리는 여러분이 결코 악어 밥이 되지 않을 방법을 제시할 것이다.

2. 사고활동을 분리한다

생산적 사고의 핵심원리 중 두 번째는 ― 여러 다른 문제해결 방법에서도 제시되는 것인데 ― 우리가 "생각을 분리한다"라고 부르는 것이다. 여기 그 의미를 살펴본다.

문제를 해결하고자 하는 경우에, 사람들은 두 가지 기초적인 사고패턴을 보인다. 하나는 우리가 '샤워사고활동'Shower Thinking이라고 부르는 것인데, 흔히 사람들이 샤워를 하거나, 운전을 할 때, 또는 정원손질이나 진공청소기를 돌리거나 설거지처럼 반복적인 일을 할 때에 경험하는 자연스러운 연상작용이라고 하겠다. 이 때에는 온갖 별별 생각들이 꼬리를 무는데, 어떤 때에는 아하! 하고 무릎을 친다. 우리는 이것을 '창의적 사고' creative thinking라고 부른다. 여기에서는 아이디어를 생성한다.

또 다른 형태의 사고활동은 '분석적이며 합리적인 사고활동' 스타일인데, 이 때 우리의 아이디어들을 저울질하고 평가한다. 이 사고활동에서는 여러 가지 다른 아이디어들을 측정하고 비교하면서 주어진 상황에 가장 적합하다는 아이디어를 결정한다. 우리는 이것을 '비판적 사고'critical thinking라고 부른다. 말하자면, 재판에서 판사가 하는 역할이다.

위 두 가지 사고활동은 모두 문제해결에 필수적이다. 우리는 아이디어를 만들어내는 기능으로서 창의적 사고가 필요하고, 또한 초점을 맞추어서 아이디어를 평가하는 비판적 사고도 필요하다.

우리에게 필요하지 않는 것은 동시에 두 가지 사고를 하는 일이다.

우리들 모두가 경험한 바이지만, 새로운 아이디어들이 제시되었을 때에 그런 아이디어들이 잘 되지 않을 것이라는 비판들이 수없이 쏟아지는 경우를 보았을 것이다. 반면에 아이디어가 아주 훌륭하다는(특히 그것이 상관의 아이디어라면) 긍정적인 의견들이 들리는 경우는 더 드물게 일어난다. 이 두 가지 ― 긍정적 및 부정적 ― 판단들은 모두 우리가 창의적으로 사고활동을 하는 것을 방해한다. '브레인-스토밍'을 한다고 시작된 일이 '브레인-이슬비'로 끝나곤 한다. 유망한 아이디어들을 많이 보지 못하고, 대신 고작 한 두 가지 아이디어만 채택하게 된다.

우리가 생산적 사고에서 대신 추천하는 방법은 '사고활동을 분리한다'는 것이다. 우선 아이디어들을 생각해내는데, 비판을 하지 않아야 한다. '샤워 사고활동'을 한껏 펼쳐서 좋은 생각, 나쁜 생각, 무관한 생각 등 할 것 없이 아이디어를 계속해서 생각해낸다. 그런 다음, 일정 시간 후 또는 어느 정도의 아이디어가 모인 후, 아이디어들을 적은 멋진 리스트를 다시 검토하면서 합리적 비판적 뇌를 사용하여 평가를 시작한다.

단지 아이디어를 생성하는 행동과 아이디어를 비판하는 행동을 분리하는 방법을 했을 뿐인데, 결과적으로 테이블 위에 훨씬 많은 아이디어들을 갖게 된다. 앞으로 이 책을 읽다 보면 나오겠지만, 당신이 아이디어를 더 많이 생각해낼수록, 더욱 유용한 아이디어들을 얻게 될 것이다.

다음과 같이 생각해 보자. 당신이 남태평양 어딘가에 사는 진주잡이 어부라고 가정한다. 잠수해서, 굴을 따다가, 배로 다시 올라온 다음, 굴 껍질을 열고, 굴 껍데기 안을 들여다본다. 안에 진주가 있거나 없거나 할 것이다. 어부는 이 일을 하루에 할 수 있을 만큼, 50회가 넘는 잠수를, 반복한다.

그러나 더 잘 할 수 있는 방법이 있다면 어찌 될 것인가? 어부가 주머니를 한 보따리 가져다 놓고서, 한 번 잠수할 때마다 주머니 하나씩을 가져가서 굴로 가득 채운 다음에 다시 올라와 배 안에 주머니를 던져놓고 다시 다른 주머니를 움켜쥔 후 다시 잠수할 수 있을 것이다. 그렇게 한다면, 해질 무렵에는 굴로 가득 찬 주머니 50개를 갖게 될 것이다. 그런 경우에 진주를 발견할 확률이 더 커지지 않겠는가?

대부분 세일즈맨들은 이 개념을 금방 알아챈다. 다른 요인들이 같다면, 새로운 고객을 매주 한 사람을 만나는 세일즈맨은 한 주에 일곱 명을 만나는 세일즈맨보다 훨씬 적은 실적을 올릴 것이다. 이것은 간단히 수학과 확률의 문제다.

3. '3단계 사고'를 한다

세 번째 기본 원리는 '3단계 사고'third third thinking 개념이다. 그간의 연구성과에 따르면, 창의적 아이디어를 성공적으로 이끌어낸 회합들에서 보면, 첫 1/3단계에서 주로 관련 당사자들이 과거에 접해 보았을 법한 평범하고 구태의연한 아이디어들이 나온다. 회합의 두 번째 1/3시간은 참가자들이 조금 더 고심하기 시작하는 단계로서, 이는 이제껏 익숙하였던 기존의 생각들이 고갈되었기 때문이다. 그리고 마지막 1/3시간은 진짜로 혁신적이며 진실로 유망한 아이디어들을 생성하기 시작하는 단계라고 하겠다.

우리가 이끌었던 창의적 문제해결 회합에서 보면, 거의 대부분 바로 이 세 번째 1/3단계에서 가장 유망한 아이디어들이 생성되었다. 유감스럽게도, 대부분 사람들은 이 세 번째 단계에 미처 도달하기 전에 생각을 멈춘다. 흔히 어떤 아이디어가, 특별히 새롭거나 독창적이거나 효과적이지도 않더라도, 현안 문제를 얼마간 해결했다고 생각되면, 사람들은 으레 자신들의 창의적 한계까지 도달했다는 생각에 만족하고 새로운 아이디어를 생성하는 작업을 그만둔다. 그러나 맨 처음 나온 괜찮은 아이디어가 꼭 최선의 아이디어라고 할 수 있는가? 두 번째로 나온 좋은 생각, 세 번째로 얻은 괜찮은 아이디어, 심지어 백 번째로 생성된 옳은 생각은 어떻게 되는가?

당신이 판매부서의 직원들을 채용한다고 하자. 당신은 잔뜩 쌓인 이력서를 보다가, 해당 요건에 맞는 첫 번째 사람을 채용하고 다른 이력서들을 모두 내버리겠는가? 그 이력서들 중에 정말로 다방면에 뛰어난 인재가 있었다면 어떻게 되는가? 당신은 큰일을 성공적으로 할 수 있는 잠재적 인재를 내다 버린 셈이 된다.

이런 까닭에 '3단계 사고'의 원리에서는 맨 처음 나온 정답을 바로 채택하지 말라고 말한다. 당신이 훨씬 많은 수효의 답들을 생성해낼 때까지 기다리고 나서 그 다음에 어느 것이 가장 쓸모가 있는 답이 될지를 결정하라. 생산적 판매 과정에서는 '3단계 사고'가 성공에 이르는 열쇠 중의 하나라는 사실을 알게 될 것이다.

4. 뜻밖의 연결점을 찾는다

약 2,500년 전 일이다. 초기 그리스 철학자 헤라클리투스Heraclitus는 "뜻밖의 연상이 명백한 생각보다 훨씬 더 강력하다."라고 말했다. 앞에서 얘기한 원리들 하나 하나가 사람들로 하여금 뜻밖의 연상을 찾도록 도와주는 역할을 하는데, 이 뜻밖의 연상이 바로 생산적 사고 프로세스의 요체다. 정형화된 사고에서 벗어남으로써, 창의적 사고와 비판적 사고를 분리함으로써, 그리고 제 3단계까지 기다림으로써, 기대하지 않았던 연결점들을 찾는 확률이 극적으로 크게 늘어난다.

기존의 사물들을 새로운 관점으로 보는 데서 '아하!' 하고 창의성을 발현시키는 순간이 오는 법이다. 에디슨Edison이나 아인슈타인Einstein도 모두 이러한 뜻밖의 연상들로부터 도움을 받아서 새로운 발견을 하게 되었다. 세일즈맨들에게도 동일한 현상이 적용된다. 열린 마음으로 의문을 제기하고 답변을 경청함으로써, 세일즈맨들도 사물들, 사람들, 그리고 아이디어들 사이에서 고객들에게 도움이 되는 새롭고 통찰력이 있는 생각들 간의 연결점들을 볼 수 있게 된다. 쓸모가 있는 '뜻밖의 연상들'을 찾아내고 조율하는 기술이 '생산적 판매'의 핵심이다.

5. '재점검'의 위력

마지막으로, 생산적 사고는 '재점검'debrief하는 원리에 의존한다. '생산적 사고'에서 배우는 도구들을 사용하면 어떠한 프로세스라도 뜯어 보고, 분석하고, 이를 다시 결합할 수 있다. 생산적 사고의 점검 도구들은 당신에게 자기분석과 자기학습 시스템을 제공하는데, 이 시스템들을 통해서 향상시켜야 될 점들을 파악하고 개선할 수 있다. 생산적 사고에서 이런 도구들을 사용함으로써, 당신은 세일즈 과정에서 어디가 제대로 되고 있는지, 개선이 필요한 면은 무엇인지, 그리고 어떻게 해야 성과를—결과적으로 당신 자신을—개선할 것인가를 알 수 있게 된다.

우리는 이 책자를 통해서 당신에게 매우 유용한 시발점들을 몇 가지 제시해 주기를 희망한다. 하지만, 우리가 믿기로는, 당신 자신에게 가장 어울리는 세일즈 프로세스를 배우는 최적의 장소는 당신의 일터이다. 생산적 판매는 당신이 자신의 경험을 바라보고, 경험에서 긍정적이든 부정적이든 유용한 교훈을 발굴하고, 실제 일에 부딪혔을 때 그러한 교훈들을 업무에 적용하는 방법을 당신에게 가르쳐 준다.

그것이 재점검의 힘이다.

타고난 세일즈맨이라고?

아마도 사고활동thinking과 판매활동selling 사이에서 볼 수 있는 가장 큰 유사점은 많은 사람들이 이 두 가지에서 성공하는 까닭이 무엇보다도 타고 난 재주 덕분—즉, 사고활동이 우수한 사람들은 단지 우수한 뇌를 운이 좋게 물려받았을 뿐이며, 판매를 잘하는 사람들도 원래부터 장사를 잘하게끔 태어났다—이라고 생각한다는 사실이다. 이들 두 주장에는 모두 일리가 있다. 그렇다, 사람들이 창의적으로 사고하게끔 돕는 창의적 지성에 있어서 다양한 수준을 가진 것처럼, 사람들은 판매활동에 요긴한 사회적 정서적 지능에서도 다양한 수준을 가지고 있다.

그러나 잠재된 재능은 등식(等式)의 일부일 뿐이다. 일련의 단순한 도구들과 기술들을 적용하고, 사용하고, 그리고 반응에 대해서 주의를 기울이게 되면, *누구나 세일즈를 더 잘할 수 있다.* 달리 말하자면, 판매활동에 구조적으로 접근함으로써, 당신은 타고난 재능을 최대한 활용해서 성과의 질을 크게 올릴 수 있다. 이는 마치 선천적으로 소질이 있는 육상선수가 새로운 기술을 익히고, 그 기술을 연습하여, 또 시합 상황에 적응함으로써 더 나은 성적을 올리는 것과 마찬가지다.

그것은 신참내기뿐만 아니라 경험이 많은 프로에게도 적용된다. 당신이 현재 아주 잘 하고 있다고 하더라도, 당신은 새로운 기술을 익히고, 연습하고, 경험을 통해서 유용한 교훈들을 이끌어냄으로써 더 나아질 수 있다.

우리의 기본적으로 주장하는 바는 당신이 유능한 세일즈맨이 되려면 '고객에게 쓸모가 있어야 한다'는 것이다. 고객에게 쓸모가 있게 되는 가장 효과적인 방법 중 하나는 그들이 문제를 해결하게끔 돕는 것이다. 문제해결에 도움을 주는 가장 효과적인 방법은 생산적 사고의 원리들과 도구들을 판매활동 프로세스에 적용하는 것이다.

그것이 우리가 이 책을 쓰는 까닭이다. 우리는 당신이 그렇게 일을 할 수 있도록 돕기를 원한다.

Chapter 03 모든 사람은 세일즈맨이다 ••• **불가피한 역할**

> 쐐기벌레의 어디를 보아도
> 나중에 나비가 될 것 같은 점을 찾을 수 없다.
> - 알. 버크민스터 풀러 R.Buckminster Fuller

세일즈맨—타인들에게 자신들이 내세우는 제품이나 서비스를 소개하고, 고객이 요구하는 데에 자신들의 제안을 애써 맞추면서, 그리고 결국에는 상호 도움이 되는 거래를 성사시킴으로써 생계를 유지하는 사람들—이 이 책의 주인공이다.

필자들은 판매한다는 행위가 중요하다는 절실한 생각에서 이 책을 저술했다. 나그네가 사냥용 곤봉을 마을 주인에게 '판매'한 이래로, 거래 행위는 사회 질서의 필수적 요소로 자리잡았다. 사람들은 매일 수십 번씩이나, 생산품, 서비스, 철학 또는 의견들을 막론하고, 사고 파는 행위를 한다. 주위를 둘러 보라. 사람이 만들어낸 모든 것들—정말이지, 모든 사물들—은 누군가의 손을 거쳐서 서로 사고 파는 행위를 하는 대상들이다.

우리는 본 책자에서 제시하는 통찰들과 도구들이 세일즈에 관련된 직업(미국의 근로자 10명 중 9명은 영업이나 영업을 지원하는 역할에 종사한다)에 종사하는 이들에게 가치가 있기를 바라지만, 또한 이 내용은 자신을 프로 세일즈맨으로는 여기지 않으나 '불가피하게' 세일즈맨 역할을 해야 하는 사람들, 프리랜서, 컨설턴트, 사업가, 그리고 자원봉사자 등 각자의 직업, 지역사회에서의 역할, 또는 개인적인 생활에서 거의 매일 누군가에게 무엇인가를 '파는' 행위에 연관된 사람들을 위한 것이기도 하다.

생산적 판매Productive Selling 관점 및 도구들은 아래에 거론되는 상황처럼 세일즈를 해야 하고 또한 더 잘 해야 할 필요가 있는 사람들을 위해서 설계되었다.

- 만일 당신이 투자자를 구하고 있는 기업가라면, 바쁘게 돌아가는 시장환경에서 다른 이들보다 앞서서 투자자들의 주의를 끌어내야 한다. 당신은 투자자들에게 면담 요청을 하고 거기에 대한 긍정적인 답을 얻어야 한다. 당신의 아이디어와 계획에 대해서 무엇이 특이하고 새로운 것인지를 증명할 수 있어야 하며, 또한 그 메시지를 전달할 방법을 결정해야 한다.
- 만일 당신이 소규모 사업체를 운영한다면, 당신의 가장 큰 관심사 중 한 가지는 고객들, 공급업자들과 동업자들을 새로 발굴하는 일이다. 당신은 그들에게 사업을 번창시킬 수 있는 자원, 도구, 그리고 네트워크 및 호혜적 관계를 수립할 수 있다는 점을 설명하여야

한다.

- 만일 당신이 학교당국의 새로운 정책에 찬동하는 학부모 또는 교사라면, 당신의 주장을 지지하도록 다른 학부모들이나 교사들을 설득하여야 한다. 당신은 상대방이 무엇을 바라는지를 이해하여야 하며, 그래야 당신의 입장도 그들의 관점에서 가치가 있게 된다.
- 만일 당신이 고객에게 조직에 관련된 신규전략을 제안하는 외부 컨설턴트라면, 조직에서 보기 쉬운 '변화에 대한 거부감'을 극복하기 위해서, 당신은 핵심 이해당사자들과 접촉해서 신뢰가 있는 관계를 맺어나가야 한다.
- 만일 당신이 대기업체의 직원으로서 봉급인상이 당연히 될 것으로 기대를 하는 입장이라면, 상관에게 그 얘기를 가장 효과적으로 하기 위해서 언제 어떤 장소에서 해야 할지를 계획해야 한다. 상관이 가지고 있는 가치관에 맞추어서 당신의 조건을 제시해야만 하며, 상관에게 납득이 되게끔 용어를 선택해야 한다. 그리고 어쩌면 지난번 실패했던 시도를 다시 생각해 보면서, 효과가 있던 면을 강조하고 효과가 없던 것은 수정하여야 한다.
- 만약 당신이 주요 자재회사를 대표하는 전문 영업사원으로서 백만불 단위의 대형 거래를 성사시키려 한다면, 당신이 고객의 사업에 내재된 위험요소들과 가능성들을 잘 파악하고 있다는 점, 당신이 제안하는 바가 고객의 예산과 상황에 적합하다는 점, 당신이 고객으로

하여금 목표에 도달하게끔 하는 동반자라는 점, 당신이 말한 바는 꼭 실행한다는 점, 그리고 필요할 경우에는 당신이 바로 와서 문제를 해결할 것이라는 점을 보여주어야 한다.

생산적 판매의 원리들과 도구들은 누구에게나 유용한 것이다—왜냐하면 마지못해서 하든, 우연한 경우든, 의도적인 것이든 간에 우리는 모두 세일즈하는 사람들이기 때문이다.

생산적 판매 과정은 조직적이며, 실용적이고, 반복할 수 있는 방법으로서, 당신으로 하여금 종래보다 보다 더 효과적으로, 그리고 더욱 윤리적으로 판매를 할 수 있도록 도움을 준다.

생산적 판매는 고객의 주의를 확실하게 끌려면 고객에게 주의를 기울어야 한다는 원리에 기반을 두고 있다.

생산적 판매는 세일즈 프로세스를 여러 분리된 단계로 나누어 생각한다. 이 방식은 모든 세일즈 상담이 현재진행형 거래 즉 '가치의 교환'이라는 점에 기반해서 작동하는 '정밀 네비게이션 시스템'이라고 할 수 있다.

생산적 판매의 전제는 세일즈에서 가장 중요한 순간이 잠재고객과 얼굴을 맞대고 만나는 상담이라는 점이다. 그 결정적 순간에 다다르기 위해서는 지혜롭고 효율적인 준비작업이 필요하다. 그러한 순간을 계획하는 데에는 특정한 일련의 태도와 기술이 요구된다. 또 그런 순간을 잘 활용하려면 잠재고객에게 실질적인 가치를 파악하고 제시할 수 있어야 한다.

결국, 생산적 판매는 더 뛰어난 전략가, 더 나은 코치, 더 믿음직한 동업자, 더 좋은 동료가 된다는 것을 의미한다. 당신이 경험이 많은 프로 세일즈맨이든, 새로 거창한 아이디어를 선보이는 창업기업가이든, 업무를 더 잘 하려고 하는 지원부서 직원이든, 또는 자녀들에게 영향을 끼치려고 효과적인 방법을 모색하는 부모이든 간에, 당신이 누구에게 어떤 것을 '팔아야' 할 필요가 있는 경우에 처해 있다면, 당신은 이 책에서 소개되는 도구들, 행동방식들, 그리고 개념들에게서 유익한 도움을 받을 것이다.

Chapter 04 오리온 별자리 ••• 행동지침을 수립한다

올바른 일을 하라

- 스파이크 리 Spike Lee

1976년 이래, 갤럽Gallup회사는 '특정 직업에 종사하는 종업원들의 정직성에 대해서 일반 사람들이 갖는 인식'에 관하여 여론조사를 매년 시행해 왔다. 그 결과는 세월이 흘러도 놀랄 만큼 일관된 내용을 보여주었다. 그 조사에 따르면, 세일즈맨들에 대한 인식은 별로 좋은 편이 아니다. 그 이유 중 한 가지는 아마 오리온 별자리의 세 별과 관련이 있는 것으로 보인다.

오리온 별자리는 밤 하늘에 있는 가장 거대한 성좌 중 하나다. 오리온 별자리의 세 별은 북반구 및 남반구 양쪽에서 모두 볼 수 있는 몇 안 되는 별자리들 중 하나다. 이 세 별은 너무나 뚜렷하고 쉽게 볼 수 있는 탓에 예로부터 항해하는 선박들과 사막을 건너는 대상들에게 북극성만큼이나 요긴한 길잡이였다.

그리고 사람들은 누구나 할 것 없이 북극성이나 또는 오리온 별자리를 두고 인생에서 나아갈 길을 찾았다. 매일매일 살아가느라 바둥대다 보면, 또 무언가 진척을 이루려고 애를 쓰면서, 그리고 남에게 인정을 받으려고 지내다 보면, 누구나 갈 길을 잃기 쉽다.

제4장은 생산적 판매의 오리온 별자리, 즉 오리온 별자리의 세 별에 해당하는 사업의 목표, 관계의 목표, 그리고 본질적 목표에 관한 이야기다. 이 장의 요지는 만일 당신이 세 별들의 균형을 제대로 유지할 수 있다면 가장 바람직한 세일즈를 할 수 있다는 것인데, 그래야만 당신의 고객, 당신의 회사 그리고 당신 자신 등 세 당사자 모두에게 진실된 혜택을 가져다주는 세일즈가 가능하다. 그러나 세일즈는 원래 생각보다 까다로운 작업이므로 누구나 길을 쉽게 잃을 수 있다. 그런 까닭에 우리는 북극성보다 오리온 자리가 더 적절한 비유라고 생각한다.

북극성은 고정되어 있다. 북극성과 지구의 좌표는 늘 일정하다. 반면에 오리온 별자리는 움직인다. 그 자리는 계절에 따라 달라진다. 북극성은 오직 북반구에서만 볼 수 있다. 오리온 별자리는 북반구와 남반구 양쪽에서 볼 수 있다. 비즈니스 세계 특히 세일즈에서는 상황이 빠르게 변할 수 있으며 때에 따라서는 급진적으로 변한다. 그런 까닭에 상황, 계절, 또는 당신의 처지에 관계없이 당신으로 하여금 옳은 길을 가도록 지켜주는 가치체계를 갖는 것이 필요하다.

당신에 어울리는 오리온 별자리를 찾는 일은 언제나 쉽지 않다. 그러나 인내력을 가지고 그리고 '다섯 가지 왜'Five Whys처럼 강력한 도구를 이용하면, 당신은 오리온 별자리의 세 별을 찾을 수 있게 되고, 당신의 일이 순조롭게 펼쳐질 수 있는 든든한 터전을 닦을 수 있다.

갤럽Gallup이 2012년에 실시한 '직업별 성실성에 대한 여론조사' integrity poll의 결과에 따르면, 사람들은 간호사를 가장 믿는 경향이 있으며 그 다음으로 약제사와 의사가 뒤를 이었다. 대상 직업 중 가장 믿음이 덜 가는 직업 일곱 가지 중에 네 가지가 세일즈와 연관된 것들이었다. 자동차 세일즈맨들이 가장 나쁜 평가를 받았으며, 증권중개인들은 네 번째로 부정적인 평가를 받았고, 보험 세일즈맨들이 일곱 번째로 불신의 대상이었다.

당신이 무엇인가를 세일즈하려는 경우, 의식적이든 무의식적이든 간에, 고객들은 위와 같은 선입관으로 당신을 상대할 확률이 높다. 이 점이 나그네의 딜레마를 더욱 악화시킨다. 당신은 나그네 처지인데다, 고객은 자기의 목표와 당신의 목표가 일치한다고 생각할 이유가 거의 없다는 얘기다. 당신은 무엇인가를 원한다. 그런데 당신의 고객들은 자기들이 그 대가를 지불한다고 생각한다.

하지만 얄궂게도, 많은 세일즈맨들이 부딪히는 신뢰 문제는 고객들에게만 해당되지 않는다. 세일즈맨 자신들의 동료들과 그들이 속한 회사도 역시 마찬가지로 세일즈맨들의 동기와 술책에 대해서 경계심을 낮추지 않는다.

"바보 같은 생각이야!"라고 항변할 수 있다. "나의 일은 계약 건수를 가져오는 일이고, 그것이 내 직업이다. 내가 회사를 위해서 실적을 내는 이상, 회사는 나를 존중할 것이다"라고 자부하면서 말이다.

정말 그럴까? 당신은 사무실의 내근 동료들이 당신에 대해서 뒤에서 무슨 얘기를 쑥닥이는지 아는가? 당신은 세일즈맨들과 사업부서 동료들, 또는 고객서비스 분야, 또는 재무 팀 사이에 일어나는 마찰들에 대해서 한번이라도 진지하게 원인과 결과를 분석해 본 적이 있는가?

복잡한 현대기업에서 한 번이라도 세일즈를 해보았거나 세일즈 지원 부서에서 근무해 본 사람이라면, 누구나 이러한 역기능들이 발생하는 경험을 겪었을 것이다. 이러한 문제들이 존재한다는 점을 모두가 다 안다. 문제는 왜 그렇게 되는가 하는 이유다.

1976년, 두 명의 미국의 경제학자, 마이클 젠슨Michael Jensen과 윌리엄 메클링William Meckling이 "기업의 원리"The Theory of the Firm라는 논문을 발표했다. 그들은 관리자들의 이익이 주주들의 이익과 목표가 일치되지 않을 때에는 사업이 지장을 받는다고 주장했다. 그들은 이런 현상을 바로잡기 위해서 임원들의 보수가 주식 시세에 연결되어야 한다고 제안했다. 이론적으로는, 마치 임원들도 주주들처럼 회사의 다른 주주들의 이익을 위해서 행동할 것이다. '주주 가치'shareholders value가 이사회에서, 주주총회에서, 그리고 산업계 전체의 사업장에서 경영에 관해서 외우는 주문(呪文)이 되었다.

'대리인 모델'Agency model로 알려진 이 모델은 원래 고위경영진에게만 적용되었으나 얼마 지나지 않아 적용대상에 전체 종업원들을 포함하는 것으로 확대되었다. 주주 가치를 증진하는 행위들을 보상한다는 기준에서, 이제는 상대적으로 낮은 직급의 종업원들도 "*성과에 따라서 보수를*" 받게 되었다.

대리인 모델이 세일즈맨들에게는 예기치 않은 금전적 혜택을 가져다 줄 수 있다는 점이 증명되었다. 갑자기, 판매수수료 및 보너스가 단순한 보상으로 간주되지 않고 사업의 성공에 명확하게 연결된 보수가 되었다. 판매수수료와 보너스가 주주 가치라는 기업 문화에서 소중한 가치가 된 것이다.

이 모든 것이 이론적으로는 좋게 들린다. 그러나 우리가 존경하는 철학자들 중 한 사람인 요기 베라Yogi Berra가 언젠가 얘기했듯이, "이론적으로는 이론과 실제에 차이가 없다. 실제로는 차이가 있다."

그 후에 대리인 모델이 심각한 문제들을 야기할 수 있다는 것이 밝혀졌다. 대리인 모델은 주식가격상승이라는 단기목표를 품질, 종업원의 만족, 그리고 고객 가치 등보다 우선순위에 둠으로써 기업의 성공기준을 왜곡시킬 수 있었다. 실제에 있어서, 대리인 모델은 원래 이루려고 한 성과들도 제대로 이루어내지 않는다.

경영진에 속하는 집행임원들C-suite executives에게 회사의 회계장부상 성과를 좋게 보이면서 동시에 회사를 전반적으로 약화시키는 것은 어려운 일이 아니다. 회사의 채무는 회계장부에 나타나지 않는 거래들 안에 묻어둘 수 있다. 자산은 관계사들에게 부풀려진 가격으로 매각하는 방법으로 과장해서 표기할 수 있다. 회계장부는 이익을 과대계상하고 손실을 축소하는 방법으로 조정할 수 있다. 회사의 전망을 극히 낙관적으로 채색하는 일에 꼭 아주 똑똑한 사람이 동원될 필요도 없다. 그렇게 원하기만 하면 된다. 엔론Enron의 주주들과 종업원들, 엠씨아이MCI의 공급업자들과 파트너들, 또는 엠에프 글로벌MF Global의 투자자들에게 질문을 해보면 알 수 있는 현실이다.

설사 임원들이 윤리적인 의도를 가지고 있더라도, 사례가 보여주듯이 성과급 옵션으로 보상금을 받도록 되어 있는 임원들은 그렇지 않은 임원들보다 위험부담이 많은 거래를 하려는 경향이 있다. 맹목적으로 주가－연계－경영에 집착하는 바람에 수많은 회사들에게 막대한 피해를 입혔다는 사실이 증명되었다. 경영진과 소유자의 이익을 완벽하게 일치시키기 위해서 고안된 이론이 실제에서는 자주 정반대의 결과를 초래한 것이다.

같은 현상이 세일즈에서도 일어날 수 있다. 단 1건이라도 '실적을 올리는' 데에 대해서 세일즈 직업보다 더 많은 인센티브를 주는 분야는 많지 않다. 이론적으로는 세일즈맨에게 실적에 따른 보수를 지급하는 것이 타당하지만, 실제로는 실적을 올리는 결과로 회사보다는 세일즈맨에게 더 이익이 되는 경우가 통상적으로 일어난다. 만약에 계약을 끌어내고자 세일즈맨이 사업상 손해를 초래하는 인도일자, 제조사양, 또는 손해배상 조항 등을 약속한다면 회사에 어떤 일이 생기게 되는가? 표면상 아주 그럴듯해 보이는 거래가 손익상으로는 막심한 피해를 가져올 수 있다.

만일 당신이 일년에 몇 건 안 되더라도 매우 큰 규모의 거래를 하는 B2B 영업부서에서 일한다면, 당신은 아마 동료들이 "그 건은 어떠한 비용이 들더라도 계약해야 한다"라고 말하는 것을 들었을 것이다. 정말인가? 어떠한 비용이 들더라도? 제품의 품질을 타협하더라도? 회사운영 능력에 과도한 부담을 주더라도? 다른 공급업자들이나 고객들과의 관계가 훼손되는 비용이 들더라도?…… 계약해야 하는가?

가령 세일즈맨이 회사에 해가 될 수도 있는 거래를 알면서도 추진할까? 간단히 말하자면, 아마 하지 않을 것이다. 그러나 세일즈맨이 회사에 해가 될 수 있더라도 자기에게 2백만 달러의 보상이 생긴다면 어떻게 할까? 프로 운동선수가 만일 따라오는 보상이 충분히 크다면, 속해 있는 팀에 해가 끼치고 자신의 건강을 해치고 팀의 평판에 피해를 주는 성과증진용 약품을 복용할까?

게임이라는 함정

만일 우리가 사업을 게임이라고 본다면, 최우선 목표를 최선의 점수(돈)를 기록하는 것으로 하고 싶은 유혹을 느낄 수 있다. 그러나 그런 생각은 당신 자신에게 인생의 규칙을 따르기 보다는 게임의 규칙에 따라서 일하도록 이끌 것이다. 흔히 이런 얘기를 한다, "이것은 내 개인적인 일이 아니야.* 단지 사업일 뿐이야." [*"내 개인적인 일이 아니야"라는 말은 자신의 감정이 판단을 좌우하지 않게 하는데 도움이 되는 말일 수 있지만, 자신의 가치관을 포기하게 하는 변명이 될 수는 없다.]

그것은 참 편리한 말이다. 그러나 이치에 맞는 말인가?

창업해서 인생의 5년을 투자한 기업가에게 사업이 어떻게 개인적이 아닌 것인가? 신규 사업을 어떻게든 성공시켜야만 하는 대기업 간부의 경우는? 팀 구성원들이 성장하게끔 애써온 팀장에게는? 가장 큰 고객이 경쟁사와 계약을 한 경우에 당신에게는?

사실, *이 모든 경우가 개인적인 일이다.* 우리가 꼭 이기려고 애쓰는 이유도 한편으로는 그것이 개인적 문제이기 때문이다. 만일 당신 자신이 "그건 개인적 문제가 아니고, 단지 사업일 뿐이야"라고 말하고 있다면, 당신은 스스로 게임의 함정에 빠진 셈이다.

결국에는, 사업을 게임으로 여기는 비유는 종종 초라한 행위에 대한 변명일 따름이다. 당신이 누군가 "이것은 개인적 문제가 아니다", 또는 비슷한 얘기로, "별다른 방도가 없다"라고 말하는 것을 듣는 때면, 그들이 속 마음으로는 부끄럽게 여기는 선택을 했다고 생각하면 거의 틀림이 없다.

우리가 주위를 보면, 크게 성공한 사람들은 게임의 규칙보다는 인생의 규칙에 더 많은 가치를 둔다. 그들은 생활의 모든 면－직업, 가정, 가족 등－에서 자신이 믿는 바에 따라서 행동한다. 그 중에는 부유한 사람들이 있다. 반면에 그렇지 못한 사람들도 있다. 그러나 그들 대부분은 스트레스를 덜 받으며, 더 행복해하고, 더욱 건강한 상태를 유지하고, 같이 어울리기에 훨씬 더 유쾌한 사람들이다.

지금 우리가 "조직 내에서 서로 다른 부문 간에 긴장감이 있으면 안 된다"라고 말하고 있는가? 전혀 아니다. 조직 내의 역동적인 긴장감은 성장을 촉진한다－그리고 때로는 위대한 가치도 창조한다. 창의적 세일즈맨은 자신의 회사를 더 높은 단계로 향상시킬 수 있다. 그들은 새로운 시장들을 발굴할 수 있다. 세일즈맨들은 생산부서에게 새로운 고객 니즈에 맞도록 새로운 제품을 개발할 것을 강력히 요청할 수 있다. 그들은 효율을 보다 높은 단계로 향상시키도록 사업운영부서에 자극을 줄 수도 있다. 그러기 때문에, 세일즈 팀이 할 수 있는 역할 중 한 가지는 회사가 그 능력을 최대한 발휘하도록 회사 안에 긴장감을 일으키는 것이다. 문제는 그러한 긴장감을 관리하는 방법이다.

균형이 절실하게 필요한 곳은 바로 조직의 내부구조다. 세일즈맨들은 동료들이 갖는 관점들에 의존할 수 있으며 또한 당연히 의존하여야 한다. 또한 장기전략 대신 단기 이익에 비중을 두는 관리자와 경영진을 극복할 수 있어야 한다. 이에 도움이 되는 윤리 강령codes of conduct 및 이해 상충 conflict-of-interest에 관한 정책은 물론, 기업 가치들에 대해서 적용할 수 있는 사내 지침들은 대개 마련되어 있다.

아주 우수한 세일즈맨들은 역시 이런 긴장들의 균형을 조절하는데 있어서 자기 나름의 요령을 알고 있다. 그것은 자신의 생활에서 중요한 여타 문제와 마찬가지로, 비즈니스가 개인적인 문제라는 점이다. 그리고 그것이 의미하는 바는 그들이 직장에서 적용하는 윤리기준이 집안에서 적용하는 윤리기준과 동일하다는 점이다. 당신이 가족과 친구들에게서와 마찬가지로 당신의 고객들과 동료들로부터 칭찬받고 신뢰받게끔 되는 것은 바로 당신이 지킬 수 있고 신뢰할 수 있는 가치 체계들 덕분이다.

당신의 '고유 가치'root value를 발견하는 일은 놀랄 만큼 쉽다. 실제로, 우리는 대부분 그런 가치들 몇 가지를 이미 알고 있다. 당신은 다음에 기술된 '5번의 왜?'Five Whys 도구를 적용함으로써 그런 가치들을 스스로 체크할 수 있다.

- 당신 업무 중 한 가지를 선택해서 그 일을 하는 이유를 자문(自問)한다.
- 그 질문에 답한다.

- 그 다음 그 일이 왜 당신에게 중요한지 자문한다.
- 그 질문에 답한다, 그리고 왜 그 일이 중요한지 자문한다.
- 그렇게 다섯 번 계속 자문한다….

당신이 어떤 일—어느 일이든 간에—을 하는지를 스스로 자문하되 다섯 번째 질문에 도달할 때면(종종 그 전에 끝나지만), 당신이 추구하는 가치를 만나게 된다. 당신이 고유 가치들에 따라서 산다는 것은 언제나 편한 것은 아니지만, 그런 가치들을 찾는 일이 아주 어려운 것도 아니다.

무엇인가 비즈니스를 만들어내는 사람들과 일을 해오면서, 우리는 각자의 오리온 별자리를 찾은 것으로 보이는 사람들에게서 뚜렷한 일관성을 보아왔다. 그들은 자신들이 추구하는 사업 목표, 관계 목표, 그리고 본질적 목표들을 일상생활에서 발견한 것처럼 보인다. 중요한 것은, 그들은 살아가는 모든 면에 걸쳐서 그러한 가치들에 따라서 행동한다는 점이다.

우리가 만나본 세일즈맨들 중 가장 생산적인 세일즈맨들이 자신들의 세 별 자리를 어떻게 생각하고 있는지를 간추려 요약하면 다음과 같다.

1. **비즈니스** 돈은 중요하다. 돈은 나와 나의 가족에게 보장, 안전, 그리고 여러 가지 안락함을 제공한다. 돈은 나로 하여금 내가 추구하는 가치들에 어울리는 일들에게 투자할 수 있도록 한다. 그러나 돈이 나의 인생에서 성공 지표는 아니다.

2. **관계** 가능한 한, 나는 내가 좋아하는 사람들과 일하며 내가 선호

하는 고객들을 위해서만 일한다. 나는 그들을 돕는 일에서 진정한 즐거움을 얻는다. 나와 그들 간에 인간관계가 더 깊어질수록, 그들이 나에게 주는 만족도는 더 크다. 나는 남에게서 우정을 돈으로 살 수 없으며 나의 우정을 돈을 받고 팔 수도 없다는 점을 잘 안다. 내가 모든 사람을 좋아할 필요는 없으며, 모든 사람들이 나를 좋아할 까닭도 없다는 점을 나는 안다.

3. **도전** 나는 어려운 문제들을 풀 때 힘이 난다. 나는 복잡하고 까다로운 문제들을 이해하고 해결하는 데서 지성적 그리고 감성적 만족을 얻는다. 내가 이 일로 돈을 번다는 것은 좋은 일이지만 가장 중요한 일은 아니다. 나는 나의 고객과 관계를 제대로 맺지 못하거나 고객에게 필요한 해결방안을 찾아주지 못하면 마음이 불편하다. 다른 사람들의 문제를 해결해 주는 일은 나를 바쁘게 만들고, 나는 그 해답을 찾고자 온갖 노력을 다할 것이다.

앞에 나온 세 가지 목표들은 우리가 만나서 같이 논의했던 세일즈맨들 대다수에게서 특징적으로 나타난다. 거기에 옳은 답 또는 틀린 답이란 없다. 대부분 사람들은 물질, 관계 및 본질적 목표들이 여러 가지로 아우러진 가운데 동기부여를 얻는다.

만일 당신이 자기 자신—진정한 당신을 뜻한다—그리고 왜 당신이 세일즈를 하는지를 안다면, 당신은 자기의 오리온 별자리—당신을 성실하게 일하게끔 지켜주는 신묘한 지침—를 발견한 셈이다. 궁극적으로, 고객과 동료들이 당신에 대해서 갖는 평판은 당신이 하는 행위들에 좌우

된다.

세일즈 직원들로서는 '가치추구 프로세스'values-based process를 명확하게 이해하면 머리를 맑게 할 뿐만 아니라 해방감을 준다. 당신의 가치관에 맞추어 프로세스를 따르는 것은 무리한 결정을 놓고 고민할 때 현명한 판단을 할 수 있는 확실한 방법들 중 하나다. '생산적 판매'Productive Selling 방식과 그 기본 원리들은 당신이 추구하는 가치관에 따라 일을 하게끔 프로세스로 이끌어주며, 당신으로 하여금 자신의 오리온 별자리를 설정하게끔 해 준다. 우리는 당신 자신에 충실한 길만이 당신의 고객들, 동료들, 그리고 당신이 속한 사회에 진실하게 되는 길이라고 믿는다.

우리는 누구나 남들이 "저 '사람'과는 언제나 어디서나 거래를 하겠다"라고 말하는 그런 '사람'에 대해서 들은 적이 있을 것이다.

그러한 '사람'이 된다면 얼마나 멋진 일이겠는가?

Part
02
상담여건을 마련한다
Setting the Stage

Chapter 05 문제는 단순하다 ••• 사람 또는 프로세스?

> 예술을 과학으로 연구한다. 과학을 예술로 연구한다.
> 세상 어느 것이든 다른 모든 것에 연결된다.
>
> - **레오나르도 다 빈치** Leonardo da Vinci

이제, 앞에서 당신에게 소개한 기본 원리들을 기억하면서, 우리는 한 가지 이야기를 가지고 세일즈 행위Selling에 대한 민감한 특징들과 그다지 민감하지 않은 것들을 몇 가지씩 보여줄 참이다. 이 책 내내 우리는 이러한 특징들에 기반해서 우리 주장을 펼칠 것이다. 이야기 자체는 단순하고 전형적인 것이다. 당신은 이야기 안에서 자신의 모습을 찾아볼 수도 있다. 만약 그런 경우엔 노트를 하라. 다음 이야기는 물론 가공의 픽션이다. 그렇지만 우리가 수년간 줄곧 들어 온(그리고, 정말로 우리가 인정하는데, 실제 경험했던) 수백 개에 달하는 실화들에 기반을 둔 이야기다.

스티브 스틸만Steve Stillman은 제작업체인 디스커스Discuss회사에서 마케팅정보팀 책임자로 일한다. 디스커스는 2년째 전략적으로 성장 정책을 추구하고 있었다. 회사는 세계적 수준의 기술인력을 새로 채용하였고, 공장 설비를 증축하였으며, 예전에는 디스커스가 애프터 서비스를 하기에 너무 힘이 들었던 시장들을 개척하고자 노력하는 중이었다. 새로 회사에 파트너로서 합류한 스티브는 더 많은 일거리를 끌어오고자 예전에 다니던 회사에서 알고 지내던 거래선들을 방문하기로 했다. 비록 시장개척 경험이 얼마간 있었지만, 스티브는 자신이 정식 세일즈맨이라고는 생각하지 않았다. 그렇지만, 직접 얼굴을 맞대고 만남으로써 시장에 대한 감을 얻는다는 점에서 의미가 있었고, 비록 작은 거래처라도 예전의 관계를 유지할 수 있다면 자신에 대한 동료 파트너들의 평가도 나아질 것으로 생각했다.

맨 먼저 방문한 거래선은 이안Ian이었는데, 그와는 몇 해 전에 합작투자 건으로 함께 일한 적이 있었다. 그 당시 스티브는 신규 투자대상업체를 물색하는 투sss자회사에 있었고, 이안의 회사 자블린Javelin은 사업을 추진하는 자금이 필요했었다. 두 회사가 결국 거래를 성사시키지는 못했지만, 스티브는 이안과 같이 일하는 것이 즐거웠다. 스티브는 이안에게 인간적으로 끌렸으며, 이안의 회사가 당면했던 종류의 문제점들을 잘 파악하고 있었다.

두 사람이 자리에 앉자마자 이안이 먼저 얘기를 시작했다. “스티브, 우리는 현재 디스커스와 비슷하게 일을 잘하는 여러 회사들와 거래하고 있습니다. 왜 우리가 당신네 회사와 거래를 해야 하는지 말해줄 수 있나요?”

스티브는 본격적으로 사업 논의를 하기 전에 뭔가 가벼운 얘기를 나누기를 기대하였지만, 이러한 단도직입적인 질문에도 대답할 준비가 되어 있었다. 디스커스 측은 이미 핵심경쟁요소를 논의주제로 내놓았던 참이었다. 스티브는 그 핵심경쟁요소를 소개하기를 원했기 때문에, 요점을 제대로 전달하고자 짧은 대사도 몇 번이나 미리 연습을 한 터였다. 그는 다음과 같이 소개를 시작했다.

"우리 회사 파트너들은 제품의 라이프사이클 전체에 걸쳐서 전문지식을 보유하고 있습니다. 브레드 할데인Brad Haldane은 공급망 전문가입니다. 그는 우리 회사가 자재를 조달하는데 있어서 가장 저렴한 가격을 보장받는 유연한 네트워크를 구축하였습니다. 예전에 포일Foil회사가 자기네 휴대용 전화기 가격을 인하한 때가 기억나지요? 그게 다 브레드 때문입니다. 그가 그 당시 포일회사에게 컨설팅을 하고 있었는데, 자재 조달가격을 12개월 내에 12%나 인하하는 성과를 냈었지요. 그는 그 분야에서는 세계 최고입니다. 그는 다음 달 홍콩에서 개최되는 자재공급망 컨퍼런스에서도 기조발제자로 이미 내정되어 있습니다. 브레드가 보유한 네트워크 덕분에 우리 회사는 지금까지 우리가 공급하는 제품품질에 관한 한 그 어떤 경쟁자의 조건도 능가할 수 있었습니다. 우리가 제공하는 서비스 범위에는 고객들이 자재공급망을 개선하도록 브레드가 지원서비스를 제공하는 것도 포함되어 있지요."

이안은 겉으로는 상냥하게 대했지만, 전혀 설득이 되는 것 같지 않았다. "저도 브레드 씨에 대한 얘기를 들었어요. 사람들이 그를 높이 평가하더군요. 하지만 우리가 거래하는 곳들은 업계에서 가장 큰 규모의 공급업체들입니다. 제가 확실히 압니다만, 그 회사들도 디스커스와 같은 실적경험을 가지고 있습니다. 아니, 그보다 더 나을 수도 있지요. 디스커스가 빠르게 성장하는 회사라지만 아직은 소규모업체이지요. 신생업체이기도 하구요."

이런 반응이 나오자, 스티브는 미리 준비된 대로 다시 말을 이어갔다.

"그 점에 대해서는 뭐라고 말하지 않겠습니다. 하지만 우리는 소규모라는 점과 신생업체라는 점을 장점으로 여깁니다. 규모가 작으므로 상황변화에 재빠르게 대처할 수 있으며, 새로 시작한 회사인 만큼 최신 기술을 가지고 있습니다. 그리고 꼭 기억해야 할 점은 우리가 겉으로만 신생업체라는 사실입니다. 우리 회사 파트너들은 제품의 라이프사이클 처음부터 끝 단계까지에 걸쳐서 전문지식과 경험을 보유하고 있습니다. 우리 회사 경영파트너는 생산라인 전문가입니다. 그가 생산라인을 모두 현대식으로 설계했는데, 그 덕분에 믿을 수 없을 만큼 높은 융통성으로 고객의 주문을 처리합니다. 우리는 야간에 생산라인을 재정비합니다. 결과적으로 신축적 운영이 우리의 특장점이 되었습니다. 사실은, 내가 이 회사에 파트너로 합류한 주된 이유가 바로 생산라인 때문입니다. 우리의 전문지식과 경험의 폭이 아주 크기 때문에 고객들에게 언제나 크고 작은 혜택을 가져다줍니다. 지난주에는 우리 생각에 이미 놓쳤다고 여겼던 계약 건을 고객으로부터 받았답니다. 고객이 설계상 착오가 있다는 점을 발견하고 제품의 사양을 수정하여야 했는데, 기존에 공급하던 대형 공급업자는 그런 변동사양을 그렇게 단시간에 맞출 수 없었지요. 우리는 바로 그런 상황에서 잘 한답니다. 우리는 변경된 제품을 인도하려고 밤을 새워서 공구를 재정비하였는데, 결과적으로 고객회사는 자기네 납품조건을 맞출 수 있게 되었답니다. 우리 회사의 융통성이 고객의 납품계약을 살려냈고, 고객은 자기네가 약속한 납품 기일을 지켰으며, 우리는 거래를 하게 되었습니다."

"그 사례가 인상적이 아니라고는 말하진 않겠습니다만, 우리는 그렇게까지 융통성이 필요하지 않습니다. 우리는 제품을 표준에 따라 설계하고, 계약상 납품 기일을 여유를 두고 관리합니다. 내가 기억하기로는 외부에서 입찰에 응찰한 후에 다시 제품사양을 변경한 적도 없답니다. 하지만 그런 경우가 된다면 정말 악몽이 되겠네요."

"정말 끔찍했답니다. 누구라도 그 상황을 직접 겪지 않았더라도 그것은 악몽이었을 것입니다. 그 고객도 자신들 제품사양을 변경하는 사례로는 처음이었다고 하더군요. 정말 무슨 일이 벌어질지, 실제 겪기 전에는 모르지요."

"스티브, 내가 댁의 고객 회사에 대해서 뭐라고 할 수는 없습니다. 그러나 내가 당면한 더 큰 문제는 규모에 관한 것입니다. 디스커스에는 공장라인이 하나뿐이잖아요. 만일 그 라인에 문제가 발생하면 어떻게 되나요?'"

스티브는 여기에서 목소리를 높였다. "저희 회사를 방문해서 공장설비를 보도록 하시지요. 내가 최신식이라고 말하는 것은 전혀 과장이 아닙니다. 그런 최신식 설비는 이전에 전혀 보지 못하셨을 겁니다. 미시시피 Mississippi 서쪽지방에 있는 어떤 공장도 이보다 더 빠르거나 융통성이 높은 라인을 가지고 있지 않습니다. 우리 공장은 자체적으로 대체장비와 여유능력을 갖춘 최신설비입니다. 지난 18개월 동안, 우리 공장은 한 번도 8시간 이상 가동이 중단된 적이 없는데, 최신설비를 첫 가동한 이후 증명된 실적입니다. 우리 회사는 한 번도 납품일자를 어기지 않았습니다. 우리와 거래하면, 잠자리가 편할 것입니다."

"마치 내가 지금까지 제품사양을 바꾼 적이 없다고 말한 것과 똑같은 확신을 가지고 주장하는군요." 이안의 반응에 스티브는 주춤했지만, 밖으로 드러내지는 않았다. "이것 보세요, 스티브, 당신 회사가 많이 발전한 것을 알겠습니다만, 나는 아직도 왜 디스커스가 기존의 업체들보다 계약을 더 효율적으로 이행할 수 있는지 납득이 되지는 않습니다."

"전에도 똑같은 말을 하신 적이 있습니다. 우리는 새로 등장한 젊은 세대입니다. 우리 회사 임직원은 누구나 할 것 없이 어떤 고객과도 친밀한 관계를 맺습니다. 바쁜 일이 생기면, 모두가 참여합니다. 우리가 갖지 못한 유일한 것은 경직된 관리제도bureaucracy입니다." 스티브는 사실 멀지 않아 공장라인에 관리제도를 도입할 생각을 하던 중이었다.

이안이 우호적인 태도를 보였다. "작은 기업의 이점이라!"

"그렇지요, 하지만 작기만 한 게 아니지요. 경영진의 경험은 아주 많습니다. 우리는 체격보다 훨씬 주먹이 세다고 말할 수 있습니다."

"그렇다고 해두지요."

스티브는 이안과 헤어지고 나오면서 자신이 상담을 성공적으로 했다고 생각했다. 그는 브레드와 포일회사의 얘기, 예정된 공급망 컨퍼런스, 게리Gary가 설계한 생산설비가 자랑하는 최고수준급 생산성 등 모두 흥미로운 내용을 통계숫자로 뒷받침했었다. 그는 회사의 조직, 디스커스의 제품구성, 그리고 제품들의 경쟁우위 요소에 대해서도 명확히 제시하였다. 스티브는 과거에 고객들을 어떻게 지원하였는지를 실제 예를 들어서 제시하였고, 이안의 회사가 현재 처한 상황에 대해서 그런 예들을 적절하게 연결해서 전달했다. 그가 애써 미리 준비한 보람이 있었다.

스티브는 기차로 귀가하기 전에 기차역에서 자축하는 의미에서 맥주를 한 잔 마시기로 했다. 맥주 바에 앉아서 자신이 생각해도 만족스러운 점들을 기억해 두려고 했다. "오늘 말을 많이 하지 않았군. 언제나 요점만을 말했어. 이안이 우려하는 얘기를 할 때마다, 매번 매끄럽게 대답했었지. 내 혼자 상담을 잘해낸 셈이다." 그는 조만간에 디스커스회사가 새로운 계약을 어느 정도 받아올 가능성이 많다고 생각하였다.

맥주를 절반쯤 마셨을까, 휴대폰에 신호가 왔다. 걸어온 사람은 파트너인 브레드였다. 스티브가 책임지고 추진하고 있던 다른 프로젝트에 대해서 질문을 하고 나서는, "오늘 자블린Javelin 회사를 방문하지 않았나요? 상담은 어떻게 되었어요?"라고 브레드가 물었다.

"내 생각에는 아주 잘되었어요. 고마워요."

"그 회사의 공급망에 대해서 무엇을 좀 알아냈나요?"

"뭐랄까, 우리는 다른 면에 대해서 주로 얘기했어요. 그들은 좋은 인상을 받았어요."

브레드는 잠깐 말을 멈추더니, "내일 얘기합시다. 오늘 알게 된 것들을 나에게 말해주세요. 오후 3시 어때요?"

스티브는 맥주의 찬 느낌을 즐기면서, 자블린 회사와 앞으로 일어날 일들을 생각해 보았다. 핸드폰에서 시간을 알아보는데, 이안에게서 이-메일이 와 있었다. 좋은 소식은 빨리 오는군, 하고 생각하였다. 이-메일을 열어보았다.

발신: 이안 미첼

수신: 스티브 스틸만

제목: 오늘 상담

스티브, 오늘 만나서 반가웠어요. 우리 회사에 방문해 주어서 고마워요. 우리가 만난 후 회사의 직속 상관 및 구매부 직원과 잠깐 얘기를 했는데, 우리 회사는 기존의 공급업자들과 거래를 계속하기로 결정하였음을 알리고자 합니다. 새로 시작하는 회사에 행운이 있기를 바랍니다. 듣기에 귀사는 아주 우수한 핵심역량을 가지고 있는 것 같군요. 12개월에서 18개월 후에 다시 논의를 할 수도 있겠습니다.

이안

스티브는 자신의 어리석음을 탓하고는, 마시던 '자축' 맥주도 그냥 놓아둔 채, 기차 승강장으로 발길을 옮겼다. 첫 번째 열차 칸에 올라타서 자리가 있는지 둘러보았다. 남은 좌석이 별로 없었다.

운이 좋았는지, (으레 맨 마지막까지 남아 있는) 역방향 좌석이 하나 있었는데, 스티브와 안면이 있는 매트 레기어Matt Legere가 맞은편 좌석에 앉아 있었다. 스티브는 이삼 년 전에 동네 농구시합에서 매트의 막내아들을 코치한 적이 있는데, 두 사람은 그 때 친하게 되었고, 그 후에는 시내에서 돌아오는 기차에서 자주 마주치곤 하였다.

스티브가 매트의 맞은편 좌석에 몸을 던지듯 앉자, 매트가 신문에서 눈을 떼어 올려다 보았다. "헤이, 스티브. 좀 피곤해 보이는데. 오늘 힘들었나?"

"오늘 오후에 가망고객 한 군데를 만났어요. 그것이 좀 신경이 쓰이는 것 같아요."

"요즘 영업 일을 하나 보지?"

"내가요? 아니요. 그렇지만 회사가 아직 작아서 저도 고객들과 상담을 하지요."

"그러니까 세일즈 업무군."

"아니요. 대개는 시장 정보를 얻는다고 하는 셈인데, 고객회사의 경영진을 돕기도 합니다."

"그 말은 세일즈맨과 마찬가지라는 셈인데."

"그래요, 맞아요, 영업을 하고 있어요. 그러나 나는 세일즈맨은 아니에요." 스티브는 잠깐 말을 멈추었다. "아마도 그래서 내가 계약을 못했던 것 같아요."

매트는 과거에도 이런 식의 얘기를 들은 적이 있는데, 풋내기 세일즈맨이 주로 그랬었다. "영업하는 친구들 자신들에게서 나오는 비평인데 참고 들어보게. '*세일즈맨들이라고 언제나 세일즈를 하는 것은 아니다*.' 그렇지만, 대단한 일은 아냐. 나는 언제나 '*세일즈는 세일즈에 관한 게 아니다*'라고 말한다네."

"전혀 말이 되지 않는데요."

"나에게는 말이 되지. 내가 가지고 있는 세일즈 철학의 일부라네. 내 생각에는, 그렇기 때문에 내가 지금 이렇게 잘한다고 보네."

스티브가 주어 들은 것들에 비추어보면, 매트는 자기 사업에서 잘 하고 있었다. 아주 잘 하고 있다고 할 정도였다. "그렇다면 당신이 말하는 세일즈 철학은 무엇인가요?"

매트가 몸을 굽히고는 흡사 뭔가를 공모하듯이 말했다. "자네가 먼저 얘기하면, 내 얘기도 하지."

"나는 모르겠어요. 그런 생각을 해본 적이 없어요." 스티브는 웃었다. "내가 세일즈맨이라는 생각은 해본 적이 없거든요."

"그래도, 방금 마치고 나온 상담에 대한 준비를 틀림없이 미리 했을 것인데. 무슨 목표든 이루려는 게 있었을 것 아닌가?"

"옛 거래선을 몇 군데 뚫어보려고 했지요. 전에 같이 일하곤 하였던 지인을 방문했어요. 회사에서 미리 상담에 필요한 배경을 알아보았고, 그 다음에 우리가 제시하는 제안이 매력적이라는 점들을 미리 적어서 준비했습니다. 이안은 논리적인 사람이에요. 그래서 내 생각에는 논리적 주장을 하면 그가 받아들일 줄 알았어요."

"그런데?"

스티브는 그가 브레드에 관해서 얘기한 주요 요점들, 디스커스 회사의 최신 생산라인 그리고 신축성 있는 생산라인 운영에 관해서 설명하였다.

"그래 이안은 뭐라고 반응하였는가?"

"그것이… 내가 얘기한 대로, 이안은 논리적 사람이거든요. 그는 원인과 결과를 이해하기를 좋아합니다. 나는 예전에 그와 일하던 때부터 그 점을 알고 있었어요, 나는 그가 인상적으로 받아들일 것으로 예상했었는데. 뭐가 잘못되었는지 모르겠어요."

"그러니까 자네가 논리적으로 얘기한 것에 대해서 이안은 뭐라고 했단

말인가? 그가 실제 무어라고 말했는가?"

"잘 모르겠는데, 그는 무어랄까 '왜 우리가 당신네하고 거래를 해야 하느냐?'라는 말을 되풀이하였어요."

"그래 자네는 무슨 대답을 하였는가?"

"말했잖아요. 나는 내가 그에게 아주 좋은 증거를 제시하고 있다고 생각했어요. 이제 생각하니까 그는 그 말에 귀를 기울이지 않았던 것 같아요. 그는 계속해서 *어떻게 우리 회사가 그가 일하는 기존의 공급업체들보다 더 효과적이 될 수 있는지* 물어보았어요. 그가 질문을 하면, 나는 대답을 하였지요. 나는 그 이-메일을 받을 때까지는 내가 상담을 잘 했다고 생각했어요. 지금 생각하면, 우리는 서로 주위를 맴돌았던 것 같아요. 아니면 예전 우리의 관계에서 무엇인가 후유증이 남아 있었는지도 모르지요."

매트는 기차 바퀴소리가 레일 매듭을 몇 차례 지난 후에, 다음과 같이 대답했다. "그래, 그런 일은 언제나 일어난다네. 나는 어떤 회의에 가더라도 그 전에 한 걸음 물러나서, 상호 관계의 내용—내가 누구를 만나는지, 서로 무슨 관련이 있는 지, 내가 그들을 만나는 의도가 무엇인지, 또 *그들이* 나를 만나는 이유가 무엇인지? 에 대해서 스스로 자문을 하곤 해. 서로의 상호 관계에 대해서 생각하는 것은 내가 생각할 초점을 명확히 해주지. 그렇게 하면 대화가 겉돈다고 생각될 때 내가 상황을 재정리하는데 도움이 된다고 할까, 바로 그런 상황이 자네에게 일어난 경우처럼 보이는데… 그런데 과거에는 서로 어떤 관계였는가?"

"그가 프로젝트 몇 개를 추진하였는데, 그 때 우리는 함께 합작투자사업의 가능성을 검토해 보았지요. 이제 보니 그것은 별로 큰 인연은 아니었어요. 하지만 서로 함께 일을 즐겼답니다. 적어도 나는 그랬어요."

"그러니까 이안이 당신에게 세일즈를 하는 관계였군."

"아니요, 나도 그 때 투자할 기회를 물색 중이었으니까요."

"자네의 입장에서는 그랬다고 보아야겠지. 그렇지만, 그의 입장은 무엇이었는지? 그는 프로젝트를 추진하는 입장이었고, 그는 자네 회사에게서 자금을 끌어들이려 하였고…, 그 때는 그가 자신이 자네에게 거래를 일으키려는 입장이었다고 생각하지 않았을까?"

"그럴 수도 있겠군요. 나는 단지 그 때 우리 관계를 영업하는 사이로 생각하지 않았다는 거지요."

"때에 따라서는 누구나 파는 입장에 처하는 법이지."

스티브가 웃었다, "모든 사람이 세일즈맨이라는 거지요?"

"우리 모두가 그렇지. 그럴 수밖에 없고." 매트는 잠시 생각했다.
"그러니까 과거에는 그가 파는 입장이었는데, 이제는 입장이 바뀐 셈이군."

"그렇다면 내가 좀 편하게 생각해도 된다. 지금 그 말을 하는 거예요?"

"그래, 하지만 좀 더 큰 의미가 있네. 만일 자네가 계속 이런 식으로 상담을 하게 되면 영업을 오래 하지 못할 것 같거든. 그러니까, 자네는 그에게 오히려 호의를 베푼 셈이네. 자네는 그로 하여금 자네가 상담할 상대로 적합하지 않다고 깨닫게끔 한 셈이지."

"그럴 리가 있나요?"

"정말이야. 보자고, 만약 당신이, 과거관계가 어떻든 간에 그에게 당신 제안이 무엇인가 쓸모가 있다는 점을 보여주지 않으면, 그로서는 이미 잘 돌아가고 있는 공급업자들을 바꿀 필요가 없는 것이라네."

"나는 단지 예전의 관계가 있었다는 이유만으로 그에게 영업을 하겠다고 전혀 생각하지 않았어요. 그저 그가 날 만나줄 것을 기대했지요, 그게 전부예요. 우리 회사가 제시할 것들이 많거든요. 유익한 얘기인데 손해날 것 없잖아요, 그렇지 않나요?"

매트가 몸을 다시 기울였다. "이제 무슨 일이 벌어졌는지 알 것 같네. 자네는 무언가 할 말이 많았고, 얘기들을 했지. 그렇지만 자네는 이안이 기대하는 바를 제대로 알아듣지 못한 것 같아."

스티브가 반박을 하려 하자, 매트는 한 손을 들어 올렸다. "잠깐, 내 말을 끝까지 들어보게. 자네는 논리와 이성에 초점을 두었다고 두어 번 얘기를 했지. 자네는 자신이 과거에 겪은 경험에 따라서 그랬게 했다고 얘기했네. 하지만 그 때는 다른 상황이었다네 — 그 사람이 자네를 설득하려고 하였고, 자네가 무엇을 원하는 지 알아내려고 하였지. 이번 경우는 다르네. 그가 필요한 점들은 무엇이었는가?"

"글쎄요, 조달의 안전성, 효율, 그리고 신뢰성."

"그 말에서 무엇을 파악했는가?"

스티브는 말문이 막혔다.

"내가 말하는 것이 바로 이점이야, 스티브. 자네가 제대로 질문을 하지 않은 것으로 들려. 자네는 그 사람의 고민이 무엇인지를 파고들지 않았어. 무엇인가 진짜 애로사항을 알 수 없었는가? 자네가 알 리가 없지. 자네가 파악한 것이라고는 그 사람이 현재 상황에 만족해한다는 것이니까."

스티브는 무슨 말인지 알 것 같았지만, 기분이 좋지는 않았다.

매트가 목소리를 조금 부드럽게 낮추면서 계속 말했다. "이것 보게, 방금 전에 우리가 얘기한 것은 세일즈 철학에 관한 것이야. 내가 생각하는 바는 다음과 같네. 첫째, 세일즈는 죄다 사람에 관한 일이라는 것. 사업은 곧 사람을 뜻하지. 세일즈도 사람이야. 인간을 이해하지 못하면, 결코 세일즈를 이해할 수 없다네. 둘째, 사람을 알기 위해서는 잘 들어야 해. 듣기를 잘 하려면 질문을 잘 해야 되요. 상대가 처한 상황을 보다 더 잘 알아야, 그들을 어떻게 도울지 알게 되는 법이지. 그것이 바로 세 번째인데, 이는 인생, 비즈니스, 모든 일에 적용이 된다네 ― 돈을 버느냐 안 버느냐 하는 것은 모두 사람들을 돕는 데 있어요. 나에게는 세일즈라는 것도 결국 사람들을 돕는 일이야. 첫 번째 화두는 언제나 사람이야."

스티브가 한숨을 길게 쉬었다. "와, 지금 누군가가 큰 부대자루 같은 제 몸에서 바람이 빠져나가도록 한 것 같네요. 그런데 느낌이 아주 좋은데요. 기분이 훨씬 나아졌어요. 진짜에요. 더 알고 싶은데요."

매트와 스티브는 얘기를 계속 나누었다. 기차가 그들이 내릴 역에 도달하자, 매트가 들고 있던 신문을 접어서 자기 가방의 측면 포켓에 쑤셔 넣었다. "이봐, 스티브, 내가 말한 '언제나 사람이다'라는 게 조금은 너무 순진한 것으로 들릴 거라고 생각되네. 그러나 적어도 나에게는 그 말은 진실이야. 그 말은 나를 자극시키네. 그 말이 나를 아침에 벌떡 일어나게 한다네. 원한다면 나에게 전화를 줘. 만나서 더 얘기를 나누도록 하지."

다음날 아침, 스티브는 회사 근처 커피 숍에서 매트에게서 들은 말들을 적어보았다. 그 때 누군가 어깨 너머로 그를 내려다보는 것을 느꼈다. 제인 앤더스Jane Anders였다. 스티브와 제인은 MBA코스를 같이 마쳤는데, 그녀는 스티브가 좋아하는 스터디그룹 파트너였다. 제인은 복잡한 케이스 스터디를 놓고서도 사안을 깊이 분석하고 해법을 꿰뚫어보는 재간이 있었다. 그리고 막상 실행에 옮겨야 할 때가 되면, 제인은 열정적으로 해냈다. 그녀는 스마트하고 원기가 넘치면서 또 언제나 도전을 회피하지도 않았다.

"말없는 사내, 나의 친애하는 기업가."

둘은 서로 인사를 나누고, 포옹하고 나서, 의례적으로 40초간 서로의 근황에 대해서 얘기했다. 제인이 스티브가 적은 메모를 힐끔 보고는 물었다. "크리스마스 준비사항들이야?"

"크리스마스는 좀 빠르지. 아니, 어제 가졌던 고객회사와의 상담을 잠깐 검토하던 참이었어."

"요즘 세일즈를 하는가 보지?"

"꼭 그런 건 아닌데 — 사실은 그런 셈이야. 그러나 잘 하진 못해."

"우리 스터디그룹 생각이 나네. 재미있는 때였는데. 도울 일 있어? 아니면 듣는 사람이 필요해?"

"둘 다 필요할 듯한데."

제인이 의자를 당겨서 앉았다. "오케이, 그 잘 된 상담에서 무슨 일이 있었는데?"

"잘 되지 않았어. 그래서 생각 중이야."

- 상담 전에 관계상황을 점검한다
- 나 자신을 실격시키지 않는 방법
- 말하기보다는 질문을 하라
- 영업 철학
- 사람 사람 사람

"꼭 실패를 해야만 생각하는 거야? 어떤 일에서도 좋은 면은 있는 거야." 여느 숙달된 '생산적 사고' 전문가처럼, 제인은 긍정적인 점들을 나열해 보면서 나름의 평가를 하기 시작했다. 부정적인 점들을 보는 것은 나중에 해도 될 만큼, 시간은 충분히 여유가 있었다.

스티브는 전날 이안과 가졌던 상담의 주요 요점을 말했다 — 설명은 곧잘 했으며, 내용도 충분히 알고 있었으며, 통계도 잘 뒷받침되었고, 적절한 인용도 하였으며, 브레드와 게리의 경험을 연결시킬 수 있었다는 점 등이다.

제인은 적지도 않고 거의 얘기도 하지 않고 있었는데, 고개를 들었다. "지금까진, 문제 없고. 그 외에 상담에서 좋았던 점으로 무엇이 있었어?"

"글쎄, 내가 바로 그 상담을 했다는 점. 나는 예전 일을 하면서 알았던 사람들 중에서 고객이 될 만한 이들을 만나고 싶었어. 내가 만나길 청했고, 그 사람이 동의한 거지."

"*'하지만'* 이라고 말할 것 같군…."

"하지만, 나는 그를 만난 시간을 제대로 잘 사용했다는 생각이 안 들어."

"그 점은 알겠어, 그러나 먼저, 또 다른 긍정적인 점들은?"

"더 있었으면 좋겠다."

"정말, 더 이상 없다고? 다시 만나자고 하면, 그가 만나줄까?"

"글쎄, 만나줄 것 같이는 보여, 그렇지만 그가 보낸 이-메일에 최소한 12개월은 지난 후라고 했어." 이안의 노트가 기억되면서 스티브는 의자에 몸을 힘없이 기댔다.

제인도 의자에 등을 기대었다. "아, 그래서 네가 상담에서 별 성과가 없었다고 하는구나. 그러나 그 사람이 다시 만나는 기회는 열어놓았잖아. 대단한 것은 아니지만, 긍정적인 거야. 좋아, 이제는 잠깐 제3자의 시각으로 롤-플레이role-play를 해보자. 네가 상담을 최대한 객관적으로 보고 있다고 하자. 무언가 네가 하고 싶은 말이 있지 않을까? 내가 너에게 다시 한다면 어떻게 다르게 하라고 할까?"

"그건 쉽지. 내가 전략을 미리 갖지 않았어. 나는 단순히 옛 관계를 기반으로 우리 회사 자료를 전달하기만 하면, 일이 잘 굴러갈 줄 생각했었지. 잠깐 얘기를 나누고 나면, 아마 그가 나에게 어떤 사업에 조그만 일이라도 줄 것으로 알았어. 간단히 말하자면 그런 생각이었어."

늘상 그랬던 것처럼, 제인은 무언가 적고 있었다. "내가 지금 적은 것은, *'상담 전에 명확한 목표를 세우는 방법?'*이야. 뭔가 집히는 것이 있어?"

“그래, 좋은데, 고마워… 그리고 나는 정보를 많이 얻지 못했어. 내 파트너가 나에게 그들의 공급망에 대해서 알게 된 내용을 물었는데, 내가 대답을 제대로 못 했었지. 사실은 말인데, 생각하면 할수록, 내가 고객이 현재 추진하는 일들이나 왜 밤 늦게 일을 하는지에 대해서 아무것도 파악하지 못했어.” 스티브는 도움이 주고자 하면 질문들을 해야 한다는 매트의 조언을 기억했다. 스티브는 앞으로 몸을 기울였다. “지금 생각해 보면, 질문을 하지 않은 점이 큰 실수였어.”

제인이 노트에서 고개를 들었다. “바로 ‘필요한 정보를 탐색하는 방법?’ 말이지?”

“그렇지, 그런데 나는 우리의 지난 관계를 이용하지도 않았던 거야. 개인적인 얘기도 전혀 하지 않았어. 물론, 그 사람도 그 점에서는 역시 마찬가지였어. 별다른 얘기도 없이 바로 질문들을 하기 시작했거든.”

“좋아, 여기에 내가 *‘얘기를 꺼내도록 유도하고 개인적 연결점을 찾는 방법?’*이라고 적어놓겠어. 맞아, 이것이 출발점이 되겠다. 아직 해답은 안 나왔지만, 몇 가지 유용한 질문들이 나왔네.”

스티브는 지난 이틀 동안 ***유용한***과 ***질문들***이란 단어들을 아주 자주 듣게 되었다는 점을 깨달았다. “그렇지, 고마워, 매우 유용한 걸.”(그 ‘유용한’이라는 단어가 다시 등장함.)

“너무 걱정하지 말아. 나는 곧 가야 하는데, 하지만 내가 가기 전에, 여기 몇 가지 적은 게 있어. 내가 너에게 그 상담에서 무엇이 좋았느냐고 물었을 때, 너는 ‘나의 성과’라는 용어를 말했어. 네 말이 맞아. 세일즈 상담은 언제나 성과를 내기 위한 것이지만, 네가 주인공이 아니야. 세일즈는 하나의 과정process이지. 마치 요리하는 것처럼 기술이기도 해. 누구나 한 다발 재료들을 솥에 집어 넣고 진미요리가 나오기를 기대하지는 않아. 최고의 요리법을 알아야 하고, 재료도 최상의 품질로 마련하고, 최고의 도구들이 준비되어야 하는 거잖아. 그리고 각각의 재료를 제 시간에 제대로 넣어야 하지. 무엇을 자제해야 하는지도 알아야 하고. 오븐을 먼저 예열할 필요도 있지. 요리솜씨도 갖추어야 할 걸. 결국은, 네 목적은 거래를 만들어내는 거잖아. *만들어낸다*make란 단어가 들리지? 세일즈란 기법이라고 할까. 가장 중요한 말은 언제나 *과정*process이야.

스티브가 미소를 지었다. "정말 감동적인 말인데, 네가 이런 말을 하니까 놀랍지는 않구나."

"그래, 알아. 네가 나를 프로세스 퀸process queen이라고 부르곤 했잖아. 하지만 날 믿어, 프로세스는 효과가 있어. 나는 잘 하고 있어—아주 잘하고 있거든. 나는 회의 전 프로세스, 회의 후 프로세스, 그리고 회의 진행 도중에 쓰는 용도로 몇 가지 프로세스를 사용하지. 내가 쓰는 프로세스는 정말 놀라워… 적어도 나에게는. 네가 만약 나에게서 조언을 원한다면, 자신에 맞는 프로세스를 찾아내도록 해. 그것이 네가 제대로 일을 하게끔 도와줄 거야. 그리고 무엇보다도, 그것이 네가 더 나은 영업을 하는데 도움이 될 거야. 나 지금 가봐야 해. 여기 네가 할 숙제가 있어. 아니면 그냥 참고해. 안녕!"

제인은 자기 노트북에서 한 장을 뜯더니 스티브에게 밀어주었다. 그리고는 잽싸게 나갔다. 학교에서 하던 모습과 똑같이.

스티브는 노트 내용을 살펴보았다.

좋은 점	*향상시킬 점*
상담기회를 가졌다	상담 전에 목표를 명확히 세우는 방법?
내가 할 얘기를 숙지한다	필요한 정보를 탐색하는 방법?
연관된 정보를 전달한다	얘기를 꺼내도록 유도하고 개인적 연결점을 찾는 방법?
내가 다시 요청하면, 그가 응한다	

스티브는 매트와 제인이 자신에게 한 조언들을 생각해 보았다. 두 사람의 조언들은 모두 다 유용한 점이 있었는데(그 '유용한'이라는 단어가 또 나온다), 하지만 각기 서로 다른 상황에서 주어졌다. 매트는 세일즈란 결국 사람에 관한 것이라고 하고, 스티브가 이안에 대해서 인간적인 면에 주의를 더 기울였다면 훨씬 나은 상담이 되었으리라 말했다. 제인은 영업은 모두 프로세스(과정)에 관한 것으로서, 스티브가 요리법대로 일하는 요리사처럼 했더라면 훨씬 성공적인 상담을 하였을 거라고 말했다. 따로따로 보면, 두 대화는 각기 아주 타당했었다. 하지만 두 가지를 함께 생각하면 혼란스러웠다. 사람인가 아니면 프로세스인가? 누구 말이 옳은가?

Chapter 06 세일즈 상담 토론 ••• 사후검토와 사전검토

> 경험이란 우리가 저지른 실수들을 말하는 것일 따름이다.
>
> - 오스카 와일드 Oscar Wilde

비록 매트 및 제인을 만나 얘기하고 나서 많은 것을 얻었다지만, 스티브는 여전히 혼란스러웠다. 두 사람 모두 세일즈에 일가견이 있다고는 하나, 그들은 세일즈에 아주 대조적인 방법으로 접근하고 있었다. 매트는 사람 문제가 전부라고 했다. 반면 제인은 프로세스가 가장 중요하다고 했다. 양쪽 모두 일리가 있어 보였다. 세일즈가 그의 본업이든 아니든 간에, 스티브 입장으로는 자신이 세일즈를 더 효과적으로 해야만 했다. 다시 말해서 스티브 자신에게 맞는 접근방식을 찾아야 했다.

스티브는 버질Virgil과 얘기를 해야겠다고 생각했다.

버질, 즉 버질 워커Virgil walker는 은퇴한 기업체 임원(그 외에도 많은 경험을 했다)으로서 스티브가 아텔론금융Athelon Finance회사를 떠나서 디스커스 회사의 주니어 파트너가 되겠다는 결정을 하는 과정에서 조언을 해 주었었다. 스티브는 아텔론 회사에서 6년을 근무했었는데, 동료들도 마음에 들었고 앞길도 거의 보장된 터였다. 대신 디스커스 회사에서의 미래전망은 불투명했다. 주식지분을 보유하게 된다는 점은 확실히 매력적이었지만, 회사가 생긴지 얼마 되지 않아서, 신생회사가 갖는 갖가지 위험들 외에 더하여, 스티브로서는 빠르게 적응을 해야만 했다. 그 모든 과정에서 버질과 얘기를 나눈 것들이 스티브에게 많은 도움이 되었다. 버질은 결코 직접적인 조언을 하지 않았는데, 대신에 스티브로 하여금 상황을 좀 더 명확하게 보게끔 하는 요령이 있었다. 결과적으로, 선택할 대상이 명확해졌다. 알테온은 안정의 편안함을 주었고, 디스커스는 분발해서 한껏 뛰어야 하는 도전이 따랐다. 스티브는 능력을 발휘해 도전하기로 결정했다.

바로 그렇게 도전한다는 기분이 스티브가 이번에 버질 전화번호를 누르면서 느낀 것이었다.

"버질, 제가 점심 대접하고 싶은데요."

"좋지. 할 얘기가 있나 보지?" 은퇴한 후, 버질은 스티브처럼 직업전선에서 다른 길을 모색하는 사람들을 코칭해 주고 있었다. 그는 돈을 전혀 받지 않았다. 버질은 자신이 배운 지식이 모두 다른 사람들의 도움에서 비롯되었으므로, 그것을 기꺼이 되돌려주고자 하는 생각을 가졌다. 그리고 그는 이런 방식으로 사람들과 어울리는 것을 좋아했다. 점심을 대접받게 되면 보너스라고 여기곤 했다.

그들은 버질이 늘 드나드는 곳에서 만났다. 그 음식점은 버질이 자원봉사 활동을 하는 공공 도서관 근처에 있었다. 그곳은 칸막이가 되어 있고, 크롬장식이 된 의자들에다, 소금, 후추, 이쑤시개, 그리고 종이냅킨이 들어 있는 크롬장식 양념통이 놓여 있는 호마이카 테이블이 배치된 오래된 음식점이었다. 버거 2인분을 시키고 몇 마디 인사말을 나눈 뒤, 스티브가 버질에게 자기가 가졌던 세일즈 상담과 매트 및 제인에게서 배운 점들을 죄다 설명했다.

"자네는 마치 세일즈맨들이 스스로 실격을 당하는 행위를 하는 셈이라고 매트가 지적하는 것에 놀랐군, 그렇지 않아?"

"글쎄, 그 때에는 놀랐었는데, 이제 생각하면 꼭 맞는 말입니다."

"자네가 직접 사업을 운영하고 있다면, 잔뜩 쌓인 업무들에서 무엇인가를 덜어준다는 것은 어떤 것이라도 가치가 있지. 아마도 전에 잔뜩 일에 몰려 있을 적보다 지금 더 그럴지도 몰라."

"그래요, 실제로 나도 그랬어요—하지만 전에는 그렇게 생각을 해본 적이 없거든요. 더구나 내 상대방 입장에서는 한 번도 생각한 적이 없었고요. 내 발로 잘못 걸어 들어간 셈이지요, 그렇지 않아요?"

"글쎄, 자네가 너무 쉽게 당연한 일이라고 얘기하는 것 같아."

"이제는 문제를 알겠어요."

"자네가 군대에서 겪은 경험을 생각해 보도록 하게."

"제가 그렇게도 잘못했다는 말씀인가요?"

"아마도. 하지만 욕하지는 말게. 군대에서 확실한 것 한 가지는 군대가 학습하는 조직이라는 점이야. 그렇지만 자네한테 군에 입대하라는 것은 아니네. 단지 학습하라는 거야. AAR이 무엇을 뜻하는지 아는가?"

스티브는 고개를 저었다. 그러자 버질은 미 육군의 OPFOR부대에 대해서 얘기를 하기 시작했다. 최정예 전투여단들을 훈련시키는 프로그램의 일부로서, 미 육군은 전투여단들을 OPFOR(대항군대(對抗軍隊) : Opposing Force의 약자)라고 불리는 엘리트 부대에 맞서게끔 투입하였다. 일련의 치열한 모의 전투 훈련 과정에서, OPFOR부대는 훈련참가여단들을 극도의 한계선까지 밀어붙임으로써, 훈련참가여단들이 전투력과 전략적 사고를 향상시키는 역할을 하였다. 훈련의 조건으로서 훈련참가여단들은 보다 유리한 진지, 보다 정확한 정보, 우월한 무기체계, 그리고 2배나 되는 병력이 주어졌다. 이러한 불리한 조건들에도 불구하고, OPFOR부대는 거의 모든 모의전투에서 승리하였다. 그것이 어떻게 가능하느냐고? 그것은 OPFOR부대가 매번 전투훈련을 끝낸 후 이를 복기(復棋)하면서 학습하였기 때문이었다. OPFOR부대는 '사후점검' After Action Review (AAR)라는 강력한 학습과정을 완벽하게 실행하였던 것이다.

스티브는 감명을 받았다. "선생님도 거기에 관여되었나요?"

"아주 작은 역할이었지. 그건 중요한 게 아니야. 여기에서 중요한 점은 완벽한 AAR을 실천해서 어떤 면에서 그리고 어떻게 자네가 개선할지 파악하는 일이야. 얘기가 도움이 되는가?"

스티브가 가방에서 매트와 제인에게서 메모한 노트를 꺼냈다. "그럼요. 우리가 벌써 제대로 짚은 것 같은데요."

버질이 스티브가 꺼낸 노트를 훑어보았다.

매트에게서 노트한 메모:

- 관계 내용context of relationship
- 실격하지 않는 방법how not to disqualify

- 말하기보다 질문을 더 많이 한다ask more than talk
- 세일즈 철학philosophy of sales
- 남을 돕는다는 자세helping people

그리고 제인에게서 노트한 메모:

- 명확한 목표를 세운다establish clear objectives
- 유용한 정보를 탐색한다explore for useful information
- 얘기를 꺼내게끔 한다invite disclosure
- 개인적 연결점들personal connections

버질이 고개를 들어 스티브를 쳐다보고는, 노트를 옆으로 밀어놓았다. "흠, 아주 좋은데. 이것들은 나중에 쓸모가 있을 거야. 그러나 우리는 아직 그것을 사용할 준비가 안 되어 있네. 먼저, 상황을 설정할 필요가 있지. 자네 생각에 왜 AAR이 그토록 효과적이었다고 생각하는가?"

스티브는 잠깐 생각했다. "글쎄요, 뻔한데요. OPFOR부대는 그 방법으로 자기네 성과를 평가하지요. 실수로부터도 배우지요. 그리고 성공으로부터도 배웁니다, 제 짐작에는."

"지금까지는 좋아. 그들은 성과를 무엇에 비추어 평가를 할까?"

"승리에 대해서?"

"은유대상metaphor을 잠깐만 바꿔보세. 자네는 축구게임을 보는가, 그런가?"

스티브가 고개를 끄덕였다.

"그렇다면, 자네 팀이 경기한 성과를 무엇으로 아는가?"

"팀이 해당 시즌에서 이기고 진 기록을 보지요."

"그렇지, 하지만 그것으로 무엇이 그 팀을 우수한 팀으로 만들었다고 알 수 있는가? 그들의 기록만 가지고 우승팀을 조련해서 코치하는데 충분한 정보를 얻을 수 있는가?"

"그야, 아니지요, 당연히 아니에요."

"그렇다면 그것 외에 무엇이 필요할까?"

"각 주요 포지션에서 필수적인 기술들을 구체적으로 지정하고, 그런 기술들이 어떻게 성과에 기여를 하였는지도 파악하며, 그리고 거기에 더해서 발전시킬 필요가 있지요."

"정확해. 따라서 AAR 이전에 평가의 척도를 무엇인가 세울 필요가 있다네…."

스티브는 알아듣기 시작했다. "바로 목표 결과치와 성과 범주를 세우기 위한 '사전점검'Before Action Review(BAR)이 필요하겠군요."

"맞아. 그것이 바로 OPFOR부대가 하는 거야. 매번 행하는 AAR은 BAR에 대비해서 평가되어야 하네."

스티브에게서 이제 말이 술술 나왔다. "그러니까 선생님 말씀은, 경기 후의 점수만 보면 안 된다. 어떻게 그 점수를 얻게 되었는지를 알아야 한다."

"그것에다 조금 더 해야지. 축구시합이나 모의전투에서 마찬가지로, 그 과정을 단계별 목표로 놓고 분석해야 하네, 각 단계에서 다음 단계로 연결하면서."

"그 말은 영업상담에 대해서도 단계적 목표를 정해야 한다는 뜻이군요.” 스티브는 버질을 만나서 얘기할 때면 언제나 좋은 교훈을 얻었다. 스티브는 문제를 이렇게 생각해 본 적이 없었다. 그는 그저, 긍정적인 태도와 한두 가지 설득 기법을 준비해서, 매력적인 제안들을 전달하게 되면, 신규 비즈니스를 받아낼 가능성이 높을 것으로 생각했었다. 스티브는 버질이 정확히 어떤 방향으로 생각을 전개할 것인지, 아니면 어떻게 결론에 도달할 것인지에 대해서 알 수 없었다. 하지만 그는 흥미를 강하게 느꼈다.

“좋습니다,” 스티브가 말했다. “이제 알아들었어요. 그러면 어떻게 하면 되나요?”

버질이 양념통을 집더니만 이쑤시개를 한 줌 꺼냈다. “이것들로 시작하지.”

스티브는 이전의 경험들로 인해 버질이 사용하는 코칭 기법들에 놀라지 않을 정도로 익숙해져 있었다. 버질이 이쑤시개들을 테이블 위에 펼쳐 놓았다. “‘님nim’* [*님게임nim은 수학적 전략보드 게임이다. 몇 개의 줄에 자연수개의 돌(표식)을 두고 순서대로 돌아가면서 한 줄에서 정해진 수의 돌을 제거한다. 가져오는 숫자에는 상한이 있으며 무조건 1개는 가져와야 한다. 마지막 돌을 가져오는 사람이 이긴다. – 소스; 위키피디아]이라는 게임을 들어보았나?” 스티브는 고개를 내 저었다. “아주 간단한 게임일세. 아마 해본 적이 있을지 몰라. 게임은 몇 개의 이쑤시개 또는 뭐든지 표시할 수 있는 물건으로 시작하는 거야. 그 다음에 서로 번갈아 가면서 합의된 규칙대로 집으면 되네. 그리고 맨 마지막에 집는 사람이 이기는 거라네.”

스티브는 기억을 떠올렸다. 학교에 다닐 적에 두세 번 해본 적이 있었다. 그가 아는 방식에서는, 열다섯 개의 이쑤시개를 늘어놓았다. 게임 당사자와 상대방이 하나 또는 두 개의 이쑤시개를 집어 들었다. 목표는 마지막 이쑤시개를 집는 것이었다. 사람들은 대부분 마지막(열다섯 번 째)을 집으려면 열두 번째를 집어야 한다고 이해한다. 그리고 열두 번째를 집으려면, 아홉 번째를 집어야 하고, 등등. 방식을 숙지하게 되면, '3목(目) 놓기'보다 더 쉬운 게임이었다. 작전만 잘 짜는 경우, 결코 지는 법이 없다.

"그러니까 '님nim게임'을 모델로 써서, 우리들 게임 방식으로 해보자는 거야." 버질은 말을 이어갔다. 그는 이쑤시개들을 한 줄로 배열하였는데, 마치 흰 테이블보를 배경으로 피켓 울타리처럼 보였다. 그가 길게 늘어선 데서 맨 마지막 이쑤시개를 가리켰다. "이것이 자네의 상담에서 최종 목표라고 가정하세. 다른 이쑤시개들은 그 최종 목표가 의존하는 것들이라고 하지. 각 이쑤시개는 바로 앞에 놓인 것에 의존하는 거야. 다른 말로 하자면, 바로 앞의 것을 집기 전에는 어떤 이쑤시개도 집어서는 안 되네. 알겠지?"

"알았어요."

"좋아. 그런데 자네의 최종 목표는 무엇인가? 무슨 결과를 추구하는가?"

"세일즈 상담에서요? …세일즈를 하는 것이요."

"정말로? 세일즈를 하는 게 전부였다고? 만일 상담 끝에 세일즈가 안 되면 어떻게 되는데, 그렇게 되면 실패라고 생각할 건가?"

"글쎄요, 아니죠, 꼭 그런 것은 아니에요. 만약 조금이라도 무언가 진척이 있었다면 실패가 아닙니다. 아마도 씨앗들을 심는 것도 좋지요." 버질은 아무 말도 하지 않았다. 스티브는 잠깐 침묵한 채 앉아 있다가, 말을 계속했는데, "저는 뭔가 긍정적인 인상을 남기려 했습니다. 그렇게만 되면 조그만 성공이 되었을 거예요, 제 짐작에."

"그토록 애써서 고작 좋은 인상만을 남긴다고? 그 뿌렸다는 씨앗들은 어떡하고?"

스티브는 낭패한 표정을 감출 수 없었다. "그래요, 저는 아주 반짝반짝 빛나는 관계를 가져오는 씨앗을 심고 싶거든요. 이 말씀을 하는 거지요?"

버질이 미소를 지었다. "나쁘지 않군. 실제보다 과장을 해보는 것도 새로운 관점을 갖기 위해서 유용한 방법이 되기도 하네만, 그것보다는 단지 생산적 관계라고 하면 어떨까?"

스티브는 그 의미를 다시 생각했다. 언제나 그랬지만, 버질 생각이 옳았다. "사실은, 그것이 비결이네요. 우리 규모 세일즈는 한 번 상담으로는 되지 않아요."

"그러면…?"

"그리고 한 번만 세일즈를 해서도 안 됩니다. 바람직하기론, 계속적으로 세일즈가 일어나야 하지요. 그러니까, 맞아요, 생산적인 관계입니다."

"그렇게 되면 자네는 만족하는 건가?"

"글쎄요, 그렇지요. 특히 첫 번째 세일즈만 있는 게 아니니까요. 언제나 두 번째, 세 번째, 그리고 그 다음의 판매 가능성이 있어요."

버질이 마지막 이쑤시개를 스티브 쪽으로 밀어 보냈다. "좋아. 그렇다면 이것이 자네가 목표미래target future*가 되겠군. [*생산적 사고의 개념들 중,

목표미래는 바라는 결과를 일컫는 데 쓰인다.] 관계를 맺는 일 말일세. 그 목표에 도달하기 위해서 해야만 하는 것은 무엇인가?"

"좋아요, 뭐랄까, 그 관계를 위한 기반이 있었다는 점을 제시해야 하겠지요."

"그러면 비즈니스 상황에서 그걸 하기 위해서 가장 좋은 방법이 뭘까? 사람들이 비즈니스 관계에서 소중하게 여기는 것이 무얼까?"

"믿음직하다는 거, 약속을 지키는 것? 당신이 무언가 제공할 가치를 가지고 있으며, 당신을 신뢰할 수 있다는 점을 전달해야지요. 좌우간, 그 점이 바로 제가 생각하는 거예요. 만일 누군가가 내게 목표를 달성하는 걸 도와줄 수 있다는 점을 보여만 주어도, 저는 그들에게 진심을 보일 것이에요."

"옳은 얘기야. 내 경험에 비추어 보면, 지속적으로 약속을 지키는 일은 모든 생산적 사고관계의 기초라 할 수 있고, 어떠한 관계에서도 역시 마찬가지일 거야." 그는 맨 끝에서 두 번째 이쑤시개를 스티브 쪽으로 밀어 주었다. "자네가 거래하는 고객들에게 쓸모가 있는 제안들을 하는 거야— 가느다란 이쑤시개로는 큰 일을 할 수 없다네."

스티브는 이 대화가 어디로 향하는지 알 것 같았다. "그래요, 하지만 알았어요. 무엇인가 의미있는 제안을 하려면, 그들이 고민하는 문제들을 알아야지요. 그러려면 내가 말을 하는 것보다 질문을 더 해야 하는데, 바로 매트가 지적한 점입니다. 그리고 제인도 역시 유용한 정보를 찾아내라고 말했어요."

"잘 하고 있네." 버질은 또 하나의 이쑤시개를 앞으로 밀어내었다. "그렇게 유용한 질문을 할 수 있으려면 무엇을 할 필요가 있는가? 분명히 기억할 것은 그런 질문들이 자네 고객에게 도전적인 질문이 될 수도 있다는 거야."

"글쎄요, 고객들로부터 이러한 탐구하는 질문들을 해도 좋다는 허락을 받아야겠지요. 너무 빨리 그런 질문들을 하면, 고객들이 그냥 물러나거나 대화를 완전히 닫아버릴지도 모르지요."

"그 의미는?"

"무어랄까 신임장 같은 것? 전 잘 모르겠어요."

"아니야, 이제 거의 다 왔어. 신임장credential의 어원이 무엇인가?"

"신용할 수 있는credible… 신뢰credibility?"

"맞아. 고객은 곤란한 질문에 답하기 전에 자네에게 어느 정도의 신뢰를 가져야만 되는 것일세. 그렇다면…?"

스티브는 답을 알았다. "질문을 해도 좋다는 허락을 받을 만한 신뢰."

"빙고bingo. 그것이 상담에서 가장 필수적인 부분들 중 하나라네. 신뢰가 없으면, 앞으로 더 나갈 수가 없지." 버질이 다음 이쑤시개를 밀어냈다. "나는 이것을 '신뢰의 문턱 넘기'라고 부르지."

버질과 스티브는 계속해서 '님'게임을 거꾸로 했다. 버질이 이쑤시개를 앞으로 밀어낼 때마다 스티브가 매번 그 단계를 적었다. 여기 그가 적은 노트가 있다.

- 성공적인 상담은 생산적 관계를 위한 씨앗을 심는 것이다.
- 그걸 하려면, 고객에게 유용한 제안을 한다.

- 그걸 하려면, 고객이 필요한 것을 알기 위한 질문을 한다.
- 그걸 하려면, 신뢰의 경계를 넘어야 한다.
- 그걸 하려면, 고객과의 연결점을 찾을 수 있게 속마음을 노출하게끔 한다.
- 그걸 하려면, 얘기하는 상대방을 이해한다.
- 그걸 하려면, 상담의 진행상황을 준비하고 조절한다.
- 그걸 하려면, 의미가 있는 의제를 구성한다.
- 그걸 하려면, 희망하는 결과치를 수립한다.
- 그걸 하려면, 고객에 대해서 조사한다.
- 그걸 하려면, 상담을 청해서 수락을 받는다.
- 그걸 하려면, 자신이 누구인지 그리고 지신이 무엇을 제시할지 확실히 파악하고 철저하게 준비한다.

작업이 다 끝나자, 스티브가 의자에서 뒤로 몸을 젖혔다. "와, 그러게 하고 나니 완벽한 '사전점검'BAR이 되었네요. 아주 멋져요."

버질이 웃었다. "아니야, 그것으로 '사전점검'BAR이라고 할 수는 없어. 그저 우리가 사전검토를 한 가지 할 수 있는 지점에 도달한 셈이지. '사전점검'BAR 그 자체는 매번 상담에 대한 목표 결과를 세우는 단계라고 봐야 해－마치 OPFOR부대가 매번 모의전투에 대한 BAR를 하는 것처럼. 그러나 지금은 그런 염려는 접어놓게. 요지는 이것들이 자네가 매번 상담을 하기 전에 해야 할 단계들이라는 거야. 그 중 몇 단계는, 자네가 준비한 대본처럼, 계속 반복해서 쓸 수 있을 거고. 다른 것들은 매 상담에 맞추어서 준비를 해야 할 단계들이네. 자꾸 하다 보면 쉬워질 거야. 좌우간 자네가 이런 기본적 접근방식을 따른다면, 성공할 확률이 훨씬 높아질 걸세."

"아 참, 그리고 내가 두어 가지 적어줄 게 있는데, 자네에게 쓸모가 있을 거야." 버질은 손을 뻗어서 스티브가 적은 리스트 밑에다 두서너 가지를 적었다.

스티브가 작업이 끝난 리스트를 살펴보았다. "이제 보니 내가 해야 할 일을 내가 찾아 적은 셈이네요."

"그런 점을 바로 탁월하다고 하는 거야. 궁리를 해야 하네. 그러니까 OPFOR부대가 승리하는 걸세. 하지만 긍정적인 면을 보도록 해. 적어도 이제는 뒤죽박죽된 것이 아니라 할 일이 찾아졌잖아."

"맞아요. 그렇지만, 아직 저에게는 궁금한 것이 있어요."

"말해보게."

"조금 전에 프로세스에 대해서 많이 말했잖아요. 선생님이 나열하기를…."

"우리가 나열했지."

"우리는 거쳐야 할 열한 가지 분리된 단계들을, 대본을 적는다든지 제안을 한다든지 등으로 나열하였는데요. 그것은 정말이지 프로세스 지향적이었거든요. 제인이 말하길, 세일즈는 모두 프로세스라고 했어요. 그러나 선생님은 또한 누구에게 얘기하고 있는지를 이해하는 것, 상대방과 연결점을 찾는 것, 그들의 신뢰를 얻고, 관계를 맺는 것이 매우 중요하다고 말하셨어요. 그 말씀은 모두 사람에 관한 것이지요. 그것이 바로 매트가 주장하던 바거든요."

버질은 질문이 나오길 기다렸다.

"만일 선생님이 선택할 수 있다면, 사람과 프로세스 중에 무엇에 중점을 두시겠어요? 어느 것이 훨씬 효과가 있을까요?"

버질이 의자를 뒤로 밀치고는 일어났다. "무엇이 더 중요한가? 숨을 들이쉬는 것과 내쉬는 것 중에?" 그는 대답을 기다리지 않았다. "두 주일 후에 다시 얘기하면서 어떻게 되고 있나 보세. 점심은 고맙네. 다음 번에도 자네가 사는 거야."

스티브와 버질이 나눈 대화가 이 책에서 전개될 내용들의 윤곽이다— 또한 생산적 판매 모델에서 필수적인 단계들이다. 그 구성을 보면 다음과 같다.

- 제7장: 세일즈맨 당사자, 제안, 그리고 상담하는 이유에 관하여 간략한 스크립트를 고르고, 준비하고, 이를 전달한다.
- 제8장: 상담요청에 수락을 받기 위해서 충분한 연결점 또는 관심을 찾고 준비한다.
- 제9장: 상담에 앞서 효율적인 조사를 실시한다.
- 제10장: 상담에서 달성할 목표성과와 성공의 기준을 수립한다.
- 제11장: 상담을 이끄는 데 필요한 양식template을 사용한다.
- 제12장: 세일즈 상담의 본질적 역학관계를 이해하고 이용한다.
- 제13장: 고객들의 사고방식과 취향을 파악하고 이에 연결점을 찾는다.

- 제14장: 응접실 대기시간을 생산적으로 이용하고 사소한 점이라도 화제로 삼는다.
- 제15장: 질문을 하기 위한 신뢰를 쌓는다.
- 제16장: 세일즈맨 당사자와 고객 모두에게 도움이 되는 질문을 한다.
- 제17장: 상담결과가 무르익을 여유시간을 준비한다.
- 제18장: 향후 관계를 위해 유익했다는 느낌과 씨앗을 심는다.

마지막 네 장은 버질이 스티브가 작성한 노트에 추가한 것들에서 나왔다.

- 제19장: 당신의 상담 경험에서 무엇을 그리고 어떻게 배울 것인가.
- 제20장: 상담의 과정을 복기해서 개선할 점을 찾는다.
- 제21장: 상담한 내용을 복기하여 향후 할 일과 연락처를 확보한다.
- 제22장: 당신이 활동을 계속하면서 고객의 뇌리에 자리를 잡고 유지되도록 노력한다.

Part 03

상담을 준비하는 과정

Preparing for the Meeting

Chapter 07 알프레드 히치콕이 제안한다 ••• 스크립트의 힘

> 훌륭한 영화를 만드는 데는 세 가지가 필요하다.
> 스크립트, 스크립트, 그리고 스크립트.
>
> - 알프레드 히치콕 Alfred Hitchcock

세일즈 스크립트script는 고객에게 세일즈맨 당사자, 속한 회사, 대상 제품, 또는 관련 산업에 대한 정보를 간략한 내용으로 미리 준비한 대사를 뜻한다. 프로 세일즈맨은 상담할 때 —그리고 많은 다른 경우에도— 스크립트를 이용한다. 스크립트는 전화를 할 때나, 식당에서나, 회의석상에서 간에 상관없이 사용된다. 세일즈맨 자신이 누구며 무엇을 팔고자 하는지에 대해서 준비한 간략한 스크립트는 당신을 믿음직하고, 매력적이며, 당신 얘기를 듣는 시간이 아깝지 않다고 알게끔 하는데 도움을 준다. 거의 모든 경우에, 꼭 필요한 요점을 빨리 그리고 명확하게 전달할 수 있다는 것은 당신이 다른 세일즈맨들보다 가치가 있다는 점을 보여준다.

스크립트는 고객들을 교묘하게 조종하려는 것이 아니고, 고객에게 효율적으로, 효과적으로, 그리고 전문적으로 의사를 전달하려는 목적으로 쓰여진다. 세일즈용 스크립트의 첫째 목적은 신뢰를 쌓는 데 도움을 주는 데 있다. 스티브가 앞 부분에서 파악했듯이, 신뢰가 있어야만 질문을 할 수 있게 되고, 이렇게 질문을 해야 고객들이 당면한 문제들, 관점들, 그리고 필요한 점들을 알 수 있게 된다. 또한 여전히 중요한 두 번째 목적은 영업직원과 고객 간에 있을 수 있는 연결점들을 찾는 일이다. 그러므로 스크립트를 작성하는 것은 필수적이다. 이것을 당신의 세일즈 프로세스에 필요한 첫 번째 이쑤시개로 생각하기로 하자.

스크립트는 당신이 신뢰를 쌓는 데 두 가지 면에서 도움이 된다. *무엇을 말할 것인가*와 그것을 *어떻게 얘기하는가* 하는 것이다. 무엇을 말하고자 하는가는 내용의 신뢰성을 쌓는 데 목표를 둔다. 그것을 어떻게 얘기하는가는 프로세스의 신뢰성을 쌓는 데 목표를 둔다. 그러면 프로세스를 먼저 살펴보기로 하자.

과정의 신뢰성

세일즈맨으로서 신뢰를 쌓으려면 부분적으로는 정보를 언제, 어떻게 전달해야 할지 알아야 하고 자신 있게 전문적인 태도로 전달할 수 있어야 한다. 당신이 피트니스 센터의 코치, 투자자문역, 회사의 훈련담당, 또는 의사이거나 할 것 없이 프로를 만났을 경우에 어떻게 반응하였나를 생각해 보라. 당신은 프로가 조성하는 분위기에 따라 반응한다. 우리가 잘 아는 피터Peter란 젊은이는 대도시의 구급의료원이다. 그가 우리에게 자주 해준 얘기를 보면, 궁극적으로 인명을 구하는 것은 그가 숙지한 의학적 및 기술적 노하우know-how이지만, 긴급 환자들과 환자 가족들이 맨 먼저 그를 따르는 이유는 그의 차분하고 전문적인 태도 때문이라고 한다. 사람들은 그런 태도를 보면서 이제 안심해도 된다는 확신을 갖게 된다는 것이다.

흡사한 경우로서, 당신이 처음 몇 마디를 차분히 자신 있게 얘기하는 것이 고객들에게 제대로 업무를 할 줄 아는 이를 만났다는 신호를 주게 되고, 그들을 편안하게끔 해준다.

당신이 큰 회의에서 기조연설들을 들어볼 기회가 있으면, 당신(그리고 청중 대부분)은 즉각적으로 프로 연사와 신참 연사를 구별할 수 있다. 전문 프로는 에너지를 내뿜으면서 연단에 올라선다. 그는 사회자(엠씨emcee)와 악수를 하고, 연설대에 서서 잠시 숨을 고르고, 청중들이 자신을 주목하기를 기다린 다음, 권위를 가지고 첫 마디 연설을 시작한다. 본론에 들어가기도 전에, 청중들로부터 주목과 존중을 확보한다. 사람들은 연사가 의전과 절차에 익숙하다고 깨닫는다. 제대로 아는 이가 앞에 나선 탓에 편안해한다. 연사가 신뢰를 얻은 것이다.

세일즈 상담에서 스크립트로 메시지를 전달하는 행위도 같은 목적을 달성한다. 자주 보는 예지만, 세일즈맨이 제대로 절차에 따라서 행동을 하고 자신과 회사에 대해서 편안하게 얘기를 하게 되면, 고객은 긴장을 풀게 된다. 그렇다고 전투가 끝난 것은 아니다. 내용을 제대로 전달하는 일이 아직 남아 있지만, 당신은 스타일만으로 이미 신뢰를 쌓는 기반을 조성한 셈이다. 스타일을 완벽하게 갖추려면, 세 가지가 있어야 한다. 사전연습, 적절한 피드백으로 반응하는 청중, 그리고 실행이다. 이 장의 후반에서 이 세 가지에 대해서 다룰 것이다.

신뢰할 만한 내용

스크립트 내용은 고객에게 유익한 정보를 담아야 하고 연관성이 있어야 한다. 당신은 당신 자신, 회사, 내놓는 제안, 그리고 고객이 당신을 만나는 것이 고객에게 왜 유익한가를 명확하고 일목요연하게 전달하기를 원한다. 당신은 또한 전달하고자 하는 정보가 고객에게 유용하다는 점을 확인하고자 한다. 반대의 예로, 당신 회사가 지역사회 달리기 행사에 지속적으로 큰 관심을 두고 있다는 점은 당신에게는 중요할지 모르나, 고객들이 달리기용 신발을 판매하는 일을 하지 않는다면 그들에게 그 행사는 별 의미가 없는 것이다.

당신의 메시지 내용에 관해서 한 가지 생각할 점은, "무엇이 나의 잠재고객들이 나에게 계속 말을 하고 싶게끔 할 수 있을까?"이거나, "어떤 정보를 제공해야 잠재고객들이 나를 만난 시간이 값어치가 있었다고 느낄까?"이다.

대개 보면, 세일즈 스크립트는 '배경 스크립트'와 '뉴스보도 스크립트', 두 가지 스타일 중의 한 가지다.

세일즈맨들이 사용하는 스크립트의 대부분은 세일즈맨 본인, 회사, 제품, 또는 속한 산업동향 등 배경 스크립트일 것이다. 내용은 세일즈맨 당사자와 제품에 대해서 특이한 점을 강조하는 것이다. 일부는 어떻게 자신이 문제들과 장애물들을 극복하였는지를 묘사하는 전쟁 무용담의 형태를 띨 것이며, 고객의 요구를 충족시키려고 자신이 얼마나 한계를 초월해서 일을 했는지를 얘기할 것이다. 이런 류의 이야기들은 대개는 회사에서 전설처럼 내려오는 얘기들인데, 회사의 고참들에게 얘기를 건네면 쉽게 들을 수 있는 것들이다. 배경 스크립트는 내용이 별로 달라지지 않는다. 시간이 흘러도 크게 변할 것이 없다.

명칭이 나타내듯이, 뉴스보도 스크립트는 지난 역사에 관한 것이라기보다는 주로 현재의 상황들에 관한 것이다. 예를 들자면, 다른 회사들이 새로운 세금부과 문제를 어떻게 경감시키는지 또는 새로운 법률규정의 따른 불확실한 상황을 어떻게 대처하고 있는지 등이다. 뉴스보도 스크립트는 성격상 덜 일반적이다. 주로 하나하나의 고객들에 연관된 문제들과 관점들에 대한 내용들이거나 해당 고객들에게 특별히 연관된 것들이다. 스크립트에서 세일즈맨이 시장 추세와 잠재적인 시장의 변동요인들을 어떻게 파악하고 있는지를 제시한다. 뉴스보도 스크립트는 흔히 변화하는 사건들에 대해서 세일즈맨 자신이 이해하고 분석하는 의견을 제시하는 경우가 많으므로, 그들은 이를 통해서 경쟁자들과 자신을 차별화할 수 있다. 당신이 비즈니스 여건에 대해서 특이하고 유용한 관점을 내놓게 되면, 당신 자신은 여타 세일즈맨들로부터 구별되어서 신뢰할 만한 상대가 되고, 그 다음에 연결해서 세일즈 상담을 하게 된다. 본서 제15장에서 아주 뚜렷한 예를 보게 될 것이다.

스크립트의 내용

스크립트는 꼭 필요하다. 그러나 스트립트를 구상하는 일은 상당히 힘든 일이다. 많은 세일즈맨들이 어떻게 시작해야 하는지 모르는 탓에 스크립트를 만들려는 시도도 하지 않는다. 다음 페이지에 보면, 몇 가지 직설적인 질문들이 나오는데, 이것들이 수백 가지 유용한 스크립트를 작성하는 출발점들을 제시해 준다.

물론 이것들만이 유용한 스크립트를 알 수 있는 유일한 통로는 아니다. 일단 찾으려고 시도를 하게 되면, 자신의 주위에서 많이 볼 수 있을 것이다. 고객들이나 또는 동료들과 나눈 대화 속에서도 스크립트에 쓰일 만한 유용한 재료들이 자주 보인다. 요체는 당신의 눈과 귀를 열어두고 가능성을 모색하는 것이다.

스크립트를 작성하는 법

앞서 제2장에서 우리는 당신에게 분리해서 생각하는 원리 — 먼저 많은 아이디어들을 생성한 다음에 각 아이디어를 판단한다 — 에 대해서 소개한 바 있다. 달리 말하자면, 생각들을 적어보는 것과 선택을 하는 것이다. 이 단순한 원리가 당신이 필요한 스크립트를 작성하는 데 가장 좋은 방법이다.

질 문	스크립트	효과
• **나에게 흥미롭거나 특이한 면은 무엇인가?** • 개인적 일화는 나를 흥미로운 대상으로 부각시킨다. • 예를 들어서, 개인적 여행담은 고객이 가본 여행지에 관한 화제를 불러일으키며 상호 공통된 경험과 관심을 보여주기도 한다.	배경	연결점
• **나에 관한 이야기는 무엇인가?** • 당신의 전문 경력에 대한 얘기는 당신의 경험, 전문지식, 그리고 네트워크를 밝혀준다.	배경	신뢰 또는 연결점
• **팀원들 소개와 개인별 능력 설명?** • 당신이 팀원들과 그들의 업적을 자랑스러워하는 점을 설명하면 그들과 당신에 대한 신뢰감을 높인다.	배경	신뢰
• **회사 철학은 무엇인가?** • 회사의 전략에 대한 논의는 고객에게 당신, 당신 업무 방식, 당신 상담 이유 등에 대해서 이해를 시킨다.	배경	신뢰
• **이 업무에서 나의 철학은 무엇인가?** • 위와 유사하나, 보다 개인적인 차원	배경	신뢰
• **해당 산업분야의 현황은?** • 당신의 통찰과 분석능력을 보여주는 스크립트는 강력한 신뢰를 구축하게 된다.	뉴스보도	신뢰
• **나의 제품과 서비스에 관한 역사는 무엇인가?** • 당신의 제안이 변해온 과정에 관한 얘기는 고객의 경험과 니즈에 대한 논의로 이어질 수 있다.	배경	신뢰
• **당신 회사 소식은?** • 기공식 소식 또는 큰 거래 등 회사 소식은 혁신, 시장, 그리고 고객 니즈 등으로 대화가 이어질 수 있다.	뉴스보도	신뢰
• **과거에 고객에게 도움이 되는 실적을 쌓은 방법은?** • 고객들의 문제를 파악하고 해결하는 긴급상황에 대한 얘기는 당신의 능력과 사업에 대한 자세에 대해 많은 점을 보여준다.	배경	신뢰

위에 열거한 질문들이나 당신이 유용하다고 생각하는 질문들을 자문해 보면서, 그에 대한 답변들을 죽 적어보기 바란다. 당신이 고객과 상담할 때 자신이 되풀이해서 말하는 것들을, 또는 당신의 직업에 관해서 궁금해 하는 친구에게 설명할 때 하는 말을 생각해 본다. 당신이 하는 말이 좋게 또는 나쁘게 들리는지를 염려하지 마라. 그냥 그럴듯한 답변들을 죽 나열해 적어본다. 예를 들어서, 위에 보이는 표에서 당신은 "나는 어디가 특이하고 재미가 있는 사람인가?"라고 자문할 수 있겠다. 그 다음에 바로 답을 적어본다. 샤워 캡처럼 생각하는 모자를 쓰고 무작위로 연상을 하도록 하며, 지금까지 해온 것들, 자신을 특이하게 만드는 점들, 자신이 남들에게 흥미를 줄 것들 등을 나열하여 적어본다. 생각나는 것은 어느 것이나 모두 빼지 않고 적는다. 당신 자신만이 이런 리스트를 볼 수 있는 유일한 사람이다. 계속 적어가면서 끝이 보일 때까지 하고—그런 다음 잠시 숨을 고른 다음, 생각나는 몇 가지를 더 적는다.

이렇게 긴 리스트가 나온 후에—그전에 하면 안 된다—생각을 바꾸어서 비판적 사고를 하기 시작한다. 리스트를 끝까지 훑어본 다음에 가장 매혹적이고, 재미있고, 통찰력이 있으며, 또는 도발적인 주제들을 표시한다. 이 주제들은 여러분의 흥미를 끌며 여러분 생각에 고객들의 흥미를 끌 것으로 여겨지는 것들이다.

이제 여러분은 첫 질문("나는 어디가 특이하고 재미가 있는 사람인가?")에 대해서 몇 가지 잠재적 스크립트 주제를 얻은 셈이다. 위의 질문들에 되돌아 가서 나머지 질문들 하나하나에 대해서도 같은 작업을 되풀이한다. 이렇게 하고 나면, 별로 길지 않은 절차를 거쳐서 앞에 그럴 듯한 스크립트 대상주제들 한 보따리를 갖게 될 것이다.

다음에는 여태껏 한 작업을 둘러보고 다시 한 번 골라낸다. 실제 초입 스크립트로 쓸만한 것들로서 작성해 보고 싶은 주제들을 고른다. 당신은 아마도 이런 것들을, 상담 중에 언급하던지 하면서, 자연스럽게 준비해 왔을 수도 있는데, 그 이유는 과거에 그런 주제들에 대해서 긍정적인 반응을 받았기 때문이다.

이제 스크립트 주제에 관한 초안이 몇 가지 준비가 되었으면, 스크립트를 글로 작성할 준비가 된 셈이다.

글을 쓴다고?

그렇다. 그럴 듯한 스크립트로 당신이 말하고 싶은 것을 말하고, 또 쉽게 이것을 전달하기 위한 첩경은 그것을 글로 써보는 것이다. 그런데 글을 쓴다는 것은 당신이 혹시 염려하는 것만큼 그리 어려운 일은 아니다.

창의적 글쓰기의 기본

사람들이 글을 쓰는 데에 대해서 어쩔 줄 몰라 하는 이유는 단번에 최종 원고를 써야 한다고 생각하기 때문이다. 만일 그런 생각을 하면서 시작한다면, 십중팔구 시작하지도 못할 것이 뻔하다. 글쓰기의 비결은 아이디어를 생성해내는 주문 *"생각을 나열한 다음, 선택을 한다"*와 유사하다. 즉, 아이디어들을 생각해내는 일과 그것들을 평가하는 일을 구별하게 되면 훨씬 잘 할 수 있다. 글 쓰는 작업을 할 때면, 이 기본적인 생산적 사고의 원리를 *"먼저 써본다, 그런 후에 고쳐서 좋게 쓴다"*와 같이 표현할 수 있다.

이렇게 하면 된다. 일단 생각들을 쏟아낸다. 주제를 일부라도 알고 있는 것은 당연지사일 것이다. 모르고 있었다면, 연관된 얘기를 시작도 못했을 테니 말이다. 대상 문제에 대해서 아는 것은 무엇이든 써놓는다. 글의 구성 맥락 철자 등에 대해서는 염려하지 마라. 종이든 파일이든 간에 —무엇이든—그 위에 어떤 것이든 적어낸다. 우선 두세 단락 정도는 산만하고 너절하며 어수선하고 일관성이 없을 것임을 예상한다.

그런 다음 여태껏 쓴 것을 읽어본다. 내용으로 말하자면, 지금까지 적힌 것들을 볼 텐데, 빠진 것들이 눈에 뜨일 것이다. 첫 번째 초안이 부족하다고 느껴지면, 당신은 정보를 얻는 곳으로 찾아간다—회사에 대해서 가장 잘 아는 사람들, 그리고 외부의 사람들에게 그 내용을 얘기하는 사람들. 여러분 회사의 마케팅 임원, 고객서비스담당 직원, 생산부서 전문가들, 최고재무책임자, 또는 다른 간부들 등이 그것이다. 그런 사람들은 모두들 무엇을 말해야 할지 또 어떻게 그 말을 해야 하는지에 대한 아이디어들을 가지고 있다. 회사에서 발행한 마케팅 자료와 홍보발표문들을 읽도록 한다. 조직 안에는 회사가 말해야 할 이야기에 대해서 많은 생각을 해온 사람들이 있다. 그들이 하고자 하는 얘기들을 듣고 그들이 사용하는 어휘들을 기억한다. 그런 다음에 그런 재료들을 여러분이 원하는 대로 사용한다.

이런 재료들을 얻은 다음에는, 스크립트를 다시 쓰기 시작한다. 부풀린 내용은 걷어내고 실속이 있는 것들을 집어 넣는다. 두세 번 초안작업을 해야 될 수도 있지만, 일단 종이 위에 적은 게 있다면, 처음부터 시작하는 것보다 변경하거나 축소하는 편이 훨씬 쉽다. 적는 동안에, 여기 아래에 적힌 '세일즈 스크립트 7가지 계명'을 기억하도록 한다.

세일즈 스크립트 7가지 계명

1. 당신 또는 회사에 관하여 특이하거나 흥미로운 면을 잘 보여주는 한 가지 요점에 초점을 맞춘다.
2. 이야기Story를 말한다. 사실과 숫자는 중요하다, 하지만 그것들은 이야기Story가 아니다. 스토리란 사람에 관한 얘기다. 스크립트에 언제나 사람을 포함해야 한다.
3. 관련이 있어야 한다. 여러 고객들에게는 연관성이 있는 일반적인 스크립트를 준비한다. 특정 고객에게는 거기에 맞춘 스크립트를 준비한다.
4. 언제나 질문을 하면서 말을 끝낸다. 질문을 통해서 고객에 대해서 알아내야 한다. 질문을 하면서 말을 마치게 되면, 고객이 당신의 질문에 답을 하느냐 여부로 당신이 신뢰를 얻었는가를 알 수 있다.
5. 간략하게 말한다. 한 스크립트에 60초 이내로 작성한다.
6. 정말로 간략해야 한다. 아무도 강의를 듣고 싶어하지 않는다.
7. 언제나 질문을 하면서 말을 마친다. 알겠지요?

일단 개선된 스크립트 안이 마련되면, 당신에게 솔직한 충고를 말할 수 있는 누군가(여러분의 상사 또는 동료)에게 그 스크립트를 실연해 보이도록 한다. 이렇게 실제 연습을 하고 나서, 먼저 상대방에게 무엇이 마음에 들었는지를 묻도록 한다. 그 다음에 그들이 염려하는 점이나 제안을 묻는다. 끝나면 스크립트를 재차 손본다.

추고(推敲) 전(前) 그리고 후(後)

이렇게 스크립트를 개선하는 프로세스를 통해서 그저 그랬던 스크립트가 빼어난 스크립트로 바뀌는 법이다. 예를 두어 개 보기로 한다.

다음 예는 스티브가 이안과 상담하기 전에 사용한 '추고 전' 스크립트 중의 하나이다.

"우리 회사 파트너들은 제품의 라이프사이클 전체에 걸쳐서 전문지식을 보유하고 있습니다. 브레드 할데인Brad Haldane은 공급망 전문가입니다. 그는 우리 회사가 자재를 조달하는 데 있어서 가장 저렴한 가격을 보장받는 유연한 네트워크를 구축하였습니다. 예전에 포일Foil회사가 자기네 휴대용 전화기 가격을 인하한 때가 기억나지요? 그게 다 브레드 때문입니다. 그가 그 당시 포일회사에게 컨설팅을 하고 있었는데, 자재 조달가격을 12개월 내에 12%나 인하하는 성과를 냈었지요. 그는 그 분야에서는 세계 최고입니다. 그는 다음 달 홍콩에서 개최되는 자재공급망 컨퍼런스에서도 기조발제자로 이미 내정되어 있습니다. 브레드가 보유한 네트워크 덕분에 우리 회사는 지금까지 우리가 공급하는 제품품질에 관한 한 그 어떤 경쟁자의 조건도 능가할 수 있었습니다. 우리가 제공하는 서비스 범위에는 고객들이 자재공급망을 개선하도록 브레드가 지원서비스를 제공하는 것도 포함되어 있지요."

다음은 동일한 스크립트를 스티브가 동료들의 의견을 받아서 개선한 '추고 후' 스크립트인데, 우리가 제시한 7계명에 따라서 구성을 한 것이다.

> "포일 회사가 실시한 큰 쇠망치Sledgehammer 광고를 기억하나요? 그 원가를 12퍼센트나 줄인 슬레지햄머를 알지요? 그 12% 절감은 내 동료 브레드 덕분인데요, 그는 공급망 전문가입니다. 브레드가 우리 회사에 오기 전에 포일회사에게 컨설팅을 했었지요. 그는 공급망 관리를 짜임새 있게 했는데, 그 결과로 발생한 대량 절감액을 고객들에게 공여한 것입니다. 브레드가 슬레지햄머를 다루었는데, 지금은 우리 회사에서 일합니다. 브레드는 내가 생각하지 못한 방식으로 공급망에 접근합니다. 그가 보유한 지식의 폭은 나도 놀랠 정도입니다. 그는 세계적인 명성을 가지고 있는데, 전 세계에 걸쳐서 회의체 연사로 활동합니다. 그가 있기에, 우리는 가장 좋은 자재를 가장 좋은 가격으로 조달합니다. 아무도 우리 가격에 우리 품질을 맞추지 못합니다. 또한 우리는 고객에게 브레드의 전문지식을 제공해서, 고객들이 자체 공급망을 개선하도록 돕습니다. 귀사에서는 어떻게 공급망을 관리하십니까?"

스크립트에 개선된 사항들:

- 이제는 더욱 인간적인 얘기가 됨 ― 브레드 자신은 슬레지햄머로 묘사되었음.
- 브레드가 고객에게 자원해서 도울 수 있다는 점이 보다 명백함.
- 약간 짧아짐.
- 질문으로 마감됨.

다음은 스티브가 디스커스 회사의 생산설비에 관하여 이안과 상담하면서 사용했던 스크립트의 '추고 전' 초안임.

> "우리 회사 파트너들은 제품의 라이프사이클 처음부터 끝단계까지에 걸쳐서 전문지식과 경험을 보유하고 있습니다. 우리 회사 경영파트너는 생산라인 전문가입니다. 그가 생산라인을 모두 현대식으로 설계했는데, 그 덕분에 믿을 수 없을 만큼 높은 융통성으로 고객의 주문을 처리합니다. 우리는 야간에 생산라인을 재정비합니다. 결과적으로 신축적 운영이 우리의 특장점이 되었습니다. 사실은, 내가 이 회사에 파트너로 합류한 주된 이유가 바로 생산라인 때문입니다. 우리의 전문지식과 경험의 폭이 아주 크기 때문에 고객들에게 언제나 크고 작은 혜택을 가져다줍니다. 지난주에는 우리 생각에 이미 놓쳤다고 여겼던 계약 건을 고객으로부터 받았답니다. 고객이 설계상 착오가 있다는 점을 발견하고 제품의 사양을 수정하여야 했는데, 기존에 공급하던 대형 공급업자는 그런 변동사양을 그렇게 단시간에 맞

출 수 없었지요. 우리는 바로 그런 상황에서 잘 한답니다. 우리 회사는 변경된 제품을 인도하려고 밤을 새워서 공구를 재정비하였는데, 결과적으로 고객회사는 자기네 납품조건을 맞출 수 있게 되었답니다. 우리 회사의 융통성이 고객의 납품계약을 살려냈고, 고객은 자기네가 약속한 납품 기일을 지켰으며, 우리는 거래를 하게 되었습니다."

아래는 스티브가 동일한 스크립트를 재차 작업한 '추고 후' 원고이다.

"우리 임직원들은 업계 그 누구에게도 떨어지지 않는 경험을 보유하고 있습니다. 우리 경영파트너인 게리 장Gerry Ghang은 하이바HighBar 회사에서 생산책임자였습니다. 그 사람 때문에 나도 디스커스 회사에 합류했지요. 게리가 우리나라에서 가장 좋은 생산라인을 설계해 내었지요. 우리보다 빠른 곳이 없습니다. 우리만큼 탄력적인 곳도 없습니다. 우리는 밤을 새워서 공구를 재정비할 수 있습니다. 바로 지난주에, 한 고객회사가 설계하자로 인해서 제품사양을 변경해야 했습니다. 우리는 추가 비용을 들이지 않고 공구를 재정비할 수 있었답니다. 우리가 설계변경을 받은 때부터 그들이 완성된 제품을 인수할 때까지 48시간이 넘지 않았습니다. 고객회사는 위기로부터 계약준수로 상황이 바뀐 셈입니다. 당신도 우리 회사 생산라인을 방문했으면 좋겠습니다. 와서 보시면, 왜 우리 고객들이 우리 회사에 대해 만족하는지를 알 것입니다. 당신 회사는 부품조달이 늦어져서 인도 기일을 맞추지 못한 적이 있나요?"

스크립트에서 개선된 점들:

- 훨씬 더 인간적임—게리의 경력과 전문성이 강조됨.
- 좀 더 기억되는 반복 표현을 사용함, "더 이상 나은 서비스가 없다는 말"
- 인용구는 고객의 관점으로부터 가져왔음.
- 좀 더 짧음.
- 질문으로 마감됨.

신뢰하는 동료들로부터 받은 조언들을 받아들임으로써, 당신은 언제나 스크립트를 개선시킬 수 있다. 힘이 드는 것은 사실이지만, 그 수고는 훨씬 값어치가 있다. 이렇게 갈고 닦으면 스크립트를 새로 산 BMW처럼 반짝반짝 빛나고 근사하게 만들 수 있다.

교통범칙금 티켓을 피하라

반짝반짝 빛이 나는 붉은색 BMW의 문제는 차를 몰고 달려보길 원한다는 것이다. 잘 다듬어진 스크립트들을 한 묶음 가지고 있을 때의 문제는 그것들을 사용해 보고 싶어한다는 점이다. 일단 하기 시작하면, 한 스크립트에서 다음 스크립트로 연결하고 많은 얘기를 하는 것은 쉬운 일이다.

벽에다 대고 독백을 하는 것은 별로 좋아 보이지 않으며, 지루하고, 그리고 효과적이지 않다. 연출된 배우들이나 독백을 한다. 유능한 세일즈맨들은 그렇게 하지 않는다.

기억해야 할 점은, 스크립트를 만드는 첫째 목적이 세일즈맨들이 대상고객에게서 당신의 질문들에 기꺼이 답변을 하도록 충분한 신뢰를 쌓는 것이라는 점이다. 스크립트들을 일단 사용해 보도록 하라! 꼭 필요한 스크립트를 사용하되, 꼭 필요한 만큼, 위 목표를 이루는 데 사용해 보라.

일단 당신이 상담에서 탐색단계에 들어가면(뒤의 16장에서 자세히 설명하겠다) 추가적으로 스크립트를 말할 기회가 올 것이다. 상담 초반에 당신이 질문을 할 수 있게 된다면, 그 반짝이는 BMW는 차고에 집어넣고, 당신의 새로운 고객이 지닌 문제들, 관점들, 그리고 니즈를 파악하는 일에 착수하게 될 것이다.

바로 이것이 스크립트를 언제나 질문으로 마감하도록 우리가 말하는 이유 중의 하나다. 그것은 말을 하는 입장에서 듣는 입장으로 바꾸는 방법인데, 몰던 BMW의 브레이크를 밟는 것과 같다.

스크립트를 사용할 시점

스크립트는 당신이 고객과 대화를 나누는 초반에 매우 유용하다. 그 까닭은 스크립트의 주된 목적이 질문을 할 수 있는 입장을 확보하는 것이기 때문이다. 하지만 당신은 스크립트를, 현명하게 사용한다면, 상담 중 다른 때에도 사용할 수 있다(제12장에서 상담의 구조에 관한 자세한 설명을 보게 될 것이다).

상담초반(初盤)에 스크립트를 사용할 때

제15장에서 후술하겠지만, 신뢰의 문턱을 넘으려면 상담 초반에 적절한 스크립트를 사용하여야 한다. 이렇게 일찍 스크립트를 전달하게 되면 자신감이 더 생긴다. 당신이 무엇인가 유용한 점을 말했고, 또 요령있게 그 점을 고객에게 제시했다면, 당신은 이미 조그만 승리를 거둔 셈이므로, 상담을 계속하면서 점차 자기-확신감이 더 생길 것이다. 스크립트에 있는 내용과 이를 전문적으로 제대로 전달하는 과정, 두 가지 모두가 당신에 대한 신뢰감을 높일 것이다.

또한 상담 초기에 특히 인간적인 얘기를 스크립트로 전달하는 것은 고객에게 당신의 얘기와 관련해서 상대방의 얘기도 공유하자는 초대라고 하겠다. 상호작용은 좋은 대화의 본질이다. 당신 자신과 자신의 회사에 대해서 무엇인가 기꺼이 정보를 공개하려는 태도는 당신의 고객으로 하여금 동일하게 반응하게 한다. 당신이 1~2분 간 얘기를 하고 나면, 상대방도 당연히 무엇인가를 얘기하길 원하게 된다. 고객은 질문을 하기 원할 수도 있고, 동의하거나 동의하지 않을 수도 있으며, 당신이 한 얘기에서 더 가지를 치거나, 아니면 단지 그들이 상담하는 장소에 같이 있다는 점을 확인하거나 할 것이다. 여러분이 서두를 조금 꺼낸 다음, 질문을 하고, 잠깐 뜸을 들이면, 상대방은 틀림없이 대화에 참여할 것이다. 마음속을 열면 상대도 마음을 연다.

상담 중반(中盤)에서 스크립트를 사용하는 경우

당신은 또한 상담 중 탐색하는 단계(제16장)에서도 스크립트를 사용할 수 있다. 탐색단계는 대개의 경우 당신이 하는 질문들과 고객의 답변들로 이루어진다. 질문을 하는 것은 고객의 상황, 관점, 그리고 니즈 등을 이해하는 데 필수적이지만, 질문을 연속적으로 하게 되면 고객은 취조를 받는 듯한 느낌을 받는다. 상대가 대질심문처럼 느끼지 않도록 하는 방법 중 하나는 연관성이 있는 스크립트를 가볍게 던져보는 것이다. 짧게 말하되 질문으로 마감을 한다면, 이 방법은 당신이 설명하는 리듬과 무게를 바꾸어주는 효과가 있다.

스크립트를 종반(終盤)에 사용하는 경우

상담에서 종반은 당신이 고객에게 가치를 전달하는 부분이다(제18장). 당신이 이 책에서 알게 되겠지만, 우리는 당신에게 그 가치를 전달하는 행위를 맨 마지막까지 보류하도록 추천하는데, 그 시점이 고객에게 가장 효과가 있기 때문이다. 바로 그 때가 당신이 고객이 표현한 구체적인 니즈나 염려에 대해서 미리 준비한 스크립트에 따라서 대답하는 적절한 기회가 될 수 있다.

예를 들어서, 스티브가 이안과 상담하는 도중에, 이안이 다음과 같이 말했다고 하자, "우리는 실적이 좋은 몇 회사들하고만 거래를 합니다. 그들은 규모가 있으므로, 우리는 그들이 가장 좋은 가격으로 가장 좋은 제품을 조달하리라고 기대했습니다. 그러나 우리는 상황이 그렇지 않는다는 것을 알게 되었답니다. 우리가 따로 알아본 결과, 기존 공급업자들이 줄곧 조달하던 것보다 동일한 품질에 대해서 더 저렴한 가격을 제시하는 업체들도 있다는 사실을 알게 되었지요. 우리 공급업자들이 자기네 공급망에 대해서 안이한 태도를 가진 결과, 우리가 값을 더 지불한 셈입니다."

앞에서 공급망 전문가인 브레드가 다른 고객으로 하여금 원가를 12%나 절감시킨 예를 가지고, 스티브가 상담 초반에 제시했던 스크립트를 당신은 기억하는가? 만일 이안이 조달가격에 관한 어려움을 표현한 다음인 상담 말미에 이 정보가 전달되었다면, 그것이 얼마가 큰 영향을 가져왔을지 상상해 보자. 그 시점이었으면 스티브가 보다 확실한 가치를 전달할 수 있었을 것이며, 아마도 브레드도 참석하는 후속 상담을 이끌어냈을 것이다. 그 스크립트는 상담 초반에 제시된 까닭에 신뢰를 구축하는 데 쓰였는데, 만일 상담 말미에 제시되었다면 가치를 전달하는 결과가 나왔을 것이다.

스크립트를 사용하는 다른 상황들

스크립트는 또한 엘리베이터 피치elevator pitch(*역주: 엘리베이터 안에서 고객에게 엘리베이터가 움직이는 아주 짧은 시간 동안 요점을 전달하는 발표를 일컬음)에서 제 역할을 할 수 있다. 여러분이 만나길 원해왔거나 아니면 상담약속을 받고자 하는 사람과 엘리베이터 안에 있는데, 37초 안에 자신을 소개하고 상담요청을 해야 하는 경우를 상상해 보자.

같은 이유로, 만일 당신이 무작위로 통화를 하는 일이 문 밖에서 무작정 기다리는 것과 다른 어려운 상황에서는, 스크립트는 전화 통화를 할 때에 유용한 도구가 될 수 있다. 무작위 통화는 어떤 때에는 그럴 듯한 방안이 되기도 하는데, 취급하는 제품에 대한 잠재고객들이 많이 있거나, 당신의 상담요청을 거절하는 기회비용이 낮을 때거나, 아니면 고객의 회사에 대해서 접촉할 경로가 여러 가지가 있는 때 그렇다. 만약 무작위 통화가 당신 사업에서 적절하다면, 스크립트는 당신 나름의 독특한 제안을 하는 효과적인 방법이다. 고객이 될 위치에 있는 사람이라면 누구나 당신과 당신 제안에 관한—그 자리가 칵테일 파티장이든, 엘리베이터 안이든, 극장에서 기다리는 줄이든, 전화로 잡담을 하는 중이든 간에—간결하고, 명확한 설명에 관심을 보일 확률은 꽤 높다. 여러분의 생각을 간결하고, 명확하게, 그리고 어떤 상황에서도 표현할 수 있는 기술은 아주 강력한 자산이다.

이 장을 시작하면서, 우리가 알프레드 히치콕 감독이 한 말을 인용하였는데, 그는 영화제작에 있어서 스크립트가 절대적으로 필요한 기초라고 믿었다. 히치콕의 생각으로는 스크립트가 없이 걸작 영화를 만든다는 것은 어리석은 짓이었다. 우리는 그 말이 세일즈 상담에서도 똑같이 진실이라고 생각한다.

그러나 모든 위대한 전략가들과 마찬가지로, 히치콕은 현실이란 훌륭한 계획들과 다르게 전개되기 때문에 언제나 영화제작상 수반되기 마련인 상황변화에서 요구되는 니즈와 일상적인 혼란스러움에 적응할 수 있도록 융통성이 있어야 한다는 사실을 알고 있었다. 세일즈에서도 마찬가지다. 스크립트를 계획하고, 작성하고, 또 사전에 연습을 주의 깊게 할 필요가 있지만, 또한 당신은 매번 상담할 때 준비된 스크립트들이 그대로 사용되지는 않을 것이라는 점을 알아야 한다. 히치콕과 마찬가지로, 당신은 계속해서 융통성을 발휘해야 한다.

당신은 스크립트가 상담의 기초를 든든히 세우는 데 도움이 되는 건축용 블록이라고 생각하여야 한다. 당신은 필요할 상황에 맞추어서 갖가지 준비를 할 수도 있다. 당신 고객들의 상황과 문제점들에 맞추어서 스크립트를 수정할 수도 있다. 스크립트를 사용할 수도 있고, 아니면 보류할 수도 있다.

요는 뒷주머니에 스크립트를 넣고 있다는 사실만으로도 더욱 자신감을 가질 수 있고, 더욱 전문가처럼 보이며, 돌발상황에 더 잘 대처할 수가 있다는 사실이다. 잘 준비되고, 사전에 연습한 스크립트 파일을 구비하고 있다면, 당신은 일이 생각한 대로 풀리지 않을 경우에 의지할 안전판을 갖게 된 것이다. 그런 준비가 없으면, 당신이 어디에서 낭패를 볼 지 전혀 모를 일이다.

어떤 면에서는, 당신이 스크립트를 개발하고, 정리하고, 연습하는데 애쓰는 모든 노력은 뮤지컬의 음정을 연습하는 피아니스트와 같다. 그 음정들을 언제나 모두 사용하는 것은 아니지만, 그런 음정들이 없다면, 당신은 제대로 공연을 할 수 없다.

Chapter 08 첫 승낙 ••• 상담약속을 받는다

> 훌륭한 전략가는 승리가 확보된 후에 전투를 하려고 한다.
>
> \- 손자

실제로 물어보면, 프로 세일즈맨들도 거의 모두, 어쩔 수 없는 사정에 처한 경우라 할지라도, 무작위로 전화하는 것을 싫어한다는 점을 알게 될 것이다. 무작위로 전화하는 것은 앞서 제1장에서 우리가 묘사한 낯선 나그네가 겪은 딜레마를 이 세상에서 재현하는 셈이다. "나는 당신을 모른다. 당신도 나를 모른다. 내가 당신을 믿어야 할 이유도 없고, 또 나는 당장 먹고 사느라 너무 바빠서 당신을 만날 시간이 없다."

그렇지만 만약 우리가 그 나그네의 딜레마를 비껴갈 수 있다면 어떻게 될까? 만일 두 사람이 모두 같은 마을에 사는 주민이었다면 무슨 일이 일어날까? 만약 서로 공통되는 연결점을 찾을 수 있었다면 어떻게 되었을까?

당신이 생일선물로 신형 골프클럽 세트를 받았다고 가정해 보자. 멋진 선물이다. 당신이 쓰던 골프채는 여러 가지(대개는) 좋은 추억을 지니고 있지만, 당신은 더 이상 쓰던 채를 찾지 않는다. 당신은 그 쓰던 골프채를 이베이eBay나 크레이그스리스트Craigslist에 내놓고 염가에 처분할 수도 있다. 아니면 당신 주위에서 살 만한 사람들—새로 골프를 배우려는 동료나 또는 친구의 자녀—을 생각해 볼 수도 있다. 당신이 하는 일은 무엇인가? 친구에게 간단히 이메일을 보내서, 적당한 가격에 골프채를 내놓는다. 결과적으로 당신은 여분의 현금을 얼마간 더 챙기게 되고, 친구 자녀는 썩 괜찮은 골프채를 싼 가격에 갖게 된다.

당신은 골프채를 처분하였고, 당사자들은 누구나 좋은 거래를 한 셈이며, 어떤 사람에게도 무작위로 소구하는 전화를 걸지도 않았다. 현실에서 비즈니스가 이렇게만 될 수만 있다면 정말 멋지지 않겠는가?

그렇다, 정말 멋진 일이다. 요즘에는 그런 일이 예전보다 쉬워졌다.

설사

전문적인 전화상담원으로 경력을 쌓으려 하지 않더라도, 당신이 대상고객들에게 무엇인가를 팔기 위해서는 그들에게 말을 걸어야 한다. 말을 한다는 것은 그들을 만난다는 뜻이다. 그러므로 이 과정에서 결정적인 순서는 당신이 첫 상담을 하자는 제의를 하고 고객의 승낙을 받는 것이다.

성공한 사업가들은 시간을 내어달라는 수많은 요청에 시달리는데, 대개 자기가 필요하지도 않은 것을 팔려고 하는 이런저런 애매한 사람들의 요청을 받는다. 사업가들이 사업에 몰두하기 위해서는 업무일정을 매우 주의해서 관리해야 하기 때문에, 남들이 만나자는 요청에 매번 응하지 않는 것은 당연한 일이다. 당신의 첫 접촉이 매우 중요한 까닭은, 일단 거절당하게 되면 그 거절을 뒤집기가—누군가에게 그날 할 일 중 하나를 취소하라고 요청하는 것과 같으므로—아주 어렵기 때문이다. 물론 당신이 계속 요청을 할 수도 있으며, 끈기에 대한 보답도 있는 것이지만, 잘못하면 당신은 막무가내이며, 고집불통이고, 또는 성가시게 구는 사람으로 인상을 남기게 되는 위험을 초래할 수 있다. 그러므로 맨 처음 시도할 때 바로 승낙을 받아야 좋지 않겠는가? 이번 장은 이런 승낙의 확률을 높이는 것에 관한 것이다.

기존 고객의 소개

어디에서나, 상담 승낙을 받는 가장 좋은 방법은 기존 고객에게서 다른 고객을 소개를 받는 것이다. 소개를 받는 데에는 세 가지 장점이 있다.

- 소개는 거의 곧바로 신뢰성을 준다. 만일 알란 테일러Alan Taylor*[*역주: Alan taylor(1959~)는 미국의 영화감독이자 TV드라마 프로듀서로서 주요 작품으로 Lost, Game of Thrones 등이 있다]가 동료에게 당신을 한 시간 정도 만날 만한 가치가 있다고 소개하면, 당신은 상담을 하게 될 확률이 높아질 뿐만 아니라, 명백한 이점을 가지고 상담을 시작할 수 있게 될 것이다.
- 소개는 당신이 잠재 고객 회사들을 조사하는데 드는 시간과 수고를

현저하게 줄여준다.

- 소개가 되면 당신이 대상 기관 내에서 만나야 하는 특정인물을 찾아 주는 효과가 있다(소개하는 사람들은 당신을 딱 해당 인물이 아니더라도 대개는 적절한 접촉대상으로 안내를 해준다).

소개를 받는 방법의 첫 걸음은 우선 요청을 하는 것이다.

스티브에게 "세일즈란 모두 사람에 관한 일이다"라고 말했던 매트는 한 번도 무작위로 전화를 한 적이 없다. 매트는 모든 관계를 또 다른 관계로 발전시키는 기회라고 여긴다. 매트는 상담을 마칠 때, "저와 상담해서 도움을 받을 분이 또 누가 있을까요?"라는 질문을 빠뜨리지 않고 한다. 그 고객이 하나 또는 복수의 추천 대상자를 알고 있을 확률은 매우 높다. 결코 이기적인 동기로 추천을 요청할 생각은 하지 말라. 좋은 소개는 당신뿐만 아니라 소개시켜 주는 사람에게도 도움이 될 수 있다. 사람들은 무엇인가 남에게 좋은 일을 하고 싶어한다. 좋은 책 또는 좋은 영화 또는 좋은 식당에 대해서 사람들에게 얘기를 해주는 것처럼, 좋은 공급업자에게 대해서 얘기해 주는 것은 추천하는 자신의 평판을 높인다.

매트의 고객이 한두 사람의 이름을 말해주면, 매트는 한 걸음 더 나간다. 그는 으레 "감사합니다, 죄송하지만 그분에게 제가 방문할 것이라고 이-메일을 보내주시겠어요? 편하신 대로 얘기하시면 됩니다 — 우리가 거래를 했다는 점도 좋고, 제가 그분에게 도움이 될지도 모른다고 하셔도 좋고 — 무엇이든 편하신 대로." 그리고 나중에 고객에게 간단히 이-메일을 보내서 이 기억을 되살린다.

발신: 매트 레기어Mat Legere

수신: 램 사바Ram Sava

제목: 전번 미팅관련 감사인사

램,

오늘 만나주셔서 감사합니다. 노르딕Nordic에 관한 정보는 다음 주 초에 처리하겠습니다.

패트 실코Pat Silko씨를 소개해 주셔서 감사합니다. 이-메일을 보내신 후에 저에게 알려주시기 바랍니다, 또는 괜찮으시면 저에게 이-메일 사본을 보내주시면, 제가 언제 그분에게 전화를 드려야 할 지 알게 되겠습니다. 정말 감사를 드립니다.

다음 주에 또 연락드리겠습니다.

매트

이따금, 소개를 부탁하는 것에 대해서 화를 내는 고객들이 있다. 그러면, 이유가 뭐가 되었든, 더 이상 요구하지 말라. 당신이 첫 번째 할 일은 기존의 고객관계를 유지하는 것이지 미래에 발전시키려는 관계가 아니다. 고객이 예민하게 느끼더라도 그 감정을 존중해야 한다. 여태껏 누차 얘기하였지만, 우리 생각에 인간 관계에서 절대적인 원칙은 많지 않으나, 이것은 절대적인 예다. *뒤로 물러나는 고객을 재촉하지 말라.* 한 번 요청을 했으면, 고객이 하는 반응을 그대로 받아들이고 다음 일을 한다.

모든 상담에서 소개를 시켜달라고 요청하는 기회가 생기지 않는다. 어쩌면 다른 문제가 있을 수도 있고, 아니면 시간이 모자랄 수도 있으며,

아니면 소개요청을 당신이 뜬금없이 하는 행동으로 볼 수도 있고, 그냥 적당한 분위기가 아니었을 수도 있다. 이유가 무엇이었든 간에, 당신은 아직 두 번째 기회를 갖고 있다. 상담을 마친 후, 아래에 나온 예처럼 후속 이-메일을 보내면서 소개요청을 포함시킨다.

발신: 매트 레기어

수신: 실비아 헤르난데스Sylvia Hernandez

제목: 인도 기일

실비아 안녕,

어제 만나 주어서 고마워요. 제가 문의하신 인도 기일들을 체크해 보았는데요, 3일은 좀 빠듯하군요, 그렇지만 제 현장 동료들이 그 기일을 맞추기 위해서 최대한 속도를 내겠다고 합니다.

또 한 가지, 혹시 당신은 우리 서비스에서 혜택을 볼 사람을 아는지요. 아시지만, 제가 피어스 캐트린Peers Katrin을 통해 당신을 알았잖아요. 그는 우리가 만났다고 하니 기뻐하더군요. 당신이 아는 분으로 혹시 제가 도움이 될 수 있는 분을 만나고 싶습니다.

다음 주에 요청한 인도기일들에 대한 답신을 드리지요.

매트

당신이 업무상 출장을 갈 적에는, 연락처를 체크해서 방문대상 도시들에서 일하는 사람들 중 소개를 해줄 만한 이를 찾아본다. 만일 당신의 고객들이 방문대상 도시들에서 근무하거나 접촉선들을 가지고 있으면, 당신은 애써 조사하고, 전략을 짜며, 그리고 직설적인 요청을 하면서 가능성을 점치는 몇 주간을 절약할 수 있다. “제가 당신을 방문하느라 휴스턴 Houston에 가 있는 동안, 혹시 저를 통해서 도움을 얻을 수 있는 분을 아시나요?” 또는 “제가 다음 2~3주간 남부 캘리포니아Southern California를 방문 예정입니다. 혹시 그 지방에 저희에게서 도움이 필요할 분을 아시면, 제가 기꺼이 접촉해 보겠습니다.”

상담요청에 승낙을 얻는 데에는 확실한 소개를 받는 것보다 더 나은 방법은 없다. 그것이야말로 고객이 당신에게 해줄 수 있는 가장 큰 선물인데, 당신이 요청을 해야만 한다. 그러므로 매트처럼, 할 수 있을 때는 언제나 소개를 부탁하도록 한다. 소개를 많이 받을수록, 상담승낙을 더 많이 받을 것이며, 그 일에 드는 시간을 훨씬 줄일 수 있을 것이다.

개인적 소개Personal Referrals

흡족했던 고객이 주선해주는 소개는 상담 확률을 높이는 데 언제나 가장 믿을 만한 길이다. 그 이유는 소개가 당신과 업무를 통해서 혜택을 본 사람과 가망고객들 간에 직접적인 연결점을 만들어주기 때문이다. 그러나 사업상 소개를 받으려면, 실적이 필요하다. 만약에 당신이 이제 막 세일즈를 하기 시작하려는 경우, 또는 스티브처럼 당신이 새로운 사업 분야에 과감히 나서는 경우라면, 그런데도 아직 건실한 접촉대상 명단을 갖지 못했다면 어찌할 것인가?

두 번째 좋은 연결은 개인적인 것이다. 당신과 가망고객 간에 있는 어떠한 관련도, 그것이 설사 사업상 연관이 없더라도, 상담약속을 얻는 데에 도움이 된다. 이런 연관성을 찾기 위해서는, 상담하고자 하는 사람에 대해서 조금은 조사를 하고 당신이 가진 네트워크에 연결해 보아야 한다.

스티브와 경영대학원 동창인 제인은 이러한 성격의 연결점들을 찾는데 아주 익숙한 편이다. 여기 제인이 스티브에게 설명한 방법을 보자.

"내가 맨 먼저 하는 일은 그 회사 안에 내 일에 연관된 제품매니저 아니면 마케팅인력 및 핵심인사들을 파악하는데 도움이 될 만한 온라인 주소록을 찾을 수 있는지 웹 조사Web search를 하는 거야. 만일 이 방법이 안 되면, 다음으로는 언제나 전화를 통하지. 나는 본사번호로 전화를 두어 번 해서 관련자들을 파악할 수 있었어. 다음에는 파악된 이름을 가지고 구글검색Googling을 하고, 계속해서 페이스북Facebook과 링크드인LinkedIn을 이용하지. 심지어 아주 흔한 이름을 가진 사람들도 어디에서 일하는지 또는 직업이 무엇인지를 알면, 그 사람을 찾는 것은 어렵지 않아. 그러다 보면 곧 트위터Twitter나 스카이프Skype ID까지도 알 수 있어."

"그렇게 한 후에는, 나와 가망고객 간에 서로 아는 친구나 지인들이 있는지 알아보는 것은 어려운 일이 아니야. 내가 언제나 연결선을 찾게 되는 것은 아니지만, 무엇이든 유용한 단서를 찾을 확률은 꽤 있거든. 두 달 전에 나는 내 가망고객이 1993년에 와튼Wharton경영대학원을 졸업한 사실을 알게 되었어. 그래서 그 시절 즈음에 와튼에서 수학했던 맥신 래드너Maxine Ladner에게 이-메일을 보냈지. 딱 맞췄어, 서로 아는 사이였어."

스티브는 사람들에 대해서 알아보는 것이 그토록 쉽다는 점에 놀랐는데―약간은 걱정이 되었다. "글쎄. 나에게는 약간 거북한 감이 드는데, 개인정보는 문제가 되지 않나?"

"나도 처음에는 그렇게 생각했지. 그렇지만 생각해 봐. 사람들은 자발적으로 자신들에 관한 정보를 내놓잖아, 적어도 대부분의 경우에 말이야. 나처럼 사람들은 서로 연결되길 원하는 거야. 내가 어떤 사람의 전화를 도청하는 것이 아니고, 그 사람들이 내놓은 정보를 사용할 뿐이잖아."

"그래, 무엇보다도, 너는 서로의 연결점을 찾는 것이지."

"그렇다니까. 그렇게 해서 일단 정보를 얻게 되면, 전화를 두세 번 걸어. 네가 성실하다는 평판을 가지고 있으면, 사람들은 대개는 기꺼이 도와주려고 하지. 네 생각에도 양쪽에 모두 도움이 된다면, 너라도 연결해 주려고 하지 않겠니?"

개인적 관계는 강력한 힘이 있다. 설사 직접적인 사업상 소개가 아닐지라도, 만일 당신과 서로 연결되는 지인들을 그들이 인식하게 되면, 대부분 사람들은 만나자는 요청에 대해서 승낙을 할 것이다. 거의 모든 개인적 관계―개인적이든, 공동체든, 학교관계든, 심지어 우연한 관계든 간에―는 가치가 있다고 할 수 있다. 조사를 하고 상담요청에 승낙을 받아낼 수 있는 씨앗을 뿌린다는 일을 엄격하게 하는 것은 세일즈 과정에 있어서 필수적인 훈련이다. 세일즈를 하는 사람은 누구나 아는 말이다. 상담을 하지 못하면, 세일즈란 없다.

본인의 비즈니스 레이더

상담요청에 대한 수락을 받는 데 있어서 다음으로 가장 흔한 전략은 당신이 보유한 비즈니스 레이더radar를 사용하는 것이다 — 일어날 수 있는 가능성들에 대해서 안테나 주파수를 맞추는 일이다. 어떠한 대화도, 어디에서나, 잠재적으로 유익한 관계로 연결될 수 있다.

당신이 컨퍼런스 해피아워 때에 흥미로운 인사에게 소개가 되는 경우가 있다. 그 경우, 당신은 바로 대화를 하기 시작하고 만나기로 합의한다.

타고 가려던 항공편이 지연되면, 방문예정지 도시에서 온 한 여행객과 대화를 하기도 한다. 그가 자기 친구 한 사람이 당신 일에 관심이 있을지 모른다고 말한다.

당신은 또 자녀학교 축구시합에서 선수 엄마soccer mom를 한 사람 만나서 사업얘기를 하게 되기도 한다. 알고 보니, 그녀는 당신의 서비스가 필요할 수도 있는 사업을 막 구상 중이었다.

당신이 만나는 모든 사람 하나하나가 예상치 않은 관계가 될 잠재력을 가지고 있다. 이것은 개인적으로 또는 사업상 관계이거나, 아니면 양쪽 모두일 수 있다. 이들 관계들은, 예상을 했든 하지 않았든 간에, 언제나 우리 주변에 잠재되어서 눈에 뜨이기만을 기다리고 있다. 그것이 바로 매트가 무작위 전화를 하지 않는 이유다. 그는 그럴 필요가 없는 것이다.

상담 요청할 때—금기사항

우리 각자에게 가장 중요하고 변하지 않는 교훈들 중 몇몇은 부정적인 것들이다. 제인은 그 중요한 첫 상담을 요청하지 않았어야 된다는 뼈저린 교훈을 결코 잊을 수 없다. 그것은 제인이 세일즈 업무를 시작한 후 몇 달 안에 일어난 일이었다. 그녀는 상당히 좋은 성적을 올리는 편이었다. 경험 많은 세일즈 프로와 함께 회사방문을 나가면서 실전경험을 쌓았으며, 심지어는 혼자서 조그만 계약들을 성사시키곤 하였다. 그녀는 한편 자력으로는 처음으로 대형 거래 하나에 공을 들이고 있었다. 그녀는 가망고객인 로이 웨스트헤드Roy Westhead와 과거에 3차례 각기 다른 일로 만난 적이 있었다. 로이는 세 군데 업자들로부터 받은 제안서를 검토하는 중이었다. 그런데 지난번 상담에서 좋은 인상을 남겼다고 느꼈음에도 불구하고, 그녀는 2주 전에 가진 상담 후에 로이에게서 전혀 연락을 받지 못했다.

그러자 전화가 걸려왔다. "제인, 로이 웨스트헤드입니다. 축하합니다. 우리는 당신이 제시했던 제안서가 맘에 들어요. 또 당신의 스타일도 좋았어요. 당신과 거래를 하기를 원합니다. 우리 변호사들이 당신이 제시했던 프로포살에 있는 계약서 초안을 검토할 예정인데요, 이번 주말까지 당신에게 전달하도록 할 것입니다."

그녀는 우쭐했고, 짜릿하게 흥분이 되었으며, 그리고 동시에 겁이 났었다. 그녀는 로이에게 그녀가 정말 기쁘다는 점과 무슨 질문이라도 있으면 답변을 하겠다고 했다. 로이는 그녀에게 감사하다고 하면서, 앞으로 좋은 관계를 갖기를 기대한다고 말하고는 전화를 끊었다.

제인은 지금도 그 전화를 받은 후에 책상 옆에 서서 그냥 숨을 가쁘게 쉬면서 서 있던 기억을 하곤 한다. 그러다가 그녀는 좌석에서 뛰쳐나오면서 누구나 들리게끔 말을 하였다. 축하하는 하이 파이브 손뼉인사가 사방에서 날라왔었다. 제인은 흥분되었고, 자랑스러웠으며, 지난 두 주간의 긴장을 떨쳐내고 있었다. 그녀는 전에 다른 세일즈맨들이 계약을 마무리하는 모습을 보았었고 부러워했었다. 이제는 제인의 차례였다.

제인이 알아차리기 전에 직속 상관이 만면에 미소를 지으며 다가왔다. "힘내요, 제인, 방금 들었어. 잘했어."

제인은 자신의 흥분을 자제하려고 애썼다. "좋은 소식은 빨리 퍼지는군요. 그러나 아직 계약을 체결하지는 못했답니다."

"그 점은 몰랐군. 아무튼 고객이 당신과 거래를 하겠다고 마음을 먹기 전에는 거래가 성사되는 게 아니지. 그런데 웨스트헤드 씨가 바로 그 결정을 한 것으로 보이는군. 내가 계약서류 작업이 저절로 된다는 것은 아니지만, 웨스트헤드 씨 자신이 결정한 것이라면, 나는 축하인사를 받아도 된다고 생각하네."

자기 자리에 돌아온 후, 제인은 사무실의 분위기가 정상적인 리듬으로 되돌아가는 것을 느낄 수 있었다. 그렇지만 정작 자기 자신은 아직도 가슴이 두근거리는 것 같았고, 또 얼굴에 번지는 미소를 멈출 수 없었다. 그녀는 언젠가 읽은 소설에서 고객들에게 얘기할 때는 전화를 할 때에도 언제나 미소를 짓는다는 세일즈맨을 기억했다. 사람들은 미소를 짓는다는 것을 귀로 들을 수도 있다.

그런데, 제인이 얼굴에 미소를 머금었다—그것도 가짜 미소가 아니다. 제인은 어떠한 어려운 일이라도 해낼 것 같은 기분이 들었다. 이제껏 접촉하려고 온갖 처세술을 동원했던 그 고객에게 한 번 연락을 해볼까? 그녀는 너무나 흥분이 되어서 어떤 일도 손에 잡히지 않았다. 그렇지만, 전화기를 붙잡고 시워드Seward씨의 전화번호를 돌렸다.

"엘렌 시워드Ellen Seward입니다."

제인은 벨이 울리자 말자 엘렌이 대답하자 놀랐다. "엘렌, 안녕하세요? 잘 계시지요? 저는 햄머Hammer사의 제인 앤더스Jane Anders입니다."

"하이, 제인, 무슨 일인가요?"

"엘렌, 우리가 만나야 할 것으로 생각되어서 전화를 드렸지요."

"그래요? 무슨 일이 있나요?"

"왜냐하면 제가 귀사와 유사한 거래처 여러 곳과 일하고 있는데, 제 생각에는 제가 귀사도 도울 수 있다고 생각하거든요."

"무슨 말인지 잘 모르겠군요."

"뭐냐 하면, 제 고객들이 당면한 문제들이 귀사에도 유사할 것으로 짐작합니다."

"어떤 면에서 그렇지요?"

"그러니까, 그것이 제가 만나서 말씀을 나누고 싶은 이유입니다. 귀사의 사업을 좀 더 이해하고 싶어요, 그래야 도울 수 있지요."

"이것 보세요, 제인. 그 생각은 알겠지만, 나는 이만 나가야 되요. 만일 나중에 신시내티Cincinati에 방문할 예정이 있고 구체적으로 논의할 일이 있으면, 그 때 전화하세요, 그러면 우리가 만나지요. 고마워요."

"알았습니다, 엘렌, 네, 시간을 내주어서 고마워요." 제인은 자기 말이 끝나기도 전에 전화 소리가 끊기는 것을 들었다.

제인은 잔뜩 부풀었던 온 몸에서 기운이 빠져나가는 기분이 들었다.

바로 전에는 기분이 한껏 달아올랐었고 어떠한 장애라도 극복할 수 있다는 느낌이었는데, 이제는 아니었다. 엘렌에게서 승낙을 받아내는 일은 그저 목소리에 미소를 더하는 것보다 훨씬 많은 준비가 필요했다. 먼저 머리로 생각을 했어야 했다. 그런데 제인은 생각을 해보지 않고 전화를 걸었던 것이다. 매우 뼈아픈 교훈이었다.

구체적 내용이 없으면 가망고객에게 절대 전화를 하지 않아야 한다. 그냥 연락을 하거나 순간적인 기분을 내보이는 것이 좋은 아이디어라는 느낌이 있겠지만, 결코 그렇지 않다. 엘렌이 묻게 마련이었던 "어떤 면에서 그렇지요?"에 반응을 했어야 하는데, 제인은 준비가 안 되어 있었다. 만일 제인이 그 점을 조금이라도 생각해 보았다면, 쉽게 무엇인가 관련이 있는 것을 제안할 수 있었을 것이다. 예를 들어서, "우리는 다음 회계년도 납세보고에 대한 전략을 수립하는 중입니다"라든지 또는 "우리 회사가 운영하는 운송루트 중에 세인트 루이스St. Louis로 가는 트럭들이 화물을 싣지 않고서 귀사의 공장 두 곳을 지나갑니다", 아니면 "우리 회사에서는 귀사에 중요한 의미가 있을 수 있는 잠재적인 산업변동들에 대한 분석을 하고 있습니다." 무엇이 되었든, 제인의 전화를 유용하게끔 만드는 것이 없었다. 제인의 목소리에 담긴 미소만으로는 충분하지 않았다. 그래서 결과적으로, 엘렌의 답은 '노No'였다.

설상가상으로, 상담요청에 거절당하는 것은 단지 한 차례 '노No'가 아니다. 앞서 매트가 고객으로서는 세일즈맨들을 실격시키는 게 나름 유용하다는 사실에 대해서 얘기한 점을 기억해 보라. 일단 고객이 여러분을 실격시켰다면, 그것이 타당한 이유든 아니든 간에, 당신이 다시 연락을 하려면 '정말로' 좋은 이유가 있어야 한다. 그런 준비 없이 전화를 계속해서 해보라, 그러면 당신은 절대로 답신을 받지 못하는 귀찮은 세일즈맨이 될 수 있다.

상담 요청 — 승낙 확률을 높이는 법

처음 전화를 할 때 필요한 제1의 규칙: *언제나 유익한 화제거리를 준비한다.* 우리는 상담을 요청할 때 다음과 같은 5단계 프로세스를 사용하도록 추천한다.

1. **연결점을 찾는다.** 할 수만 있다면, 사업관련 소개를 받아서 당신의 가망고객에게 미리 연락을 해주게끔 하라. 최소한, 어떤 연결점이라도 찾아본다. 서로 아는 개인이 될 수도 있고, 공동체의 같은 회원이거나, 취미가 같을 수도 있다. 가망고객에게 상담을 수락할 이유를 제공한다.
2. **미리 연습한다**(그냥 혼자서 읽는 것이 아니라 실제상황처럼 연습을 한다.) 당신과 당신 회사에 대해서 약간의 소개를 하는 간단한 스크립트를 한두 개 준비해서 연습한다. 가능하다면, 스크립트를 새로운 관련소식으로, 화제가 될 만한 내용으로, 그리고 흥미가 생기도록 준비한다.
3. **여러분 자신의 일정표를 옆에 두고 손쉽게 상담에 가능한 날짜와 시간을 정할 수 있도록 한다.** 마찬가지로, 만나는 장소의 대안을

마음 속에 가지고 고객이 사무실 밖에서 만나길 원할 경우를 대비한다. 이런 일이 자주 일어나지는 않지만, 이런 경우가 실제 생겨서 당신이 잘 준비가 되어 있다면, 상대에게 더욱 프로다운 인상을 남기게 될 것이다.

4. **노트패드를 준비한다.** 이름들, 날짜들, 고객이 질문하는 내용을 포함해서 중요한 사항들을 적도록 하고, 여러분이 고객에게 물어 볼 사후관련 질문들도 적는다.

5. **전화를 한다.** 제인은 아침 10시 전에 전화를 하는 규칙을 갖고 있다. 그녀의 경험에 의하면, 10시가 지나면 고객들이 매우 바빠질 수 있기 때문이다. 여기서는, 음성 메시지가 나오거나 또는 실제 사람이 받거나 하는 경우에 따라서, 무슨 말을 할지를 준비한다.

만일 대상고객의 음성메시지가 나오는 경우에는, 당신의 신분을 밝히고, 전화한 용건을 말한 다음, 회신할 전화번호를 남긴다(만약에 당신과 가망고객 간에 어떤 연결점도 찾을 수가 없었다면, 당신이 동종업계에 있는 다른 회사들에게 도움을 주었기 때문에 한 번 서로 만나보는 것이 유용할 수 있다고 당신의 생각을 말한다).

만일 실제로 사람이 받으면, 스크립트를 앞에 두고, 누구 소개로 왜 전화를 했는지 설명한다. 만일 고객이 당신이 소개를 알선한 회사에게 어떠한 도움을 주었는지를 물어오면, 다음과 같이 얘기한다. "우리는 함께 그 회사가 처한 상황을 분석하고 해결책을 강구하는 작업을 했습니다. [*알선 고객*]은 결과에 흡족하였고, 그런 이유로 저를 당신께 소개하는 것

입니다." 물론 당연하지만, 거래한 내역은 비밀이므로 자세한 얘기를 하지는 않는다. 만일 고객이 더 많은 얘기를 해달라고 압력을 넣어오면, 유사한 회사들이 겪는 포괄적인 문제들을 언급하는 것으로 화제를 끌어간다. 특별히 당신이 문제를 해소시키는 데 공헌한 예를 들면서, 다음같이 말한다. "제 경험으로는 어떤 사업들도 서로 완전히 흡사하지는 않으므로 모방을 한 해결책들은 별 쓸모가 없습니다. 귀사에 전혀 문제들이 없다면, 제가 만날 이유가 없겠습니다. 하지만 이런 경우는 별로 없습니다. 저는 수익을 더 올리고, 또는 비용을 감축하며, 어떻게든 운영환경을 개선하는 등 개선의 여지가 전혀 없는 회사는 보지 못했습니다. 저는 아주 간략한 프로세스로 어느 분야에서 제가 가치를 더 증진할 수 있는지 알아낼 수 있습니다. 그것이 바로 [알선 고객]과 제가 같이 작업한 일입니다. 저는 이 일을 귀사와도 기꺼이 해보고 싶습니다. 비록 우리가 귀사에 유용한 결과를 찾지 못하더라도, 귀사와 저 모두 무엇인가를 배운 셈이 될 것입니다." 그런 다음에 약속을 하자고 제안한다.

물론 이 5단계 접근방법이 언제나 효과가 있는 것은 아니지만, 이 방법을 쓰면 제인이 엘렌 시워드에게 전화를 한 경우보다 성공할 확률이 훨씬 높다.

마지막으로, 고객이 아직도 수락을 하지 않으면, 여지를 남겨두면서 질문으로 대화를 끝낸다. "잘 알겠습니다. 오늘은 시간이 넉넉하지 않은 듯합니다. 2~3개월 지나서 제가 다시 전화를 드려도 될까요? 또는 사업과 관련하여서 무엇인가 영향을 미치는 것을 들으면 연락을 드려도 될까요? 혹시라도 문제점들에 부딪히게 되면, 제가 아마 도움을 드릴 수 있을 것입니다. 고객님 시간을 낭비하지 않을 것을 약속합니다."

우리 얘기만 믿지 말고, 실제 해보라

당신이 향후 6개월 내에 상담하고자 하는 회사들 10개를 적어본다. 그 이름들은 회의체, 협회, 전문 잡지, 보유한 리스트, 소문, 그리고 인터넷을 통해서 알 수 있다.

구글 검색을 통해서 대상 회사들에 근무하는 개인들을 찾는다. 그 다음에 찾은 인물들에 대해서 구글, 페이스북, 링크드인, 트위터, 그리고 스카이프 등에서 빠른 검색을 한다. 그리고 무엇이 튀어나오는지 본다. 누군가는 하키를 하고, 어떤 이들은 수예를 하며, 또 어떤 이들은 연극제작에서 활동한다. 사람들은 무슨 일이든 하게 마련이다. 그런 곳에서 그들은 서로 만나고 다른 사람들과 교류하는 것이다.

다음으로, 스스로 자문해 보는데, "내가 이 사람과 조금이라도 연결될 수 있는(아니면 이미 연결되었는지도 모르는) 길로는 어떤 것이 있을까?" 그런 다음 가능한 답들을 죽 적어본다. 답들이 나오자마자 판단을 하지 말라(제2장에서 설명된 '생각을 분리하는 원리'를 기억하라). 그냥 적어 둔다. 긴 리스트가 생기면, 다시 검토를 하고, 그 중에서 가장 그럴 듯하며, 실제적이거나, 또는 실현될 가능성이 있는 접근방법들을 골라낸다.

이러한 접근방법들 중 하나는 당신 자신의 동료 및 친구들의 네트워크를 이용하는 것이다. 그들에게 여러분이 만나려는 사람에 대해서 아는지, 또는 들어봤는지, 혹시 그 대상인물이 속한 조직에 아는 이가 있는지를 묻는다. 당신이 아는 사람들에게 단지 간단한 메시지(예를 들어서 "내가 베이톤 파이낸셜Baton Financial회사의 짐 리플리Jim Ripley와 만나서 상담을 하고 싶은데, 그 사람에 연결할 만한 것이 필요함. 아이디어를 주면 고맙겠음.")를 보내면 대개는 조만간에 연결점을 찾게 될 것이다.

당신이 일단 접촉하고자 하는 사람들 및 그들과의 연결점들을 파악하고 나면, 전화를 걸기 전에 먼저 그들이 어떻게 당신과 연결이 되는지를 알리는 방법을 생각한다. 당신이 가망고객과 당신 사이에 친구, 동료, 과거 역사, 또는 취미 등으로 연결된다면, 이-메일을 보내거나, 사교모임을 통해서라든지, 또는 가능하면 같이 아는 지인을 통해서라도 가망고객이 알게끔 한다. 당신의 목적은 가망고객에게 전화를 걸기 전에 그가 당신과 연결된다는 점을 알게 해서 당신이 더 이상 낯선 사람이 아니게 분위기를 만드는 것이다. 그러나 당신이 준비할 일은 여기에 그치지 않는다. 일단 연결점들을 강조한 후에는, 첫 통화를 할 때 무슨 얘기를 해야 할지 구상을 해야 한다—무엇인가 상대방이 흥미롭거나 유익하다고 생각하는 것, 상대방이 향후 문제로 여길 만한 것, 또는 상대방이 더 듣고 싶어하는 것 등. 당신이 이와 같은 준비를 잘 하면, 가망고객들이 상담 요청에 응할 두 가지 동기를 갖게 된다—그들이 당신과 관계를 맺고자 원하게 되고, 그리고 당신이 제안할 것에 대해서 흥미를 느끼게 된다.

궁극적으로는, 무작위로 전화를 해서는 안 된다. 어느 정도 합리적인 기대가 담긴 상담을 요청하게 되기 위해서는, 당신은 단지 두 가지가 필요하다. 연결점과 이유가 그것이다. 오늘날과 같은 연결시대에는 연결점들은 찾기가 어렵지 않을 것이다. 이유는 당신에게 달렸다.

어떻게 하면 상대방이 당신의 제안에 대해서 듣고 싶어할까? 수십 가지 이유가 있다. 여기 일단의 예가 있다.

당신의 네트워크

- 당신은 고객 업무와 연관이 있는 인사로부터 소개가 되었다: 아주 좋은 소개인 경우에는, 소개 이-메일에 당신의 이름을 언급한다.
- 당신은 상호 공유하는 전문가 네트워크에 속한다: 당신 조직 내 누군가가 방의 누군가를 잘 안다.
- 당신은 유명한 회사들이나 사람들과 일한다(주의 필요—지나치게 이름을 팔고 다니면, 꺼꾸로 곤경을 겪을 수가 있다).
- 당신은 그들에게 유용할 수 있는 사람들과 관계가 돈독하다.
- 당신은 개인적으로도 서로 지인들을 안다.

당신의 회사

- 당신은 경쟁자보다 더 신속하거나 더 잘 할 수 있다: 제품과 서비스가 훨씬 낫다.
- 당신은 고객이 모르는 능력을 가지고 있다: "제가 당신을 만나고자 하는 이유 한 가지는 우리의 총체적 능력을 보여드리는 것입니다. 그 중 한 가지는 당신께 쓸모가 있을 것입니다."

당신의 사업수완

- 당신은 고객이 당면한 상황에 흥미로운 통찰을 제시한다.
- 당신은 고객의 현 정책 또는 산업 추세와 관련하여 상당한 정보를 가지고 있다.
- 당신은 유명한 문제해결사이자 혁신적 사고의 전문가다.
- 당신은 고객의 경쟁사들과 공급망 및 로지스틱스 분야에서 일을 한다.
- 당신은 고객의 사업분야에서 다양한 경험을 갖고 있다.

우연의 일치

- 당신이 고객의 이웃 동네 아니면 같은 도시에 조만간 들를 예정이다.

Chapter 09 리서치를 해야 이해가 된다 ••• 5가지 질문

> 이해한다는 것은 어렵다.
> 일단 이해를 하게 되면, 행동은 쉽다.
>
> \- 손문

일단 스크립트를 준비하고 상담 약속이 잡히면, 이제 당신은 자신과 가망고객 모두에게 최대한 생산적인 상담이 될 수 있도록 당신이 보유한 자원을 정리해야 할 필요가 있다. 그 의미는 리서치research를 한다는 뜻이다.

많은 세일즈맨들은 리서치 생각을 하기만 해도 주저한다. 그들은 리서치를 마치 성가신 허드렛일같이, 시간과 에너지를 빨아들이고 아무런 성과를 가져오지 않는 블랙홀처럼 여긴다. 그러나 상담을 대비한 리서치를 하지 않는다는 것은 마치 10킬로미터 달리기를 하기 전에 준비운동을 하지 않는 것과 같다. 준비가 미흡하면 경기에서 최대한 역량을 발휘해야 할 즈음에 제대로 달리지 못하고, 결승점에 도달하기 전에 부상을 입고 포기할 위험이 있다. 리서치를 하든 하지 않든 간에, 여러분은 고작 한 시간가량 지속될 상담에 자신의 막대한 기량을 투입하려 한다. 그 한 시간 동안 기량을 제대로 발휘했느냐가 축하할 결과인가 아니면 자책하게 될 것인가를 결정한다. 생산적 판매는 마술이 아니다. 노력을 해야 한다. 그런 노력 중 하나가 상담 전에 하는 리서치다. 그런데 리서치는 꼭 블랙홀처럼 그다지 어려운 일이 아니다.

적절한 접근 방법과 도구를 사용한다면, 당신은 리서치를 신속하고, 효율적으로, 그리고 효과적으로 할 수 있다. 리서치를 하게 되면 관련 사실들과 통계들뿐만 아니라 당신은 고객이 운영하는 사업에 대한 통찰을 갖게 되고, 그 결과로 고객들에게서 주목을 끌고자 노력하는 많은 여타 경쟁사들로부터 차별화 될 수 있다. 또한 어쩌면 당신은 리서치에서 재미를 느낄 수도 있다!

리서치의 목표

당신이 고객, 고객의 조직, 그리고 고객이 운영하는 사업 환경에 대해서 더 많이 알게 될수록, 상담을 하는 중에 고객들이 당신에게 하는 말을 더 잘 이해할 수 있을 것이다. 달리 말하자면, 당신이 정보를 더 많이 모을수록, 당신의 이해력은 더 좋아질 수 있다. 고객이 속한 세계에 대한 당신의 이해력이 좋아질수록 당신은 더 나은 신뢰를 받을 수 있고, 당신은 고객에게 진정한 가치를 제안할 수 있게 될 것이다.

그러나 그 블랙홀 같은 리서치를 어느 정도 해야 하는가? 하염없이 리서치만 할 수는 없다. 그렇다면 리서치가 충분히 되었다고 판단할 수 있는 방법은 무엇인가?

해답은 리서치에서 다음 네 가지를 분명한 목표로 삼으면 된다는 것이다.

- 생산적 대화가 되도록 기본적인 배경을 파악하도록 한다.
- 고객의 신뢰를 얻는데 도움이 되어야 한다.
- 당신의 상담에 대한 틀을 만든다. 특히 탐색대상으로 다섯 항목을 파악한다.
- 고객에게 가치를 제안하는 아이디어들을 개발하기 시작한다.

배경background

당신은 고객 회사, 관련 산업, 그리고 고객회사를 둘러싼 환경에 대해서 해박하게 말할 수 있어야 한다. 또한 고객이 하는 말을 이해할 만큼 전후 좌우 문맥을 잘 알 필요가 있다. 알아야 할 구체적인 정보의 내용은 산업별로 다르겠지만, 출발점으로 좋은 예는 바로 뒤에 적힌 목록*이다. [*이 목록은 충분하지 않다. 각 회사마다 그리고 각 산업별로 특유한 시각이 있을 것이다. 대상 고객에 어울리는 기본적 통계 목록을 고안하라.]

- 핵심 제품 또는 서비스는 무엇인가?
- 관련 시장은 무엇인가?
- 경쟁자들은 누구인가?
- 어떠한 전략적 제휴를 하고 있는가?
- 사업장은 어디인가?
- 무엇을 생산하는가?

- 과거 수년간 얼마나 이익을 내었는가?
- 고용된 지원은 몇 명인가?
- 회사의 시장가치는 얼마로 평가되는가?
- 당신의 시장과 어떤 연관이 있는가?
- 당신 경쟁자와 어떤 관계를 맺고 있는가?
- 고객과 과거에 거래한 실적이 있는가? 결과는 어떠했는가?

이상적으로는, 당신은 고객 회사와 산업에 대한 간략한 프로필profile을 준비할 수 있어야 한다. 당신이 해당 산업분야에 초보일 경우에는, 동료들에게 중요할 수 있는 여타 정보를 알려달라고 부탁한다. 시일이 지나면서, 관련 분야에 속한 사람들을 만나다 보면, 당신은 상담에서 생산적 대화를 하기 위해서 파악해야 할 최소한의 정보에 대해서 감이 잡힐 것이다.

신뢰감credibility

당신이 배경을 리서치하는 일은 많은 노력을 해야 고객의 신뢰를 얻게 되는 결과까지 이르게 되는데, 여기에 덧붙여 당신이 해야 할 일이 더 있다. 제15장에서 논의할 것이지만, 당신은 상담의 초반에 고객이 당신이 하는 질문에 별 부담 없이 대답하게끔 신뢰를 충분히 얻으려 노력할 것이다. 신뢰의 문턱을 넘기 위해서는 정보만이 아니라 통찰력이 필요하다. 이는 당신이 회사 또는 산업의 저변에 깔린 현상들을 파악할 필요가 있다는 말이다. 예를 들어서, 다음과 같은 의문점을 조사한다. 고객이 속한 산업은 전반적으로 건전한가? 해당 산업의 핵심적 추세는 무엇인가? 산업에 대한 의견은 누가 내어놓는가, 그리고 무슨 말을 하는가? 고객회사에서 핵심 요원들은 누구인가? 당신 동료 중 누가 고객회사 또는 해당산업에 대한 유용한 관점이나 통찰을 가지고 있을까? 그러한 의견들로는 어떤 것이 있는가? 당신은 리서치를 해나가면서, 계속해서 자신에게 "믿음을 얻기에 충분할 만큼 파악을 하였는가?"라는 자문을 하도록 한다.

이상적으로 말하자면, 당신은 상담할 시에 고객이 다음과 같은 생각을 하길 원할 것이다, "이 사람은 핵심을 파악하고 있다, 우리를 잘 알고 있어."

구조structure

리서치를 하는 가장 중요한 목표들 중 하나는 해답을 찾는 것이다. 그렇다고 해서, 리서치를 하면 반드시 해답을 찾을 수 있다는 것은 아니다. 제16장에서 기술하겠지만, 생산적 판매의 핵심원리는 당신이 고객이 처한 상황, 요구사항, 그리고 도전들과 관련하여 고객에게 던질 질문들을 중심으로 상담을 구성하는 일이다. 리서치를 하면 당신이 그러한 질문들을 고안하는 데 도움이 된다.

당신의 목표는 고객과의 대면 상담에서 알아보고자 하는 다섯 분야의 질문들을 마련하는 것이다. 왜 다섯 분야인가? 한두 분야만을 알아보려는 것은 대개 충분하다고 할 수 없다. 그 질문들이 끝났을 때, 다른 질문사항들이 없다면 아쉬울 것이다. 반면에, 열 개 분야의 질문들은 아마 너무 많다. 단 한 번 만나서 그렇게 많은 범위를 알아볼 시간이 있을 것 같지는 않다. 그러므로 우리는 다섯 개 질문을 너무 많지도 않고 작지도 않은 황금률로 생각한다.

그런 질문들을 파악하는 일은 놀랄 정도로 쉽다. 다음 두세 페이지에서 그것을 파악하는 방법으로 우리가 선호하는 도구를 보여줄 것이다.

아이디어들 ideas

당신이 리서치를 하는 궁극적인 목적은 고객에게 가치가 있는 아이디어들을 개발하는데 도움이 되게끔 하는 것이다. 리서치를 하면서 일부러 이러한 아이디어들을 찾지는 않겠지만, 그런 아이디어들이 거의 틀림없이 생각날 것이다. 고객에 대해서 알게 되면서, 당신의 두뇌가 자동적으로 연결점들—고객 회사와 당신이 제안하는 서비스 간에 있는 연결점들, 여러분의 경험과 고객의 상황을 연결하는 것들, 당신의 고객과 당신의 지인들 간의 연결점—을 찾기 시작한다. 이러한 연결점들 하나 하나는 잉태된 아이디어다. 그 연결점들을 적어둔다. 이 단계에서는 그것이 좋거나 나쁘게 또는 멋지거나 아니면 엉뚱하게 보이는가를 염려하지 마라. 그냥 적어놓아라—하나도 빼지 않고.

생각을 나누어서 하는 법을 기억하라. 연결점들을 생각해내면서 동시에 그것들을 판단하려 하면, 당신은 대부분을 적당하지 않다고 버릴 것이다. 반면에 그런 아이디어들을 그냥 받아들이고, 그저 적어놓고는, 나중에 다시 본다면, 결과적으로는 훨씬 많고 좋은 생각들 중에서 선택을 하게 될 것이다. 결코 잠재적으로 유용한 아이디어를 내버리지 말라. 적어 두도록 하라. 그러면 나중에 언제라도 다시 그 목록을 보고 찾고자 하는 것들을 고를 수 있다.

'노우 원더'Know Wonder

'노우 원더'는 생산적 판매에서 가장 유용한 도구들 중 하나다. 그것은 상황을 분석하고, 리서치 목표에 주목하고, 판에 박은 상담이 될 뻔한 것을 역동적인 아이디어들이 교환되는 상담으로 변환시키는 질문들을 생성하는 데 효과적인 방법이다. 도구의 명칭이 이를 잘 말해준다. 단지 두 가지 질문을 하면 된다. *무엇을 알고 있는가?*와 *무엇을 더 알고 싶은가?*

당신 스스로 '노우 원더'를 사용해도 되지만, 다른 이들의 관점을 더할 수 있다면 더욱 효과적이 되므로, 가능하면 동료 한 사람과 같이 이 작업을 하기를 권한다.

'노우 원더'를 하는 방법은 다음과 같다.

먼저 큰 종이를 한 장 꺼낸다. 종이를 이등분하여 칼럼을 두 개 만든다. 왼쪽 칼럼에는 '노우'Know라고 표기하고, 오른쪽 칼럼에는 '원더'Wonder라고 표기한다. 그러고는 왼쪽 칼럼 안에다, 대상 고객, 고객 회사, 연관 산업에 대하여 여러분이 아는 바—달리 말하자면, 머리에 떠오르는 대상에 대한 어떤 생각이라도 빠뜨리지 않고 모조리 적는다. 다시 강조하지만, 판단하지 말고, 그냥 적기만 한다.

다음으로, 오른쪽 칼럼에다가는, 대상 고객에, 고객 회사, 관련 산업, 그리고 환경에 대해서 알고 싶은 것들—달리 말하자면, 아직 모르지만 알면 유용하겠다 싶은 것들을 모두 적는다. 이미 아는 바를 이용해서 알고자 하는 것을 생각해낸다. 마음에 떠오르는 것은 무엇이든 빠뜨리지 않고 적도록 한다.

작업이 거의 끝나면, 간단한 '노우 원더'가 나왔을 것이다. 당신은 고객에 대해서 파악한 바와 더 조사해야 할 바를 나열한 듬직한 리스트를 갖게 될 것이다. 무엇인가 작업을 할 수 있는 유용한 기반이 만들어진 셈이다.

다음은 10분 정도 생각을 한 결과 도출된 전형적인 '노우 원더'의 예다.

노우(Know)	원더(Wonder)
• 포스버리Fosbury는 샌더스키Sandusky에 소재한 공장을 최근 폐쇄했다. • 그 조치에 대해서 비판 보도가 많았다. • CEO가 그 주제에 대해서 국회위원회에서 증언했다. • 칠레에서 새로운 공장을 건설하는 합작사업을 고려 중이다. • 해당 분야에서 5번째로 수익성이 높은 회사. • M&A의 대상업체로 거론되어 왔다. • 존John은 UPenn을 졸업했다. • 존은 우리 회사 CFO와 같은 회사에서 근무한 적이 있는데, 존이 창설한 볼링 팀에서 같이 활동했었다.	• 비판보도가 사업전략과 지역사회 관계에 영향을 끼쳤는가? • 그 결과가 존의 역할이나 목표에 충격을 주었는가? • 왜 칠레인가? 존은 현지를 방문했는가? 합작사업에 우려사항은 없는가? • CEO가 의회에서 무슨 말을 했는가? • 합병이 되는 경우, 어떤 사업부들이 위험한가? • 합병 시에 문닫을 제품/사업은? • 존은 UPenn농구팀의 팬인가? 존이 재학중일 때 그 농구팀은 잘했는가? • 존은 아직도 볼링을 하는가? 그가 볼링 팀을 창설한 이유는?

이처럼 간단한 '노우 원더' 리스트는 당신에게 두 가지 기능을 한다. 당신이 고객의 상황을 이해하는데 도움이 되는 전후 관계를 보여주며, 더 탐색할 관련 분야를 자세하게 제시해 준다. 그 중 몇 가지는 상담 전에 조사를 할 수 있는데, 예를 들어, 대표이사가 의회에서 무슨 말을 했는가? 왜 칠레를 선택하는가? 등이다. 다른 것들은 아마 고객과 직접 대면해서 알아보는 것이 적절할 것 같은데, 예를 들어서, 결과가 존John의 역할이나 목표들에 영향을 주었는가? 합병이 되는 상황에서는 어떤 사업부들이 취약한가? 존은 아직도 볼링 게임을 하는지? 존이 팀을 결성한 이유는 무엇인가?* [*당신이 볼링 게임에 흥미가 있고 어떻게든 볼링 게임에 경험이 있다면, 이 마지막 항목은 개인적 관계를 맺을 수 있는 발판이 될 수 있다. 고객 상담에 있어서 이러한 점에 대해서는 제14, 18, 및 21장에서 논의할 것이다.]

위에 든 예에서, 우리는 회사가 처한 특수한 상황에 주목했다. 그 외에도 당신이 아마 언제나 궁금해하는 기초 정보들－어떠한 고객의 경우에도 알고자 하는 것들－이 여러 가지 있는데, 예를 들면, 고객회사의 시장 가치, 총 매출액, 주식가치 변동, 활동하는 국가들이나 지역들, 정부의 감독 기관들과의 관계, 세금 관련, 등등. 이러한 사항들은 고객이 상담에 응할 경우에 당신이 파악고자 하는 기본적 배경에 속한다.

당신이 '노우' 칼럼을 채우고 나서, '원더' 칼럼에 추가해서 적어 나갈 때, 당신 머릿속에 어떻게 하면 고객을 도울 수 있는지에 관한 아이디어들이 떠오를 것이다. 그런 생각들이 떠오를 때마다 적어놓는다. 고객에게 가치를 제공하는 방안에 대해서 생각을 사전에 잘 하게 되면, 자신감을 더 많이 가지고 상담에 임하게 될 것이다－또한 상담에서 쉽게 마주치게 되는 상황, 즉, 대화의 강약을 조절해야 할 때 더 수월하게 적응하게 될 것이다.

우리가 확언하건대, 당신이 '노우–원더'를 한 번 시도해 보면 '노우–원더'가 필수적인 도구라는 점을 알게 될 것이다. 처음에는 뭔가 유용하기에는 너무나 간단하다는 생각이 들겠지만, 손 망치를 생각해 보라 — 도구란 원래 그렇게 간단한 것이다. 만약 망치가 없으면 단 한 번이라도 못을 박았겠는가?

리서치하는 방법 How to Research

당신이 리서치를 시작하기 전에도, 상담요청에 승낙을 얻으려고 시도했던 기초 조사에서 이미 얼마만큼의 정보, 단서, 그리고 아이디어들을 습득했을 것이다. 이제는 그것들을 더 알아볼 시간이다.

정보를 발견하는데 명백한 최선의 소스란 따로 없다. 어떠한 산업과 세일즈 조직도 나름 특이한 필요 사항들을 가지고 있을 것이다. 그러나 몇 가지 일반적인 소스나 접근방법들을 따르면 손쉽게 시작할 수 있다. 다음은 우리들이 이용하는 리서치 체크리스트를 보여주는 예다.

- **구글** 언급할 필요도 없이, 언제나 구글은 좋은 출발점이다. 당신도 마찬가지일 것이다. 우리 고객들 중 몇은 마이크로소프트Microsoft의 빙Bing을 이용하기도 하는데, 페이스북Facebook 및 트위터twitter에 보다 강력히 연결이 되는 까닭이다. 그럼에도 불구하고, 아직도 스피드와 관련성에서는 구글Google이 왕이다. 리서치 결과 속에서 신문, 뉴스

사이트, 또는 비즈니스잡지 기사에 특별히 유의하라.

- **소셜 네트워크** 이 글을 쓰는 순간에도, 여전히 페이스북이 가장 유력한 소셜 네트워크지만, 사업적 내용과 개인들의 이력에 접근하는 능력으로 보면 링크드인LinkedIn이 으뜸이고, 그 다음으로 트위터라고 할 수 있다.

- **웹사이트** 일단 대상 고객조직의 웹주소를 알게 되면, 상대방이 보유한 각종 웹사이트에서 사업보고서, 보도자료, 투자자 안내, 증권거래위원회SEC 보고서, 회사 간부들, 이사회, 제품과 서비스 정보, 접촉 전화번호 및 주소, 그리고 심지어 방문 안내용 지도 등을 볼 수 있다. 대상 회사를 조사한 다음, 그들이 속한 산업에 속한 협회의 웹사이트, 그리고 당연하지만 경쟁사들의 웹사이트들도 찾아본다.

- **블로그** 회사들과 종업원들은 대개 블로그blog를 가지고 있다. 블로그를 찾는 것은 어렵지 않다(구글, 링크드인 및 위에 언급한 여타 소스를 통해서 찾는다). 사람들이 자신들에 관해서 적고 올리는 글에서 많은 것을 알 수 있다.

- **사업보고서** 법인사업체 대부분은 사업보고서를 웹사이트에 올려놓는데, 이따금 인쇄본을 찾아 볼 필요가 있다(물론, 회사들은 아직도 보고서를 인쇄한다). 우리가 아는 세일즈맨 한 사람은 자신의 고객들과 미래 고객회사들의 주식을 몇 주씩 산다. 주주의 자격으로, 그는 집으로 분기별 및 년간 사업보고서를 받아본다. 대표이사가 보

고서 앞장에서 회사의 현황에 대해서 전달하는 메시지는 필수적으로 읽어야 할 내용인데, 전년도 사업, 회사가 추구하는 가치, 그리고 주요 시책들과 예상되는 도전들에 관해서 유용한 정보를 제공하기 때문이다.

- **자기 자신의 네트워크** 여기에는 당신이 광범위하게 아는 사업상 지인들과 친구들뿐만 아니라 당신 자신의 팀도 포함된다. 사람들이 사람들을 알고, 사람들은 관계를 가지고 있다. 당신은 이미 상담을 요청하는 과정에서 승낙을 얻고자 연결점을 찾아서 동일한 과정을 겪은 바 있다. 이제 같은 작업을 더 자세히 하는 것이다. 같은 회사의 선배들을 잊지 말도록 하라. 그들은 더 많은 관계를 가지고 있으며, 더 여러 곳에서 일을 하였고, 아마도 회사 안의 누구보다도 더 많은 사람들을 안다. 그들의 도움을 받으라. 회사 최고운영책임자COO의 머리를 빌릴 기회를 얻는다는 것은 언제나 쉽지 않다. 최고운영책임자와 미리 약속된 회합을 한다는 것은 드문 일이다. 그러나 만약 당신이 효율적으로 준비를 한다면, 그로부터 단 한 번에 여러 명의 잠재고객들에 대해서 얘기를 들을 수 있다. 그가 얘기하는 관점은 정말 큰 가치가 있을 수 있다.

당신이 가진 네트워크 — 직업적이거나 개인적이거나, 가벼운 관계이거나 아주 가까운 것이거나 모두 — 는 화성탐사로봇Mars Rovers으로 구성된 팀과 흡사하다고 할 수 있다. 그것들은 당신이 모르는 것들을 알며, 당신이 보지 못하는 것을 보고, 당신이 듣지 못하는 것들을 듣는다. 생각보다는 많이 당신의 네트워크에 속한 사람들이 당신을 기꺼이 도우려 한다(그리고 자신들도 도움이 필요할 때, 당신의 도움을 기꺼이 받는다). 그러므로 네트워크에 묻는다. 양쪽 모두가 서로 도움을 받을 것이다.

리서치의 진실Truth about Research

위에서 소개한 리서치 프로세스는 필자들이 이용하는 방법이다. 우리에게는 이 방법이 맞다. 한 번 시도를 해보라. 그런 다음에, 시간을 두고, 자기 자신의 프로세스로 발전시키고, 자기 스타일과 자기 사업과 그리고 자기 여건에 어울리는 것으로 만들어간다.

당신이 차츰 편안해지고 숙달이 되면, 언제 생산적인 판매 상담을 하는 데 충분한 정보가 확보되었는가를 자연스럽게 알게 된다. 지나치게 조사를 한 경우와 모자라게 조사를 한 경우를 회피하는 방법을 알게 된다. 당신이 기꺼이 지불할 용의가 있는 가격(시간과 노력으로 환산되는)에 맞는 정보를 얻을 수 있게끔 자연스럽게 정보-수집 프로세스를 조정하고 개선할 것이다. 우리가 추천한 방법을 시작점으로 해서, 당신이 자신에게 적합한 조사 프로세스를 고안해내기 바란다.

그리고 리서치 프로세스가 당신이 일상적으로 늘 하는 과정이 된다면, 리서치가 더 이상 따로 하는 활동이 아닐 것임을 알아차리게 될 것이다. 그 리서치 프로세스가 당신이 실행하는 거의 모든 활동에서 자연스럽게 포함될 것이다. 그것은 무의식적 능력이라고 할 수 있는데, 마치 의식하지 않고 자전거를 타는 것과 같다.

당신은 일상적인 습관을 가지고 있을 것이다. 가령 화요일 아침에는 커피를 마시면서, 산업 추이에 대해서 최근 동향을 알려고 상업잡지를 읽거나 할 것이다. 만일에 몇몇 미래 고객들을 파악했다면, 당신의 레이더는 그 고객들이 언급된 기사나 그 고객들에게 영향을 미치는 상황에 연관된 기사들에게 주목할 것이다. 당신의 업무분야에 해당하는 어떤 회사에 관한 기사를 읽을 때, 다른 회사와의 상담에 유용할 수도 있는 정보가 있으면 자동적으로 표식을 할 것이다.

당신은 자동적으로 고객들에게 대한 새로운 단서를 탐색할 것이다. 그리고 앞으로 가질 상담들에 관련된 정보를 한꺼번에 조사하게 될 것이다. 당신이 다음 상담이 텍사스Texas에서 열린다고 알고 있는 경우, 텍사스에서 현재 논의되는 입법활동에 관한 기사는 표식을 해놓고, 더 조사할 대상으로 삼거나 고객에게 한 번 기사에 대한 문의를 하는 방식으로라도 성의를 기울일 것이다.

한 번 제대로 감을 잡게 되면, 당신이 나누는 모든 대화나 읽는 기사가 리서치활동이 된다. 이는 마치 새 차를 사게 되면 갑자기 가는 곳마다 같은 디자인의 자동차가 보이는 것처럼, 당신은 고객들 및 가망고객들과 연관된 정보를 거의 어디서나 보게 될 것이다.

사실은, 당신이 부딪치게 될 가장 큰 장애는 당신 눈에 뜨이기 시작하는 모든 정보데이터를 수집하고 관리하는 일일지도 모른다. 우리는 에버노트Evernote라고 불리는 간단하고 자유로운 형식의 데이터베이스를 사용한다. 그것은 클라우드cloud 환경에서 유지되므로, 여러분의 파일은 어느 곳에서나, 어느 때나—전화, 컴퓨터, 또는 테블릿tablet 상으로—접속이 가능하다. 어떤 기사를 온 라인으로 본 경우에는? 브라우저에서 그 기사를 클립해서 에버노트Evernote에 붙여 넣는다. 오프라인에서 무엇을 읽은 경우에는? 스냅사진으로 찍은 다음 에버노트에 자동으로 파일한다(에버노트는 사진판 텍스트도 찾아낼 수 있다). 회사별로, 산업별로, 개인별로, 날짜별로, 장소별로, 무엇이든 간에 이름표를 붙이고 그룹으로 분류하고 그리고 조사한다. 그런 다음에, 당신이 눈여겨보고 있었던 회사와 상담을 요청할 계기가 오면, 남보다 더 빨리 자료를 볼 수 있게 된다.

이 장을 시작하면서 얘기한 대로, 리서치라고만 하면 많은 세일즈맨들이 멀리 산으로 도망가기 시작한다. 하지만 리서치는 필수적으로 해야 한다. 또 쉽게 할 수 있다. 어떠한 조직과 조직 구성원도 스토리를 가지고 있다. 그런 얘기들 안에 그들과 접촉할 수 있는 열쇠들이 있다. 당신이 행하는 조사는 연료이며, 당신이 갖는 호기심은 성냥이다. 이 두 가지는 당신의 열정에 불을 댕겨서 어떤 관계를 시작할 수 있는 '뜻밖의 연결점'들을 발견하게끔 한다. 그것이 바로 생산적 세일즈맨들이 하는 방식이다.

Chapter 10 사전검토 ··· 성공기준을 세운다

무엇이 목표인가를 알지 못하면,
어떻게 목표에 도달했는지 알겠는가?

\- 버질

스티브와 버질은 으레 모이는 식당에서 만났다. 같은 장소, 같은 자리, 아마도 이쑤시개도 같은 것일 수도 있었다.

"그래 준비는 잘 되어가는 중인가?" 버질이 물었다.

"잘 되고 있습니다. 저번에 이미 그럴듯한 스크립트가 준비되어 있었잖아요. 그 준비 덕분에 이안과 상담 시에 완전히 망치는 것을 모면한 것 같은데, 이제는 그것도 더 다듬었고, 제 생각에는 많이 나아졌어요."

"어떻게 달라졌는데?"

"음, 한 가지는, 이제는 훨씬 짧아요. 바로 요점으로 들어갑니다. 또한 더 확실하게 정곡을 찌르지요. 스크립트마다 핵심 포인트를 담았어요. 그리고 전체적으로 사실과 숫자만을 나열하지 않고, 사람들 얘기로 분위기를 잡았습니다."

"잘 된 것 같군. 또 다른 점은?"

"예, 우습지만 가장 큰 변화는 스크립트 자체가 아니라 제 자신이 스크립트 준비를 의식하고 있다는 사실입니다. 제 생각입니다만… 뭐랄까 어떤 확신 같은 것인데요. 회사에서 일할 때 자동적으로 데이터가 백업되는 것처럼 말입니다. 전혀 찾아보지도 않지만, 그런 조치가 되어 있다고 알면 기분이 좋아지잖아요."

"그리고 다음으로는?"

"저번에 얘기를 하던 '사전검토'Before Action Review를 아직 해야 합니다. 이쑤시개 차례로 보면, 이제 그 점을 얘기할 때로 보이는군요."

"자네는 가망고객을 확보했는가?"

"아직은 없어요," 스티브가 미소를 지으며 말한다, "그렇지만 한 군데 만날 예정입니다."

"아주 좋아! 나에게 말해보게."

스티브는 버질에게 이안 회사의 경쟁사인 악셀Axel이라는 회사와 새롭게 상담약속을 받아낸 사정에 대해서 빠르게 요약해서 설명을 했다. 그는 이안과 가졌던 상담에서 실패했던 경험을 하나의 예행연습으로 여기고 있는 까닭에 이번 상담에 대해서는 낙관적이었다. 매트 및 제인과 나눈 대화들에서 배운 바에 따라서, 할 일에 대해 감을 확실히 잡았고, 더욱 중요한 것은, 하지 말아야 할 점도 잘 알고 있었다. 스티브는 결코 예전에 가졌던 관계에 의존해서 주제 넘은 생각을 하지 않을 참이었다. 게다가, 이안과는 그런 관계가 있었지만 악셀은 처음 대하는 고객이었다.

"그러면, 시작해 보세." 버질이 손을 뻗어 스티브의 노트패드notepad를 밀쳐서 둘이 함께 스크린을 쉽게 볼 수 있게 하고는, 빈 페이지로 넘겼다. "이 작업은 아마도 자네 생각보다 훨씬 수월한 일이 될 거야."

버질은 노트패드를 옆으로 벌려서 다섯 개의 칼럼을 그렸다. 그리고는 각 칼럼에 한 알파벳을 적었는데, D, R, I, V, 그리고 E였다.

D	R	I	V	E

"사전검토BAR의 주된 목적은 성공기준을 세우는 일이지. 그것은 아주 상세한 행동계획은 아니야. 그러나 이 작업을 하게 되면 자네가 무엇을 달성하려 하는지를 정연하게 보여주게 되는데, 그러면 나중에 일이 끝난 후에 어떻게 했는지 평가를 할 수 있게 된다네. 그것이 바로 우리가 얘기했던 사후점검After Action Review일세."

"그 점은 이치에 닿아요. 어디에 가려고 하는지를 알아야 그곳에 도착했는가 구별할 수 있다는 거지요."

"맞아. 아주 간단해—궁극적으로 자네가 무엇으로 판단할지를 알게 하는 방법이지. 그 작업을 하는 데 가장 간단한 도구들 중의 하나가 DRIVE라는 거야. 각 철자가 성공이냐 아니냐를 구성하는 요인들을 뜻한다네."

버질은 자신이 그리고 있던 차트를 설명했다. DRIVE는 각 칼럼에서 그가 던지고자 하는 질문들의 머리글자였다.

D는 **Desired Outcomes**(원하는 성과)를 뜻한다. 세일즈 상담을 하는 경우에는, 당신은 상담이 자신과 고객에게 무슨 결과를 가져오길 원하는가?

R은 **Risks**(위험요소들)를 뜻한다. 상담에서 나올 수 있는 결과 중 당신이 회피하고 싶은 것은 무엇인가?

I는 **investment**(투자)를 뜻한다. 이 세일즈를 위한 노력의 일환으로 당신이 어디에 투자를 할 용의가 있는가? 어떤 투자 자원들, 얼마만한 시간, 어떤 리서치에 투자할 셈인가? 세일즈를 하기 위해서 같은 고객을 열 번이고 기꺼이 만날 용의가 있는가? 아니면 그 정도면 비경제적인 것으로 여겨지게 될 것인가? 당신이 넘지 말아야 할 한계선이라면 어떤 것들이 있는가?

V는 **Vision**(비전)과 **Values**(가치)를 뜻한다. 고객이 상담 후에 여러분을 어떻게 보기를 원하는가? 어떻게 해야 당신의 비전 또는 당신의 가치를 말과 행동으로 고객에게 전달할 수 있는가?

E는 **Essential Outcomes**(필수성과)를 뜻한다. 상담이 성공했음을 보여주는 핵심이자, 가시적이며, 측정 가능한 성과들은 어떤 것들인

가? 이것은 첫 번째 칼럼에서의 '원하는 성과'보다 더 상세하다. 당신은 특정한 성과들을 원할 수 있는데, 이 다섯 번째 칼럼에서 얘기하는 성과란 당신이 상담이 정말로 성공했다고 판단하기에 절대적으로 필요한 성과들을 말한다.

DRIVE는 기억하기 쉽고 사용하기 쉬운 도구로서 당신에게 노력의 결실이 어떤 형태와 내용이 되어야 하는지를 실질적으로 빨리 알려줄 수 있다. 이 장에서는 우리가 세일즈 상담에 대한 성공기준을 세우는 데 이 도구를 이용할 것이지만, 여러분은 DRIVE를 이용해서 특정 세일즈 캠페인 전체—또는 OPFOR부대의 경우, 군사훈련 작전—가 성공하였는지 여부를 파악하는 기준으로 세울 수 있다.

DRIVE는 거의 모든 활동에 대해서 성공 기준을 수립할 수 있게끔 하는 강력한 도구이며, 영업상담의 경우에는 사전검토BAR의 한 형태로서 특히 유용하게 쓰일 수 있다. 스티브와 버질이 그 도구를 어떻게 이용하는지 보도록 하자.

스티브는 잔뜩 흥미가 당겼다. "그러니까 어떠한 행동에 대해서도 이 DRIVE를 사용한다는 거군요?"

"그렇진 않아. 모든 행동은 아니야. 하지만 만약 맨 나중에 그 행동에 대해서 실질적으로 평가할 수 있기를 원하면, DRIVE 도구를 이용하는 게 좋을 거야. 자네는 이것을 정식으로 해볼 수 있어, 지금 우리가 하려는 것처럼, 아니면 그냥 머릿속으로 헤아려 보던가. 그렇지만 어떤 방식으로 하던지 간에 만약 자네 행동이 얼마나 효과적인지를 알려고 하면, 그것을 측정하는 데 어떤 기준을 세워야 하는 거야. 달리 말하면, 성공의 기준이야. 그것이 바로 DRIVE의 용도지."

"내가 앞으로 악셀과 갖는 상담에 대해서 그것을 사용할 수 있을까요?"

"바로 그것 때문에 내가 여기에 있는 셈 아닌가. 그런데, 주의할 점이 있다네. 자네가 지금 당장 필요한 정보를 모두 가지고 있지 않을 수 있지, 그렇지만 지금 시작해도 괜찮아, 그리고 빈칸은 나중에 채워도 되니까. 자 그러면, 당신의 D, 그 상담에서 원하는 성과는 무엇인가?"

스티브는 연필을 집어 들고는 적기 시작했다. "좋아요, 쉬운 문제인데요. 세일즈를 하기를 원합니다."

버질이 스티브 팔뚝 위에 손을 얹었다. "오우, 스티브. 자네로선 당연히 판매를 하고 싶겠지, 그러나 첫 상담에서 한다고?"

"참, 아니요, 선생님 말이 맞아요, 그렇게 되지는 않겠지요. 적어도 세 번은 상담을 해야 되고, 상담 사이에 몇 번이고 접촉을 해야겠지요. 그렇지만 판단을 하지 말라고 했잖아요. 그러니까 제가 원하는 성과를 생각나는 대로 적으라고 한다면, 한 가지는 상담 후에 판매를 한 건 해서 나오는 거지요."

버질이 미소를 지었다. "근사해. 잘 하고 있어. 바로 그렇게 하면 된다네. 생각나는 것은 어느 것이나 빠뜨리지 않고 적도록 해. 그 리스트를 줄이는 것은 나중에 할 수 있어. 축소하는 일의 한 방법은 나열된 생각들을 두 장의 별개 DRIVE 표로 나누면 되기도 하지, 한 장은 첫 상담에 쓰고, 남은 것은 악셀과 전체적으로 상담을 진행해 나가면서 사용하는 거야. 그렇지만 지금 당장은, 죄다 적어내도록 해. 아주 좋아. 계속해요."

십 분 후에는 아래에 나타난 것처럼 스티브가 작성한 리스트를 볼 수 있었다. 스티브는 자신이 그 짧은 시간에 생각을 많이 적어냈다는 사실에 놀랬다. "시간이 별로 많이 걸리지 않는데요."

"대개는 오래 걸리지 않아. 사람들이 그렇게 하지를 않을 뿐이야. 이 시점에서 투입하는 10분, 20분, 아니면 30분이 맨 나중에 자네에게서 정말로 많은 고민을 덜어줄 수 있어. 하지만 아직은 성급히 자축하지는 말도록 하세. 좋은 생각들을 잘 나열한 셈이지만, 아직 일이 끝나지 않았

D 원하는 성과	R 피해야 할 위험들	I 투자한도	V 비전 또는 가치	E 필수적 성과
- 판매를 한다	- 말을 너무 많이 하는 것	- 2시간 기초 리서치(상담#1)	- 유용성	- 신뢰감 확보한다
- 고객의 니즈를 파악한다	- 초점 상실	- 브fp드 + 게리와 사전 미팅	- 듣는다	- 문제 이해했음을 전달한다
- 신뢰를 빨리 획득한다	- 엉뚱한 문제 집중	- PT예산 $2K	- 신뢰감	- 돕겠다고 제안한다
- 후속 상담 약속을 한다	- 후속 상담약속 불발	- 상담 4회? 또는 5회? +?	- 문제해결사	- 최소한 약속 1개는 한다
- 구매 결정자를 파악한다	- 후속 상담 불발	- 4개월내 완결?	- 친근감	- 후속 상담 일정 결정 (필요시 책임자와)
- 고객의 계약절차를 파악한다			- 동반 성공	
- 업무 팔로우업 기회를 찾는다			- 믿음성	
			- 능력	

다네. 이제는 어떤 항목들이 진짜로 중요한 지를 결정해야만 해."

"그거라면, 전부 다 중요해요. 내 말은, 선생님이 이 시점에서는 판단을 하지 말라고 말씀하셨지만, 내가 보기에는 이 모든 것들이 성공의 징표가 될 거예요."

"잘 했는데… 그러나 그 리스트가 자네에게 유용한 게 되기에는 너무 많은 사항들이 보이는군. 자네가 할 일은 핵심 사항을 몇 가지 고르는 일인데, 대개는 10개 미만으로, 달성하면 상담이 성공으로, 그리고 달성하지 못하면 성공이 아니라고 여길 만한 징표들을 선택하는 일이야."

"원하는 성공 징표가 너무 많다는 지적을 알겠어요. 언제까지나 분석만 할 수는 없지요. 내가 오늘 할 일도 있고요. 허나 리스트를 보면, 제가 성취하기를 원하지 않을 것이라고는 없는 것처럼 보이잖아요, 그렇지요?"

버질이 연필을 집더니 그것을 포인터로 사용했다. "오케이, 첫 번째 항목을 볼까, '판매를 한다.' 나도 자네가 첫 상담에서 그렇게만 할 수 있으면 좋을 것이라고는 알지만…."

"날아오를 만큼 좋은 일이지요!"

"하지만 그렇게 안 된다면, 상담이 실패한 걸까?"

"아니지요. 얘기한 대로, 한 번 상담으로는 정말 어렵다니까요."

"맞아, 그러니까 판매가 되면 다행이지만, 상담의 결과가 성공한 것으로 여겨지려면 꼭 판매가 되야 할 필요는 없는 거지. 따라서 이제 우리가 할 일은 성공한 것과 성공이 아닌 것을 제대로 구별하는 것들을 찾아보는 일일세. 적어도 자네 관점에서 볼 때."

"제가 보는 관점이라고요?"

"그렇지, 당신이 하는 상담이잖아. 자네가 성공기준을 수립해야 할 사람이지. 그 성공기준들이 다른 세일즈맨은 전혀 다를지 모르지만, 자네에게 성공이 무엇을 뜻하는지—그리고 뜻하지 않는지—를 자네 자신이 정의할 필요가 있어."

"오케이, 그렇지만, 아직 마음에 걸리는 점이 있어요. 이런 겹치는 단어들과 중복된 말들은 어떤지요? 제 말은, 여기에 후속 상담followup meeting이라는 단어만 적어도 5번은 보이는데요."

"그 뜻은?"

"그 점이 중요하다는 뜻이라고 짐작합니다."

"아주 정확해. DRIVE가 그토록 유용한 이유 중 하나는 중요한 것들을 강조하는 경향이 있다는 거야. 자주 눈에 뜨이는 것은 중요하기 때문이지. 이 단계에서는 빠뜨리는 것보다 넘치는 편이 훨씬 낫다네. 열쇠는 자네의 판단을 미루는 것인데, 자네도 방금 전 리스트를 작성하려고 할 때 말한 점일세. 어떤 생각이 리스트에 올라야 하는지 아닌지를 판단하지 않음으로써, 자네는 그런 핵심 사항들에 반복해서 마주치게 되는 것을 알게 될 걸세. 이제 뭔가 그 의미를 얘기하잖아."

"리스트에 더 자주 오르는 것일수록, 그 점이 더 중요하다는 말이군요."

"대개는 그래. 또는 다른 이유가 있기도 하지. 아마도 그것이 자네가 특히 걱정하는 점이거나 또는 한눈을 파는 것일 수도 있어. 하지만 어떠한 이유든 간에, 자주 반복해서 눈에 뜨인다는 것은 자세히 살펴볼 만하다는 뜻이야."

다음 이십 분 동안, 두 사람은 다섯 개 리스트를 모두 살펴보았는데,

버질은 각 항목마다 스티브에게 더 생각하도록 자극을 했다. 스티브가 유지하고자 하는 항목에서는, *왜 그렇게 생각하지?* 라고 반응하고, 그가 삭제하려는 항목에서도, *왜 그러지?* 라고 되물었다. 결국은 다음에 나오는 표가 스티브가 강조하는 DRIVE의 모습이 되었다.

D 원하는 성과	R 피해야 할 위험들	I 투자한도	V 비전 또는 가치	E 필수적 성과
- 판매를 한다	- 말을 너무 많이 하는 것 ★	- 2시간 기초 리서치(상담#1)	- 유용성 ★	- 신뢰감을 확보한다 ★
- 고객의 니즈를 파악한다 ★	- 초점 상실	- 브레드 + 게리와 사전 미팅	- 듣는다 ★	- 문제 이해했음을 전달한다 ★
- 신뢰를 빨리 획득한다 ★	- 엉뚱한 문제 집중	- PT예산 $2K ★	- 신뢰감	- 돕겠다고 제안한다 ★
- 후속 상담 약속을 한다 ★	- 후속 상담약속 불발	- 상담 4회? 또는 5회? +?	- 문제해결사 ★	- 최소한 약속 1개는 한다 ★
- 구매 결정자를 파악한다	- 후속 상담 불발	- 4개월내 완결?	- 친근감	- 후속 상담 일정 결정 (필요시 책임자와) ★
- 고객의 계약절차를 파악한다 ★			- 동반 성공	
- 업무 팔로우업 기회를 찾는다 ★			- 믿음성	
			- 능력	

스티브는 모든 항목들이 중요하지만, 특별히 강조표식을 한 항목들이 가장 중요하다는 점에 동의했다. 반복적으로 언급된 항목들을 통합하고 정리한 다음, 스티브는 악셀과의 이번 첫 상담에서 성공하기 위한 기준을 다음과 같이 결정했다.

스티브는 *고객에게 무엇이 필요한지 알 필요가 있었다.* 명백한 사실이지만, 그것을 알지 못하면, 그는 더 이상 상담을 진척시킬 수 없을 터였다.

만일 고객에게 무엇이 필요한지를 발견할 수 있으려면, 그는 고객에게 적절한 질문들을 물어야 하고 고객으로부터 답변을 들어야 할 것이다. 뻔한 말로 들리겠지만, 성공하기 위해서는 스티브가 *자기 자신을 믿음직한 질문자이자 사려가 깊은 청취자라는 역할로 행동해야 할 것이다.* 그리고 그것이 뜻하는 바는, 그가 비록 자기 회사가 제공할 수 있는 가치를 얘기하는 중에 흥분이 되더라도, 너무 많은 말을 하는 자신의 경향을 자제할 수 있어야 한다는 것이었다.

고객에게 필요한 바를 알아낸 다음에는, 스티브는 자신을 *문제 해결사, 즉 제대로 된 가치를 제공하는 사람으로 제시하여야 했었다.*

필수성과에 언급된 모든 항목들은 중요하게 보였다. 스티브는 악셀이 처한 상황과 닥쳐오는 *도전들을 이해한다는 점과 그러한 문제들을 해결하는 데 있어서 그의 능력을 보여줄 필요가 있었다.* 그렇게 하기 위해서는, 그가 *도움을 줄 수 있어야* 하는데, 제품뿐만 아니라 다른 방법들, 예를 들어서 통찰력이나 연결점을 제공하는 방법들로도 할 수 있어야 했다. 반면에, 그렇게 한다는 것은 어떤 것이 됐던지 간에ㅡ고객에게 유용한 정보를 보내준다든지 아니면 고객을 가능성이 보이는 사업상 지인에게 소개해 주는 것처럼 간단한—*약속을 하고 그 약속을 지키도록* 해야 할 것이다. 그리고 아주 중요한 것은, 어떻게든 *후속 상담약속을 잡도록 해야* 하는데, 그것은 당연히 사업상 약속이겠지만, 고객과 개인적인 접촉이 가능한 경우라면 더더욱 좋은 일이 될 것이다.

투자 칼럼에 나오는 항목에 대해서는, 스티브는 비록 그것이 거래를 망치는 요인은 아닐지라도, *PT예산을 2천 달러 이하로 유지하는 것*이 중요하다는 점을 마지 못해서 인정하였다. 그는 파트너들과 이 한도에 대해서 합의한 바가 있었다. 만약 악셀과 계약을 하게 된다면 초과된 비용이 용납되겠지만, 계약이 되지 않는다면 예산을 초과한 PT는 그에게 아픈 기억이 될 것이었다.

이런 작업을 한 후, 스티브는 첫 번째 상담에서의 성공 기준을 다음 일곱 가지 항목으로 추출해냈다.

- 질문을 할 수 있게끔(그런 후 잘 들을 수 있게끔) 신뢰를 구축한다.
- 고객의 니즈를 발견한다.
- 문제 해결 능력을 보여준다.
- 도움을 제안하면서 유용한 가치를 보여준다.
- 약속을 하고 지킨다.
- 예산 내에서 일한다.
- 후속 상담 약속을 한다.

두 사람이 점심을 마쳤을 때, 스티브가 말하였다. "와, 이제는 제가 할 일에 대해서 좋은 도구가 생겼다는 생각이 진짜로 드는데요. 아주 놀랐습니다. 이런 경험은 처음입니다."

"다들 대개는 이런 경험을 하지 못하지. 그래서 OPFOR부대가 거의 언제나 이기는 것이라네. 그들은 사전검토에서 성공 수단을 강구하고, 사후 검토에서 성과를 반성한 다음, 그리고는 경험에서 배우려고 노력을 해. 크게 복잡한 일이 아닐세."

버질이 체크한 표를 스티브에서 밀어보냈다. "점심 값은 되었나?"

"그렇고 말고요." 스티브가 지갑을 꺼내면서 한 말이다.

Chapter 11 취약한 연결점 ••• 노트를 잘 이용하라

> 가장 약한 연결고리가 가장 강한 기억보다 낫다
>
> \- 중국 속담

지금 '적다'to note는 '주목하다' 또는 '주의를 기울이다' 라는 뜻이다. 당신 자신이 주목했던 것을 적으면, 그것을 기억하는 능력이 높아진다.

발표할 때 노트를 사용하게 되면, 당신은 말하고자 하는 바를 자신에게 상기시키며 동시에 자신이 발표하려는 바를 새로이 구성할 수 있게 된다. 상담에서 말할 때 사용하는 노트는 사실상 내용과 프로세스―상담에서 말하고자 하는 바와 그 과정에서 사용할 윤곽―의 혼합물이다.

만일 당신이 주의를 기울이고, 주목한 것을 기억하며, 그리고 상담의 윤곽을 짜는데 재간이 있다면, 당신은 판매도 잘 할 것이다. 그런 연유로 우리는 **큐-노트**Q-Notes방식을 추천한다. 그것은 당신으로 하여금 생산적 판매 기술―주목하고, 기억하고, 구성하는―을 단련하게끔 하는 방법이다.

정말인가? 노트가 그렇게 한다고?

정말이다. 가끔은 가장 단순한 도구들이 가장 강력한 도구들—가령 제9장에서 리서치 대상을 파악하는데 쓰인 '노우 원더' 도구와 그리고 제10장에서 성공기준을 세우는 데 사용한 DRIVE 도구처럼—이다.

첫째, 관점의 문제다. 당신의 기억력이 아주 좋더라도, 그것으로는 충분하지 않다. 바로 얼마 전에 참석했던 파티를 상기해 보라. 귀가하는 길에 부인에게 이렇게 얘기했을 수 있다, "저 있잖아, 패트Pat는 정말 좋은 사람이야."

부인이 이렇게 답할 수 있다, "나는 그녀와 별로 얘기를 못했어요. 어째서 그런 생각을 하나요?"

"잘 모르겠는데. 그냥 흥미로운 사람 같이 보여. 재미도 있고."

"그녀가 무슨 말을 했는데요?"

그녀와 나눈 대화를 생각해 보려고 애를 써본다. 나에게 좋은 인상을 준 구체적인 대화가 무엇이었더라? 기억을 해보려고 하지만, 구체적으로 생각나는 게 없다. 실제적 증거라고는 아무것도 내놓지 못한다.

익숙한 얘기인가? 그렇다고 걱정하지 마라. 이것은 당신만의 경우가 아니다. 우리 모두가 이렇다. 우리는 일반적으로 사람들에게서 받은 인상들을 그러한 인상을 받게끔 한 구체적인 대화보다 훨씬 더 잘 기억한다. 느낌은 기억에 꼭 박힌다. 데이터는 그렇지 않다.

파티 같은 상황에서는 이런 일이 큰 문제가 되지 않는다. 그러나 세일즈 상담에서는 그런 일이 생긴다면 여러분의 하루를 망칠 수 있다.

상담에서 습득한 바를 바로 그 때 기억하는 것이 매우 중요한 까닭은 그래야 나중에 사후검토를 할 수 있으며, 당시에는 생각나지 않았던 아이디어들을 찾아볼 수도 있기 때문이다. 기록하지 않은 것들은 기억에서 빠르게 사라지며, 점점 쓸모가 없어진다. 이 사실은 확언할 수 있다.

따라서 당신이 필요한 것은 관찰하는 능력을 키우고 주목한 것을 쉽게 상기하는 도구다. 유능한 세일즈맨들은 대부분 동의할 터인데, 노트를 잘 하는 것이야말로 상담에서 나오는 핵심 요점들을 기록하고 나중에 상기하며 재검토할 수 있게끔 하는 데 가장 좋은 방법이다.

그러나 만일 이런 생각을 반대로 해보면 어찌될까? 노트를 하는 방법이 당신의 판단능력－무엇이 가장 중요한가를 아는 능력－을 강화시켜준다면 어찌되는가? 만약에 당신이 자세한 내용을 그대로 받아 적는 대신에 고객에게 초점을 맞추는 방식으로 노트를 한다면 어떤 일이 생길까? 만약에 아무도 눈치 채지 못하게끔 노트를 깔끔하게 정리한다면 어떻게 될까? 그리고 여러분의 노트가 매우 정확해서, 상담의 아주 중요하고 구체적인 상세내용까지 상기할 수 있다면 어떤 일이 생길까?

가령 대화가 노트를 만들어내는 것이 아니라, 노트가 대화를 풀어낸다면 어떻게 될까?

여기 그런 모든 것들을 간단히, 반복적으로, 그리고 확실하게 성취할 수 있는 방법인 큐-노트가 있다. 이 큐-노트를 통해서, 당신은 상담을 구상하고, 핵심 요점을 기억하며, 주요 포인트에 주목하고, 상담이 끝난 후 사후검토를 할 재료가 담긴 보물주머니를 가지게 된다.

이를 큐-노트라고 부르는 까닭은 종이 면을 4분면quadrant으로 나누기 때문이다. 기억할 점, 노트는 꼭 기록하는 데만 쓰라는 것은 아니다. 당신은 노트를 상담을 구성하는데 쓸 수 있는데, 큐-노트의 Q를 단어 '큐'cue로 생각할 수 있다. 큐-노트는 당신이 얘기하려는 바에 대해서, 그것이 구두진술이든 질문이든, 상담하는 중에 '이제 할 차례'라고 신호를 주는 용도로 고안되었다. 큐-노트는 당신이 받은 정보를 4개의 분야로 구성하게 하는데, 이 4개의 분야는 대화 내용을 기록하고 기억하는 것을 용이하게 해준다 — 그리고 다음에는 당신이 하려는 얘기를 큐 신호로 알려준다. 이것은 마치 무슨 말을 할 것인지 — 그리고 언제 해야 하는지를 알려주는 발표 노트와 비슷하다.

큐-노트 양식 Q-Note Template

큐-노트는 노트를 4개의 동일하게 중요한 범주로 나눈다.

- 상담 중 묻고자 하는 질문들(제1분면)
- 상담 말미에 얘기하고자 하는 아이디어들(제2분면)
- 상담 중 고객에 대해서 발견한 점들(제3분면)
- 상담 후 후속조처에 대한 아이디어들(제4분면)

다음 장에 빈 큐-노트 양식이 있다.

큐-노트 양식

구분	발견 (Discovery)	인도 (Deliver)
상담중	Q1	Q2
상담후	Q3	Q4

양식을 보면, **좌상귀(제1분면)**가 상담의 구성 또는 협의하려는 사항이다. **우상귀(제2분면)**는 상담 말미에 고객에게 전달할 아이디어들을 기록하는 곳이다. 아래로 **좌하귀(제3분면)**는 고객의 관심사, 문제점과 필요사항들에 관해서 관찰한 바를 기록하는 곳이다. **우하귀(제4분면)**는 상담 후에 시간을 내서 고객에게 할 후속조처들의 체크리스트checklist다.

큐-노트 위에 시각적으로 노트를 함으로써 나중에 더 쉽게 기억하고 해석할 수 있다. 한두 개의 핵심 단어만을 적어놓으면 나중에 기억을 되살리는 데 충분할 것이다.

이제 큐-노트 양식을 사용하는 방법을 설명하겠다.

제1분면—좌상귀(상담 전 또는 상담 중에 기입한다)

이곳에는 당신이 원하는 '질문할 것'question들을 적는다. 즉, 리서치를 하는 중에 세일즈 상담에 쓸모가 있을 것으로 생각해서 따로 표식을 해둔 5개 분야가 해당된다. 이 사항들을 **5W1H; Who, What, Where, When, Why** 및 **How** 질문을 하는 식으로 나타낸다. 또는 "*……에 대해서 더 얘기해 주세요*" 하는 말로 시작한다. 상담을 하는 중에는, 새로운 영역을 탐색하는 마음으로, 상담 후에 다시 무엇을 찾아볼 지를 상기시키는 질문들을 추가한다. 한 영역을 충분히 알아본 후 그리고 고객에게 도움이 될 만한 아이디어들을 생성한 후에는, 탐색할 다른 영역을 고른다. 리서치에서 나온 다섯 가지 중 하나를 골라도 되고, 또는 상담 중에 추가된 주제를 골라도 된다.

대화가 소강상태에 빠질 때나 또는 한 주제를 충분히 탐색한 후에는 언제나, 큐-노트에서 이 부분을 살짝 들여다보고, 궁금한 것으로 새로운 주제를 골라서, 새로운 질문을 한다. 새로운 질문 예시를 든다면, "*캐나다 시장에 새로 진출하는 데에 대한 질문을 하고자 합니다만…*" 이렇게 새로운 질문들을 여분으로 준비하여야, 대화가 빈곤해지거나 할 때, 언제나 새로 말할 주제로 이어갈 수 있을 것이다(그런 까닭에 우리가 제9장에서 리서치를 하는 목적에 대해 언급하면서, 대면상담을 할 때 탐구하고자 하는 다섯 가지 질문 영역을 파악해야 한다고 한 것이다).

제2분면—우상귀(상담 전 또는 상담 중에 기입한다)

이 분면은 '가치'value에 관한 곳이다. 이곳에서는 리서치에서 알게 된

고객을 위한 아이디어들을 나열하고, 고객의 말을 들으면서 생각이 난 새로운 아이디어들—당신의 제품이나 서비스가 어떻게 도움이 되는지, 고객들에게 소개할 사람들, 그리고 고객이 찾도록 지원할 수 있는 자원들—을 모두 다 적는다. 상담 중에 당신이 얻은 새로운 아이디어들이 리서치에서 얻은 것보다 좋을 수도 있다. 상담을 하다가 더 좋은 아이디어들이 나오기 때문에, 상담 전에 실시한 조사에서 나온 아이디어들은 언급도 되지 않을 수도 있다. 우리는 제16장에서 '*고객과 탐색을 하는 동안에 이렇게 생겨난 아이디어들을 당장 바로 뭔가에 적용시키지 않아야 한다*'는 점을 얘기할 것이다. 요점은 여기 우상귀 분면에 그런 생각들을 적어 놓아야, 나중에라도 상담 중에 여러분과 고객에게 가장 유용할 때에 맞춰서 가져올 수 있다는 것이다.

제3분면—좌하귀(상담 중에 기입한다)

상담 중에, 당신은 고객의 답변들이 상담 끝나기 전에 다시 물어야 할 새로운 질문을 유발한다는 점을 자주 발견하게 된다. 그런 경우는 제1분면에 적어놓는다. 그러나 가끔은, 당신이 상담에서 더 알아볼 필요는 없더라도 일단 기억해야 할 점을 적는다. 아마도 해당 주제를 제대로 다룰 수 있기 전에 생각할 시간이 필요할 수도 있고, 또는 당신이 아는 누군가에게 자문을 구해야 할 수도 있으며, 또는 상담할 시간이 점점 모자라기도 한다. 이런 경우에 당신은 제3분면에 적어놓고 상담 후에 다시 참고할 수 있다.

제3분면에는 또한 '개인 정보'를 적어놓는다. 예를 들어서 "스키어,

몽블랑 산, 자녀 셋, 딸@NYU, 소년 야구 코치, 페블 비치…" 같은 것인데, 이런 개인적 정보는 나중에 고객을 다시 만날 기회로 연결되고, 훗날 나눌 대화를 매끄럽게 하며, 개인적 관계에 필요한 요소들이 된다.

제4분면—우하귀(상담 중 그리고 상담 후에 기입한다)

제4분면은 '후속조치용' 사분면인데, 당신이 고객과 나중에 접촉할 기회들을 기록한다. 고객이 보름 후에 어떤 회의체에서 연설할 수도 있고, 고객이 코치하는 팀이 챔피언 결정 게임을 가질 수도 있고, 또는 정부에서 최근 발표한 새로운 보고의무규정에 대해서 궁금하다고 언급했을 수도 있다. 제3분면에 나오는 정보의 거의 대부분은 후속조치를 해야 할 기회일 수 있다. 상담 중에 더 이상 얘기를 계속할 기회를 갖지 못했던 제2분면의 아이디어들에 대해서도 마찬가지다. 여기에 그런 생각들을 적는다.

알아볼 수 있게 적어야 한다.

큐-노트 양식의 효과가 강력한 반면에, 노트를 나중에 알아볼 수가 없다면 아무 소용이 없다. 이 말은 당신이 바로 쉽게 읽을 수 있게 쓰는 법을 배워야 한다는 것으로, 우리가 당신에게 제시하는 절대조건 중의 하나다. 알아보게끔 적는다는 것은 세일즈맨에게는 필수적인 기술이다. 한 가지 방법은 당신 자신 나름으로 정리할 수 있는 속기법을 개발하는 것이다. 고객에게 온전히 주의를 기울이면서 완전한 단어나 문장을 쓰는 것보다는 짧은 형태로 쓰는 것이 쉬운 일이다. 두세 시간 후에라도 요점을 기억할 수 있을 정도면 충분하다. 그러므로 공통적으로 쓰는 약어들, 심볼들, 코드들, 또는 당신 자신이 즉각적으로 의미를 이해하는(다른 사람들이 이해를 하느냐는 중요하지 않다) 그림이나 문자들을 시간을 내어서 만들고 연습하여야 한다.

	발견Discovery	**인도**Delivery
상담 중	당신이 원하는 '질문할 것'question들을 적는다. 즉, 세일즈 상담 시에 쓸모가 있을 것으로 생각해서 리서치를 하면서 따로 표식을 해둔 5개 분야가 해당된다. 이 사항들을 5W1H; Who, What, Where, When, Why 및 How 질문을 하는 식으로 나타낸다. 또는 "……에 대해서 더 얘기해 주세요" 하는 말로 시작한다. 예시를 든다면, "당신네는 캐나다 시장에 새로 진출하고 있습니다. 미국 시장과 다른 애로사항들은 어떤 것입니까?" 상담을 하는 중에는, 새로운 영역을 탐색하듯이, 상담 후에 다시 무엇을 찾아볼 지를 상기시키는 질문들을 추가한다. Q1	여기는 '가치'value 분면이다. 이곳에는 고객과 상담 전에 고객을 지원하기 위해서 생각해낸 새로운 아이디어나 제안들을 적는다. 예를 들어서, 그들에게 당신이 이용하는 퀘벡 번역사무소에 소개해 준다고 제안 한다. 고객의 말을 듣는 동안 생각이 난 새로운 아이디어들—당신의 제품이나 서비스가 어떻게 도움이 되는지, 고객들에게 소개할 사람들, 그리고 고객이 찾도록 지원할 수 있는 자원들—을 어느 것이든 적어 놓는 곳이다. Q2
상담 후	여기는 핵심정보 분면. 상담 중에 당장 탐색하지는 않더라도 훗날 쓸모가 있는 정보를 적는다. 사업상 또는 개인적이든, 장래 접촉하는 데 도움이 될 것들 모두. 예를 들어서, 상담 초반에 습득한 것들로, "스키어–몽블랑 산, 3자녀 딸@NYU, 유소년 축구 코칭, 페블 비치." Q3	이곳은 후속 조치할 사항 분면. 향 후 후속 대화에 관련된 것으로 Q3(좌측) 또는 Q2(윗편)에 적힌 어떤 아이디어도 적을 수 있다. 예를 들어서, 당신은 고객이 2주 후에 컨퍼런스에서 기조연설을 할 예정임. 또는 그가 코치하는 팀이 곧 결승전을 치룬다는 것, 또는 고객 회사가 정부가 최근 공표한 새로운 보고의무규정에 대해서 우려하고 있다는 점 등. Q4

상담 후 3주째에 할 일은?

상담 기억이 아직 마음에 생생한 동안, 바로 그 자리에서든 아니면 두세 시간 후에든 노트를 해석할 수 있는 것이 중요하다. 그러나 며칠, 몇 주, 또는 몇 달이 지나서 해석해 보려는 것은 다른 문제다. 여기 또 하나의 절대 규칙이 있다. *언제나 상담 후 가능한 빠른 시간(길어야 한 두 시간)에 자세한 회의록을 재차 기록하도록 하라. 잊지 않고 반드시 할 일이다.* 이 작업을 하는 시간도 상담시간의 일부로 간주한다. 이 일을 당신 자신에게 그리고 당신의 세일즈 프로세스에(DRIVE를 할 때) 투입하는 투자로 생각하라. 그것을 필수적 작업으로 여겨야 한다. 이것은 상담에서 들은 얘기뿐 아니라, 당신의 통찰과 아이디어들에도 해당된다. 잘못하면 바보처럼 기억이 안 된다. 자신이 기억하는 동안에는 굉장한 것으로 생각되더라도, 나중에는 기억하지 못할 것이다. 따라서 당신은 노트를 가능한 빨리, 할 수 있는 한 자세히 상담 노트를 다시 적도록 한다. 기억해야 할 유대인 속담이 있다. *"당신은 5초 동안 천재이나, 나머지 인생 동안은 바보다. 생각나면, 적어놓아라!"*

큐-노트의 다양한 용도

- 큐-노트는 탐색할 아젠다Agenda—리서치 결과에 따라 당신이 고안해 낸 5개의 핵심 질문들—이다. 이 질문들이 상담을 이끌어갈 버팀목 같은 역할을 한다.
- 큐-노트는 당신이 효율적이고 효과적인 상담을 계획하는데 도움이 된다. 큐-노트가 당신을 상담주제 분야에서 사후조처에 관한 질문

으로 매끄럽게 이어지게 한다. 큐-노트는 또한 당신이 고객에게 꼭 전하고자 하는 생각들을 적어두는 자리가 된다.

- 큐-노트는 당신이 실행할 사후조처에 관한 기회들을 확실하게 기록해 준다. 당신은 긴 시간 동안 고객과의 관계를 발전시키는데 이용할 여러 정보와 이슈들-사업상 또는 개인적인-을 두고두고 찾아 쓸 수 있게 된다.

당신은 고객에게 주의를 기울이면서도 다른 한편으로 위와 같은 작업을 할 수 있는데, 그 이유는 큐-노트양식이 최소한의 필기로 최대한의 정보를 적을 수 있도록 만들어졌기 때문이다.

큐-노트의 가치는 세일즈 상담에만 국한되지 않는다. 우리가 이 책에서 추천하는 다른 생산적 세일즈 도구들처럼, 큐-노트는 다른 여타의 사업 또는 개인 생활에서도 유용하다. 애프터서비스 방문을 하는 경우, 큐-노트로 사전에 준비하고 기록을 함으로써 더 좋은 결과를 가져올 수 있다. 사무실이나 클럽에서 짧은 발표를 하는 경우에도 큐-노트가 더 훌륭한 결과를 가져올 수 있다. 성과 평가를 하는 경우에 큐-노트를 쓰면 훨씬 나은 코치가 된다. 요리를 준비하면서도 쇼핑에 큐-노트를 사용해 보라. 당신이 여타 활동에 큐-노트를 사용하면 할수록, 당신이 세일즈 상담에서 사용하게 될 때 손에 능숙한 도구를 갖게 된다. 이것은 보너스라 할 수 있다.

Part
04

고객과의 실제 상담

Face-to-Face

Chapter 12 세일즈 대화의 진행 ••• 3막(幕)

> 온 세상이 무대다.
>
> \- **윌리엄 셰익스피어** William Shakespeare

생산적 판매 Productive Selling는 여러 기법들을 모아놓은 것이 아니고, 훨씬 나은 수준의 것이다. 세일즈를 향상시키는 종합적 체계framework다.

제2장에서, 우리는 더 나은 생각을 하고 세일즈를 더 잘 하는 데 있어서 구조structure가 중요하다고 말했다. 구조는 수학처럼 명확하거나 거시경제처럼 막연하거나 또는 개인적 관계처럼 내면에 감추어져 있든 간에, 우리가 나날을 살아가고 세상을 이해하는 데 도움이 된다. 구조란 축구경기는 물론 영업 상담 그리고 영화대본에 이르기까지 어디에서나 존재한다.

이 책에서 여태껏 나온 모든 장(章)들은 세일즈 상담의 프로세스에 관한 내용들이었다. 그런데 실제 행위는 일련의 세일즈 상담들 현장에서 일어나는데, 실제 그 현장에서 일어나는 것이 매우 중요하다.

후술하는 장(章)에서는 세일즈 상담에서 주고받는 대화를 분리해서, 대화가 아주 잘 진행될 때, 그것이 매끄러운 프로세스로 당신과 고객의 니즈needs를 일치시키고, 파악하며 밝혀내고, 급기야 거래를 성사시키는지를 보여줄 것이다.

상업적 거래를 촉진하는데 안성맞춤인 구조는 그리스 철학자 아리스토텔레스Aristotle에게서 연유되었다고 말할 수 있다. 아리스토텔레스는 기원전 335년에 그리스 연극 작품들에서 3개의 무대형식 ― 1막, 2막, 그리고 3막 ― 으로 이야기가 전개된다는 사실을 파악하였다. 우리가 보고 듣는 거의 모든 연극, 영화 그리고 드라마들 ― 크리스마스 캐롤Christmas carol에서 인형 이야기Toy Story와 스타워즈Star Wars에 이르기까지 ― 은 이와 같은 3막 구조로 구성되어 있다. 3막 구조는 소설, 코미디 책, 단편, 심지어 비데오video 게임들에까지 쓰인다. 이 3막 구조는 인간이 복잡한 정보를 자연스럽게 처리하는 과정에서 세워진 것이다. 이것은 인류가 지닌 소통의 욕구만큼이나 만큼 오래된 것이다.

제1막에서는 등장인물들과 그들이 처한 상황들이 소개되는데, 그런 다음에 주인공으로 하여금 어떤 극적 행동을 할 수밖에 없게끔 전개되는 전환점으로 흔히 플롯plot point이라고 말하는 것을 보여준다. 1막은 대개 공연 시간의 첫 20~30%를 차지한다. 제2막에서는 주인공에게 여러 도전들이 닥쳐오면서, '성공이냐 실패냐' 하는 양단 간의 위기로 이어지는데, 그것이 바로 2막의 주요 플롯이다. 이어서 연결되는 3막에서는 위기가 해결되는 것을 보게 되는데, 주인공이 싸움에서 이기거나(또는 지거나)한다.

제3막은 대개 전체 공연 시간의 20~30%만큼 걸린다.

스타워즈Star wars 제작자인 게리 쿠르츠Gary Kurtz는 어떻게 자신이 3막 구성에 대해서 배웠는지 다음과 같이 설명한 바 있다. "언젠가 빌리 와일더Billy Wilder가 가르치던 석사과정 클래스에서 공부했었는데, 그가 말하길, 1막에서는 등장인물을 나무 위에 올려놓으며 2막에서는 나무에 불을 지르고 그 다음에는 그를 내려놓는다고 하더군요."* [*2010.8.12, 로스앤젤레스 타임스. 제프 부헤르Geoff Boucher 기고, "Did 'Star Wars' become a toy story?"에서 제작자인 게리 쿠르츠Gary Kurtz가 옛일을 회고하면서 한 말.]

여기 3막으로 이루어진 이야기 구조를 보여주는 그림 예시가 있다.

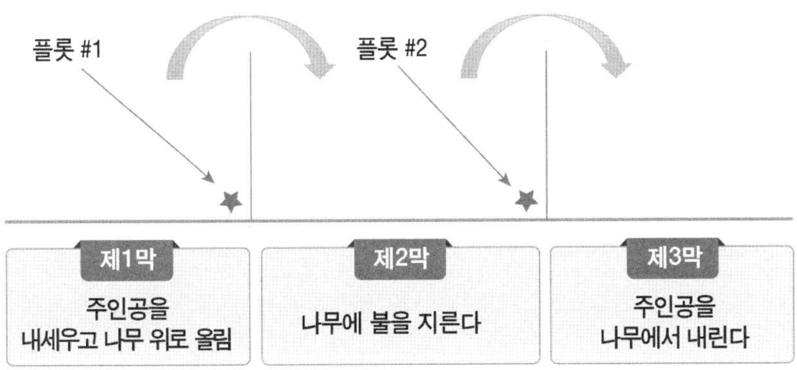

걸작 영화들, 동화들, 그리고 일반적인 픽션과 마찬가지로, 가장 생산적인 세일즈 상담도 역시 3막 구조—도입부, 중반부, 그리고 종결부—를 사용한다.

세일즈 대화에서의 3막 구성은 다음과 같다.

Ⅰ : 분위기 조성

Ⅱ : 고객의 니즈 파악

Ⅲ : 가치 전달

상담을 진전시키기 위해서는, 마치 연극에서처럼, 1막과 2막에서 각기 다음 막에 전개될 반전 포인트들을 말미에 가져야 한다.

그 방법은 다음과 같다.

도입부 1막에서는, 당신은 고객에게 질문들을 탐색적으로 해도 좋을 만한 신뢰를 쌓도록 한다. 일단 신뢰감이 확보되면, 상담을 두 번째 단계로 진전시킨다. 한 시간 걸리는 상담에서, 1막은 10분에서 15분 정도 소요된다.

중반부 2막에서, 당신은 고객과 자신이 함께 고민해야 할 문제들과 도전들을 보다 잘 이해하는데 도움이 되는 질문들을 매우 조심스럽게 준비하여 고객에게 무엇이 필요한지를 탐색한다. 여기에서 반전 포인트는 자극적 질문－사뭇 흥미를 돋우고, 막연한 상태를 걷어내며, 행동을 하고 싶은 욕구를 느끼게 한 다음, 그리고 진짜 해결책으로 연결하는－을 뜻한다. 이러한 반전 포인트는 상담을 3막으로 몰아간다. 한 시간 소요되는 상담에서, 2막은 약 30분 정도 지속된다.

종반부 3막에서, 당신은 고객에게 필요한 제품과 서비스에 부합하며 지속적으로 관계를 유지할 수 있는 유용한 자원과 통찰을 제시한다. 한 시간 걸리는 상담에서, 3막은 대강 15분 정도 계속된다(그러나 당신이 고객에게 진짜 유용하다고 여겨진다면, 상담 시간이 예정보다 길어질 것이다).

여기 제IV부 '고객과의 실제 상담'에서는 생산적 판매에서 전개되는 1, 2, 3막의 상세한 내용을 다루고, 관련 도구들과 실제 사용하는 방법을 소개한다.

상담 1막, 신뢰감 조성에서는 신뢰감을 확보하는 여덟 가지 방법을 논의한다.

상담 2막, 고객의 니즈 파악에서는 절제된 호기심이라는 기술을 다루고, 비유들과 자극적 질문을 통한 재구성이라는 개념을 소개한다.

상담3막, 가치 전달에서는 고객이 처한 상황에서 요구되는 통찰력을 표현하고, 고객에게 도움이 될 만한 자원을 제시하며, 거래를 시도하는 방법을 보여준다.

세일즈 상담의 3막 구조를 그림으로 제시하면 다음과 같다.

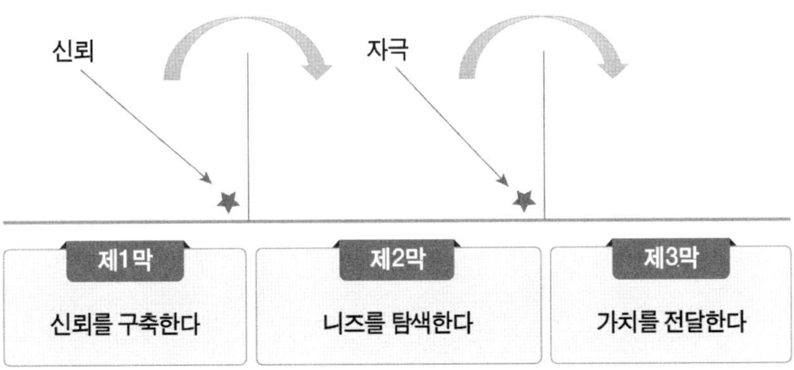

많은 드라마처럼, 세일즈 스토리에서도 흔히 서막—본 이야기가 시작되기 전에 일어나며 앞을 전개될 일들을 이해하는 데 도움을 주는 상세한 배경 얘기—에 해당하는 장면이 있다. 그리고 많은 희곡과 마찬가지로, 세일즈 스토리에도 역시 중간 휴식시간이 있다. 우리는 제14장, '**상담 전 상담**'에서 세일즈 상담을 본격적으로 하기 전에 나오는 서막 부분을 다룰 것이며, 제17장, '**휴식시간**'에서 상담 중간의 잠깐 쉬는 시간에 어떻게 가치를 끌어낼 수 있는지를 소개하겠다.

모든 스토리 또는 세일즈 상담에서는 또 하나의 필수적 요인이 있는데, 바로 등장인물들이다. 이야기든 세일즈 상황이든 간에, 하나하나의 인물은 독특한 성격, 특징, 희망, 그리고 두려움을 지니고 있다. 그들은 정보를 다른 방식으로 받아들이며, 자기자신을 독자적인 방식으로 표현한다. 이야기에 출연하는 인물들을 더 잘 이해하면 할수록, 이야기 자체를 보다 더 잘 감상할 수 있다. 비슷하게, 세일즈 상담에서도 사람을 더 잘 이해할수록 더 생산적인 결과를 가져올 수 있다. 다음 장에서 세일즈 상담에서 당사자들을 이해하는 방법에 대해 논의가 시작될 것이다.

Chapter 13 등장인물 ••• 고객이 알아듣게끔 말을 하라

> 우리는 사물을 그 자체로 보지 않는다.
> 우리는 사물을 우리처럼 본다.
>
> \- 아네스 닌 Anais Nin

어떻게 그런 일이 가능한가? 두 사람이 대화를 한 후에, 같이 나눈 얘기들—누가 무엇을 누구에게 언제, 그리고 사용한 단어들의 의미, 심지어 서로 공유했던 사실과 숫자 등—에 대해서 전혀 다른 기억을 가질 수 있다니, 그것이 도대체 있을 수 있는 일인가?

당신이 지금 음악회에서 애호하는 음악가의 연주를 듣고 있다고 상상해 보자. 객관적으로는, 당신은 음악당에서 다른 청중들과 마찬가지로 같은 템포로 연주되는 동일한 곡을 듣는다. 연주되는 곡이 당신에게 인생에서 경험한 달콤하고 사랑스러운 시간을 떠올리게 되면, 정말 유쾌한 감흥을 느끼게 된다. 그러나 왼편에 앉은 다른 여성에게는 그 곡이 고통과 갈망의 감정을 불러낼 수 있다. 오른편의 남성에게는 그 곡이 또 다른 의미를 가져다준다. 사람들은 외견상 동일한 사물에 대해서도 개인적으로 각기 다른 경험을 한다. 음악회당에 천 명의 관객이 있었다면, 그 곡에 대해서 천 가지의 개인적인 경험이 일어난다고 할 수 있다.

그런 상황에 대해서 다들 이렇게 생각할 수 있다. "감정적 반응은 다르지만, 음악 자체는 실제로 같은 거야. 모든 사람이 같은 음악을 들었으니까."

정말 그런 것일까?

인식이 행위에 어떻게 영향을 주는지를 해명하려고 많은 연구를 했던 미국 심리학자인 존 웨이어John Weir는 다음과 같은 사고(思考)실험을 했다. 음악당에서 왼편에 앉은 사람이 이십 년 연상인데, 그는 고주파 음정을 청취하는 능력을 잃었다고 상상해 본다. 그는 당신과 같은 음악을 듣는가? 당신도 스스로 실험도 해보자. 두 손을 자신의 양쪽 귀에다가 컵 모양으로 막고 같은 음악을 들어보라. 소리를 조절하지 않고 똑 같은 음악이 그대로 들리는가? 그 실험에서 입으로 말하는 행위를 적용해 보면 어떻게 될까? 어떤 단어들과 의미들이 왜곡되거나 그 의미를 놓치게 되는 현상이 일어나지 않을까?

사람은 각자 나름대로 예민하게 인식한다. 당신은 정상 시력을 가지고 있을 수 있다. 아니면 안경을 써야 하는데, 안경을 쓰지 않으면 디테일을 많이 놓치게 된다. 웨이어에 따르면, 사람 신체의 감각청취 기관들이 갖는 민감도가 상대적이라는 사실 ― 순전히 생리적인 관점에서 볼 때 얼마나 정확한가 하는 정도에서 볼 때 ― 은 사람들이 세상을 어떻게 인식하느냐에 영향을 끼치는 데, 신체가 지닌 여과장치들 중 한 가지라고 한다. 그런데 웨이어가 말하는 여과장치는 단순히 물리적으로 존재한다는 차원을 뛰어넘는다.

음악당으로 다시 가보자. 만일 옆 자리에 앉은 이가 고도의 음악 훈련을 받았다면 어떻게 되는가? 그는 다른 방식으로 음악을 듣는다고 말할 수 있지 않을까? 그는 그 음악에 내재된 요소들—예를 들면, 존 레논john Lennon 노래에 내재된 바하Bach의 악구(樂句)phrase—을 알아 차릴 수 있을까? 그가 그러한 점을 이해한다는 사실이 그가 음악을 듣는데 영향을 끼치지는 않을까?

음악에서 스포츠로 대상을 옮겨보자. 농구를 아주 많이 좋아하는 관객은 전혀 농구를 본 적이 없던 사람하고는 아주 다르게 게임을 보지 않을까? 경험이 많은 코치는 그 경기를 또 다르게 보지 않을까? 비록 같은 게임일지라도, 해당 스포츠를 얼마나 알고 있는가에 따라서 아주 다른 경험을 하게 될 것이다.

전문지식은 하나의 여과장치라고 할 수 있다. 과거의 경험을 기억하는 것은(마치 익숙한 노래에서처럼) 또 다른 여과장치다. 사람의 인식에 영향을 미치는 여타 다른 여과장치들로는 성별, 모국어, 인종적 배경, 경제적 지위, 가치관, 그리고 사람들을 둘러싼 수많은 변수들이 있다.

이러한 모든 변수들 때문에, 어떤 두 사람이 특정 자극을 똑같은 방식으로 인식할 확률은 극히 작다고 하겠다. 사람 모두가 개인마다 각기 특이하다면, 사람이 세상을 인식하는 각자의 방법도 거의 무한하다고 하겠다. 요점은 당신이 모든 고객과 똑같은 방식으로 소통할 수는 없으며 고객들이 상담 후에 동일한 생각을 가지고 나가리라고 기대할 수도 없다는 것이다.

그런 까닭에 소통을 잘하는 사람들은—그들이 이야기를 하든 세일즈를 하든—상대하는 사람에 따라서 말씨, 제스처, 심지어 목소리 어조까지 맞춰서, 효과적으로 대응한다. 이것은 조작이라기보다는 기술이다. 당신이 상대방과 아이디어를 서로 나누고 있다면, 서로 상대가 무슨 얘기를 하는지 제대로 아는 것이 바람직하다.

고객들과 소통이 하기 위해서는 그들이 세상을 어떻게 보고, 어떻게 정보를 이해하고 처리하는지 제대로 아는 것이 중요하다. 당신은 무엇이 그들을 행동하게끔 하는지, 무엇이 그들에게 에너지를 주는지, 그리고 무엇이 그들에게서 활력을 빼앗는지를 알아야 한다. 간단히 말해서, 고객들이 어떻게 당신의 얘기를 알아듣고 자기생각을 말하는가를 이해하기 위해서는 우선 그들이 어떻게 생각하는지를 알아야 한다.

당신은 아마 여러 가지 인성-형태를 파악하는 도구들—개인의 사고(思考) 스타일을 파악하기 위한 간단한 질문지—에 익숙할 것이다. 당신이 대기업에서 근무를 한 경험이 있다면, 대개는 마이어스-브릭스 인성검사(Myers-Briggs Type Indicator; MBTI) 또는 그것의 변형 도구들—예를 들어서, True Colors, DiSC, the Strength Develpoment Inventory, the Winslow Personality Profile, the Herrmann Brain Dominance Instrument, 그 밖의 여러 가지들—을 경험했을 것이다.

세일즈 상담에서 일어나는 역학관계를 제대로 이해하는 데 보탬이 될 만한 것으로 제라드 푸치오 박사Dr.Gerard Puccio가 개발한 포사이트FourSight와 코부스 니트링 박사Dr.Kobus Neetling가 개발한 NBI가 있다.* [*이러한 우수한 도구들에 대해서 더 알고자 하면, foursightonline.com과 www. nbiprofile.com를 참조하기 바란다.] FourSight와 NBI를 사용해 본 경험을 통해서, 우리는 세일즈 상담을 할 때 고객이 얘기하는 방식에서 여섯 가지 특정한 사고 스타일을 파악할 수 있었다. 그것뿐만 아니라, 고객이 사용하는 언어에 따라서 관찰할 수 있는 일단의 단서들, 고객들이 선호하는 상담 환경, 고객들이 활기를 갖는 주제(그리고 반대의 경우), 고객들의 시간 관념, 그리고 고객들이 사람을 대하는 태도 등도 파악하게 되었다.

우리가 이제 그 여섯 가지 사고 스타일에 대해서 간단히 설명을 시작하겠다. 다음으로 당신이 그 스타일들을 파악하는 데 도움이 되도록 공통된 단서들을 보여주는 차트들을 제시하고, 고객들과 소통을 하는데 필요한 가장 효과적인 방법들에 대한 제안을 할 것이다.

효과적인 커뮤니케이션을 하는데 있어서 열쇠는 각기 다른 사람들에게 활기를 갖게 하는 것이 무엇인지를 이해하는 것이다. 사람들이 발산하는 에너지는 주위의 분위기, 배려심, 처한 상황, 기타 많은 것들을 바꾼다. 또한 사람들이 각자 성격상 어떤 경향을 갖는다는 점도 사실이다. 어떤 이들은 주변 사람들에게 힘을 내게 만들고, 또 어떤 이들은 주위에서 힘을 빼간다. 대화 상대방에게 힘을 내게 하는 것과 반대로 힘을 빼가는 것이 무슨 뜻인지 안다면, 고객과 대화하는 상담의 질을 크게 높일 수 있다.

우리가 파악한 이들 여섯 가지 지향성(指向性) 스타일로는 **상황**Context, **결과**Results, **아이디어**Ideas, **과정**Process, **행동**Action, 그리고 **사람**People을 들 수 있다.

'내용**context**을 지향하는 사람들' [이하 '상황지향형'이라 칭한다]은 어떤 상

황에 뛰어들기 전에 그 상황을 충분히 이해하기를 원한다. 그들은 있을 수 있는 위험, 보상, 또는 여타 결과들이 명백해질 때까지는 더 나아가는 것을 불편해한다. 그들은 원인과 결과를 평가하는 데 도움이 되게끔 측정이 가능한 범주를 찾으려 한다.

상황지향형은 여러 이슈, 경향 및 사건들에 관하여 정보를 수집하는 행위를 즐긴다. 그들은 웹 서치를 하는 데 능숙할 때가 많으며, '사실'에 관한 논의를 해결하려고 가장 먼저 스마트폰을 꺼내 구글링googling을 하기도 한다.

사업을 할 때, 이들은 많은 질문을 내놓는다. 이들은 다른 사람들이 탐색하는 데 흥미를 느끼기보다는 더 많은 디테일을 원한다. 그들은 대개 추측들이나 실체가 없는 주장들에는 관심이 없다. 그들은 현재 무슨 일이 일어나는지 확실하게 이해하기를 좋아한다. 상황지향형은 적절한 문제들이 논의되며 적절한 문제들이 해결되는 것을 확인하는 사람들이다.

'결과**results**지향형 개인들'은 결과에 관심이 많다. 그들은 사실, 숫자, 그리고 목표를 뒷받침하는 논리에 초점을 맞춘다. 그들은 직접적이며 효율적인 커뮤니케이션을 높이 평가한다. 그들은 본래의 취지에서 벗어난 대화에는 관심이 없다.

결과지향형은 합리적인 접근방법들을, 예를 들면 의사결정에서 등장하는 비용-편익 분석, 선호한다. 그들이 내리는 결정이나 행위들은 '상식에 부합'하며 그들은 감정이 주의를 산만하게 한다고 여긴다. 그들도 과정에 주의를 기울이지만, 언제나 최종 목표를 염두에 두고 있다.

업무를 볼 때, 이들은 흔히 리더가 된다. 그들은 꼼꼼함과 정확성을 요구한다. 그들은 애매한 상황이나 희미한 답변을 싫어한다. 비전, 미션, 그리고 목표가 그들에게는 매우 중요하다. 극단적인 경우에는, 결과가 수단을 정당화한다는 믿음을 지니고 있다. 결과지향형은 명확한 목표를 수립하고 그 목표를 달성하는 데에서 동기부여를 받는다.

'아이디어**ideas**지향형 개인들'은 큰 그림에 관심이 많다. 그들은 새로운 아이디어들과 문제들에 대해서 가능한 해법들을 많이 제안한다. 그들은 사고(思考) 실험을 좋아한다. 그들은 상세한 디테일을 지루하게 여기며 해법들을 실행하는 실제 행위들에는 큰 관심이 없다. '아이디어지향성'은 추상적 사고를 즐기며 애매모호한 상태를 편안하게 여긴다. 그들은 다른 사람들이 보지 못하는 사물 간의 연결점들을 본다. 그들은 제반 규칙을 꼭 준수해야 하는 것보다는 고려할 정도로만 대하는데, 특히 규칙을 벗어나는 것이 새로운 생각으로 귀결되는 경우에 그러하다.

업무를 볼 때, 이들은 디테일을 간과하기도 한다. 대화를 나눌 때, 그들은 관련이 없는 주제로 건너뛰면서 얘기하기도 한다. 그들은 자주 잘 놀며, 불손하고, 그리고 독립적이다. '아이디어지향성'은 타고난 창의력을 가지고 있다. 그들은 자신들의 생각을 한껏 뻗쳐서 새롭고, 탐색한 적이 없는, 그리고 잠재적으로 유용한 가능성까지도 찾는 경향이 있다.

'과정**process**지향형 개인들'은 사물이 작동하는 이치를 이해하기를 원한다. 그들은 시스템이라는 관점에서 세상을 본다. 그들은 시스템을 여러

단계로 풀어헤친다. 그들은 대안이 될 접근방안들을 비교하고 대조한다. 그들은 시간계획서 및 이정표를 포함한 상세한 실행 계획들을 좋아한다.

'과정지향형'은 주의력이 깊으며 디테일-지향적이다. 이런 면으로 보면, 그들은 '상황지향형'과 비슷하다. 그러나 그들은 배경보다는 시스템에 주목한다. 그들은 내재된 시스템들을 소위 자연적 행태들로 이해하며, 종종 개선할 사항들을 파악해낸다. 그들은 일반적으로 경제, 금융, 또는 엔지니어링 분야를 잘 이해하고 있으며, 일반 사람들이 놓치는 오류들이나 불일치한 점들을 곧잘 찾아낸다.

업무를 볼 때, 그들은 단정하고 조직화되어 있다. 그들은 흔히 메트릭스와 차트를 이용해서 커뮤니케이션을 한다. 가끔은 그들이 디테일에 몰두하는 통에 빠른 결정 능력을 저해하기도 한다. '과정지향성'은 종종 엄밀하고 측정할 수 있는 기준을 자신들이 관리하는 프로젝트나 사람들에게 적용함으로써 이론과 실제의 간격을 연결할 수 있다.

'행동action지향형 개인들'은 일들이 진행되는 것을 보고 싶어한다. 그들은 목표를 향해서 나아갈 때, 비록 그 목표가 무엇인지 자신들도 완전히 명확하지 않더라도, 매우 행복하다. 그들은 현장에서 일하면서 배우는 것과 필요하면 진행 중에 수정하는 것을 부담스러워하지 않는다.

'행동지향형'은 악착같으며, 결단력이 있고, 그리고 주장이 강하다. 한번 아이디어를 갖게 되면, 그들은 벌써 문 밖으로 나가 그것을 실행할 궁리를 한다. 그들에게는 실행이 분석보다 중요하다. 그들은 다른 사람들이 자기들만큼 빨리 움직이지 않으면 좌절감을 느낀다.

사업을 할 때, 그들은 사무실 내에 머물지 않는다. 그들은 바깥으로 나가서 현재 벌어지는 일들과 앞으로 일어나야 할 일들에 대해서 다른 사람들에게 말을 한다. 다른 이들이 준비도 되기 전에 행동으로 바로 옮기기도 하며, 나서기 잘하거나 무모한 것처럼 보이기도 한다. 그들은 상황을 통제하고 있을 때 안심하는 경향이다. '행동지향성'은 어떻게든 일을 해낸다.

'사람**people**지향형 개인들'은 사람들과 어울리는 것을 좋아한다. 그들은 일터를 사회환경으로 여기고 함께 일하는 사람들과 밀접한 관계를 가진다. 이슈들을 평가하는 데 있어서, 그들이 우선 걱정하는 것은 사람들이 어떻게 영향을 받느냐이다. 그들은 어떤 제안들에 약속을 하기 전에 그 제안들을 '좋아해'야만 실행을 약속한다.

'사람지향성'은 네트워킹에 강한 사람들이다. 그들은 강한 직관력을 가지고 있으며, 대개는 다른 사람들이 제안이나 변화에 어떻게 반응할 지에 대해서 잘 안다. 그들은 결정을 내릴 때 감정과 공정함을 중요한 요인으로 삼기를 원한다.

사업을 할 때, 그들은 손익보다는 인간관계에 따른 결정을 선호하기도 한다. 그러나 그들은 정기적으로 다른 사람들과 상의를 하기 때문에 자연스럽게 합의를 지향한다. 어떤 아이디어가 마음에 들면, 그들은 자기네 아는 사람들과 얘기를 해보면서, 상대의 승낙을 얻고 지원을 받아낸다.

우리는 이 같은 여섯 가지 지향성 스타일을 생활의 도처에서 목격한다. 다른 사람들이 어떻게 세상을 바라보며, 어떻게 정보에 관여하며, 그리고 무엇이 그들을 힘을 내게 하는지를 이해한다는 것은 사회 생활에서든 가정에서든 매우 유용한 기술이 될 수 있다. 그렇지만, 주의해야 할 점은 사람이란 모두 다른 스타일들 및 경향들이 뒤섞인 존재들이라는 것이다. 그 누구도 단 한 가지 에너지형으로만 일하지 않는다. 사람이 모두 선호하는 특징들을 가지고 있으며, 각 특징들이 나름 쓸모가 있다고 하지만, 중요한 것은 융통성이 있어야 한다는 점이다. 현실적으로 비유하자면, 사람이란 흡사 '쇼에 출품된 순종 견'들이 아니라 잡종 견들이라고 하겠다.

세상에 무엇이 사람들로 하여금 힘을 내게 하는가를 알아내는 데 도움이 되는 인성 테스트는 수없이 많으나, 당신이 고객을 자리에 앉혀서 질문지를 주고 테스트를 하거나, 또는 상담 전에 그 결과를 분석할 시간이 있을 것 같지는 않다. 다행히도, 사람들의 지향성을 나타내는 특징들을 파악하는 방법이 있다. 그것은 고객들을 관찰하는 방법이라고 할 수 있는데, 아래에서 보게 되듯이 대부분의 특징들은 알아내기에 어렵지 않다.

'내용지향성 스타일'

일터에서 보는 단서들	책상과 사무실 정리가 깔끔함, 전혀 어지럽지 않음. 참고서적들, 인증서류, 미션선언문. 개인적 기념품은 별로 없음. 서류가 가지런하게 정리되어 있고 포스트잇으로 표시가 됨.
커뮤니케이션 단서들	분석적, 디테일, 전문적 어휘, 약어들. 이-메일은 간단하고 질문이 자주 있는 편. 음성 메시지는 시원시원하고 정확함. 타인의 어휘에서 부정확한 것과 오용되는 경우를 고쳐줌. 명확히 알려는 질문과 정보에 관한 질문을 많이 하는 경향.
잡다한 다른 단서들	단정한 복장으로 신경을 많이 썼지만 스타일이 있거나 화려하지는 않음. 회의 시, 다루었다고 여기는 이슈를 다시 거론하기도. 모든 사실을 제대로 검토했다고 확인하기 전에는 결정을 내리지 않거나, 다음 의제로 넘어가지도 않음.

연결할 점들

- 상담에서 다른 고객들보다 얘기하는 범위가 넓지는 않을 테지만, 깊이는 더 철저할 수 있다는 점을 예상한다.
- 가능하면 각 의제에 대한 성과가 인쇄된 의제를 들고 시작한다, 각 항목에 대해서 철저히 다룬다.
- 자세하고 사실에 근거한 정보를 제공한다. 현황표, 사양서, 일정표, 가격표, 증언기록을 준비한다.
- 데이터를 제시할 때, 정보가 정확한 지와 정보 소스가 적절하게 명기가 되었는지 확인한다. 데이터를 수집, 증명, 그리고 해석하는 데 쓰인 방법론들을 설명하고 도와줄 준비를 하라.
- 위험을 어떻게 최소화할지 제시한다. 불의의 변수에 대한 비상 계획을 강조한다.
- 역사, 소스, 데이터에 대해서 물음에 대답할 준비를 한다. 모르면, 솔직하게 빠른 시일 내 알아보겠다고 말하라. 후속조치로 해야 할 점에 대해서 주의 깊게 적는다.
- 고객이 각 의제에 대해서 충분히 만족했을 때 다음으로 넘어간다. 고객의 문제를 충분히 이해하지 않은 채, 고객에게 제안을 주기 시작하면, 그는 경박하거나 거만하다는 느낌을 받는다. 주기적으로 묻기에 좋은 질문은 "이 정도 자세한 내용이면 도움이 되나요?"이다.
- 상담 중에 최종 답을 기대하지 말라. 그들은 심사숙고를 할 필요가 있다. 다음 상담 시에 추가 정보를 제공하겠다고 제안하라.

'결과지향성 스타일'

일터에서 보는 단서들	책상은 정돈되고 서류가 별로 없음. 일을 한 티가 별로 없음. 학위증 또는 공식적인 업적기념품들이 전시되고, 두세 권의 조사 보고서 또는 경영층 보고서가 있기도 함. 개인적 기념품들은 별로 없음.
커뮤니케이션 단서들	자신감이 넘치고, 요점을 알고, 직설적이며, 합리적이나, 섬세하지는 않음. 자주 비서가 음성녹음을 대신함. 비서들이 이-메일을 보내기도 하는데, 주제, 결과, 시작/종료 시간을 구체적으로 명시하기도 함.
잡다한 다른 단서들	점잖은 복장. 옷차림, 몸놀림, 방에서의 자리, 말투 등을 통해서 전달하는 메시지를 예민하게 인지함. 시간 관념이 투철하며 시간낭비를 원하지 않음. 주로 큰 그림과 결과에 대한 관심을 나타냄. 등 뒤에 조명을 두게끔 자리를 마련하는 경향.

연결할 점들

- 의제를 주요 제목으로 명시하되, 각 상담단계에 대한 명확한 목표를 보이도록 한다. 하지만 그들이 중요하다고 여기는 경우에는 언제고 그들이 다른 주제로 튈 것을 대비하라.
- 언제나 "우리 지금 왜 이러고 있지요?"라는 질문에 답할 준비를 한다.
- 그들의 시간을 존중한다.
- 전술보다는 전략에 대한 논의에 치중한다.
- 논리적 사고를 제안한다. 핵심정보를 깔끔하고 요점에 맞게 제시한다.
- 근거사실, 숫자, 차트, 기술적 정밀도 자료를 준비. 권위 관계당국, 과학적 증거를 인용한다.
- 솔직한 상황분석을 제시하고, 어떤 상황이나 제안에 대한 +/-를 명확히 한다. 비용, 혜택, 그리고 위험에 대해서 기탄없이 얘기한다.
- 당신의 제안을 그들의 성공, 관련 산업계 동인들, 그리고 전략에 연결한다. 전략을 논의할 때에는, 언제나 결과에 연결한다. 결과를 논의할 때는 결과를 성취하기 위한 전략을 제시할 수 있어야 한다.
- 당신이 진행한 상담이 효율적, 단도직입적, 결과-지향적인 까닭으로 그들의 시간을 효율적으로 잘 활용한 셈이라는 점을 알리도록 한다.

'아이디어지향성 스타일'

일터에서 보는 단서들	사무실이 외견상 활기에 넘침. 상기 메모, 노트, 사진, 기사 증거들. "창의성 파일", 서류 뭉치, 파일, 탁자 토이, 기타 업무와 무관해 보이는 물건들. 책상이 물건 비치용 외에 다른 용도로는 전혀 쓰이지 않기도 함.
커뮤니케이션 단서들	개방적, 표현을 잘함. "우와!" "…하면 어떻게 될까?" "그 외에 또 무엇…?" 대화가 산만하고 이 주제에서 저 주제로 건너뜀. 유추, 은유, 이야기를 함. 이-메일을 빨리 쓰는데, 자주 철자가 틀리고 실수들이 있음. 감탄 부호!
잡다한 다른 단서들	복장은 점잖은 것에서 다양한 색상도 하고 막 입기도 하나, 언제나 보수적이지 않음. 큰 그림을 표현하려고 함. 그들의 에너지를 체크한다. 고차원의 추상적 사고에서 힘을 받는다. 데이터, 디테일, 전술은 상극. 옵션과 대안들을 찾느라 시간개념이 빈약함.

연결할 점들

- 의제를 제안하지 말라. 대신 상담에서 그릴 큰 그림을 가능하면 시각적으로 또는 은유적으로 제시한다.
- 고위 전략에 집중한다. 디테일, 전술, 실제적 문제들을 논의하지 않는다.
- 시각적 이미지, 유추, 은유, 다양성, 새로운 개념, 미래의 암시들을 사용한다. 가능하면, 여러분 제안이 지닌 미적 품격, 고상함 또는 특이성을 강조한다.
- 그림, 도형, 냅킨 뒷면을 이용한 스케치 등을 사용한다. 가능하면, 무작위 연상에 근거해서 뜻밖의 아이디어들을 띄워본다.
- 그들에게 옵션을 주고, 그들이 제시하는 옵션들과 변형들을 주의 깊게 듣는다.
- 그들이 준비되기 전에 고삐를 잡으려 하지 말라. 당신이 자기를 배제하려는 줄로 안다.
- 그들이 지닌 직감적 논리를 존중한다. 그들이 가정들, 연상들, 그리고 아이디어들을 쏟아내게끔 내버려둔다. 이런 생각들을 적는데, 아주 엉뚱한 생각도 적는다. 흔히 그들이 내놓는 뜻밖의 연상들이 문제를 창의적으로 해결하는데 대한 새로운 길을 연다.
- 아이디어들을 부화하게끔 충분한 시간을 준다. 자주 음성 또는 이-메일 메시지로 그들이 초기에 생각한 바(상담 중에 그렇게 하라고 하고 싶으나, 그렇게 하면 그 순간의 에너지를 훼손할 위험이 있다)를 체크, 확인, 설명, 또는 심지어 폐기하는 시간을 갖도록 후속조치를 한다.

‘프로세스지향성 스타일’

일터에서 보는 단서들	책상 위 청결, 잘 정리됨. 명패, 명함꽂이, 벽에 프로세스 도형, 공정도, 스프레드시트. 서류를 색상별 분류, 순서대로 진열, 모든 제 자리에 있음. 컴퓨터를 대하느라, 문을 등지고 앉은 자리.
커뮤니케이션 단서들	주의 깊고, 정확하며, 기술적인 편, 사실과 숫자 선호. 은유나 비유없이 직설적인 이메일. 느낌표나 이모티콘을 볼 수 없음. 자세히 노트, 요약을 잘함, 정보의 조합에 능숙함.
잡다한 다른 단서들	깔끔한 복장, 꼭 멋지지는 않음. 키 체인, 전화기 케이스 등 장비와 포켓보호구 등을 착용하기도 함.

연결할 점들

- 상세한, 논리적, 서면 의제를 제시한다 상담 중 의제를 따라 진행하고, 다음 의제로 넘어갈 차에는 명시적으로 확인한다.
- 1차 자료 및 백업 자료를 유인물로 준비한다.
- 주의 깊게 정확한 언어를 쓴다. 질문에는 직접적이며 상세한 답변을 한다.
- 구체적이며, 측정이 가능한 성공 기준을 제시한다.
- 여러분이 제시하는 프로세스 또는 시스템의 완벽함과 실적을 제시한다.
- 그들에게 여러 계획과 제안들을 심사숙고하며 비교할 기회를 주도록 하라. 질문을 하도록 상담 시에 충분한 시간을 마련한다.
- 그들이 내면을 들여다 보고 제품, 서비스, 제안들이 제대로인지를 분석하려는 것을 존중하라. 그들이 여러분의 프로세스를 분해하고, 검사하고, 그리고 조합하려는 것을 용이하게끔 해준다.
- 실행 계획들과 시간표를 제안하는데, 어떤 시점에 무엇을 해야 하는지와 그런 일들을 책임지고 할 사람들을 포함한다.
- 예비 계획과 위험대처 계획을 보여준다.

‘행동지향성 스타일’

일터에서 보는 단서들	진행 중인 사업들에 대한 표시, 스케줄, 할 일 목록, 비망록. 과거 업적 기념품들. 책상은 최근 작업이 어지럽게 흩어져 있음(과거의 것부터 어질러 놓은 아이디어형 과와는 대조적임). 책상이 아닌 회의탁자 등에서 만나는 것을 선호하기도 함. 상담 중 전화, 신호, 잠깐 들르는 방문객에 의해 방해를 받기도 함.
커뮤니케이션 단서들	단호하며, 확신에 참. 이 메일은 “이걸 보았는데, 당신 관심사항이 될 듯.” 하는 식으로 간단함이 특징. 어휘에 “다음 단계는?”, “누가 담당인가?”, “언제까지?” 등 통제하는 말씨가 많은 편.
잡다한 다른 단서들	상황을 통제함으로써 안전을 도모하려는 까닭에, 아주 작은 일도 관리하려 할 수도 있음. 일 진척을 조기에 보길 원하며 스피드를 원함. 어느 정도의 리스크는 감수하나, 사업들의 진행상화에 대한 보고가 없으면 불편해 함.

연결할 점들

- 일을 진척시키려는 욕구를 이해해야 함. 장황한 설명, 배경 논의, 상세한 의제를 피하라. 대신에 간략한 상담 주제 리스트를 가지고 상담 중에 바로 체크를 하면서 진행한다.
- 전략보다는 전술을 강조한다.
- 그들이 여러분의 제안을 뒷받침하는 증거를 원하거든, 그들의 상항에서 어떻게 적용될지, 타인들의 경험에서 배울 점이 무엇인지, 그리고 그들 자신의 필요에 어떻게 적용할지 스스로 볼 수 있도록 한다.
- 당신의 단호함을 보임으로써 그들을 만족시킨다. 일을 조속히 진행할 수 있다는 점, 통제를 할 수 있다는 것, 조속한 시일 내 진척을 보게 된다는 점을 제시한다.
- 이들에게는, 나쁜 소식이라도 필요하므로, 사후보고를 한다는 점과 정기적으로 들르겠다는 점을 강조한다.
- 그들은 예정일, 마감시간, 인도일정이 지연되는 것을 좋아하지 않으며—그런 점을 기억한다. 여러분과 동료들이 그들의 관심사에 빨리 대응할 것이라는 점과 진행 중에 기꺼이 코스를 수정할 것이며 그렇게 할 능력이 있다는 점을 설명하라.
- 그들은 일을 진행시킬 정보를 충분히 파악했다고 느끼면 상담을 바로 끝낸다. 그들은 언제나 할 일이 많은 사람들이므로, 환영한다고 해서 너무 오래 머물지 않도록 한다.

'사람지향성 스타일'

일터에서 보는 단서들	가족 사진들, 연령대가 다른 자녀 사진들, 친구들과 동료 사진들, 그룹 사진도 많음. 책상에 사탕과 과자 및 기호품들. 식당 안이나, 작은 테이블에서 또는 복도를 걸으면서 상담하길 선호하기도 함.
커뮤니케이션 단서들	친근함. 얼굴표정이 많음. 신체 언어에 거리낌이 없음. 이-메일에 느낌표, 대문자, 이모티콘을 사용함. 음성 메시지는 유머에 넘치며 개인적인 말도 함. 회의에서 분위기를 먼저 잡고, 본론으로 들어감.
잡다한 다른 단서들	여러분을 의자에서 뛰쳐나오듯 환영함. 흔히 제스처, 그리고 여러분 등이나 어깨에 손을 얹으며 환영함. 격식을 따지지 않고, 다른 사람들 소개도 하면서, 개인적으로 친밀한 모습을 보임.

연결할 점들

- 앉자마자 바로 의제를 꺼내지 않도록 한다. 먼저 소소한 대화로 분위기를 돋운다.
- 의제와 계획서를 예비로 준비는 하되, 고객은 그것을 자세히 논의하는 것보다 여러분이 그것을 가져왔다는 점에 더 안심을 한다는 사실을 기억하라.
- 사무실에서 눈에 보이는 것들에 대해서 언급하거나 질문을 하라. 고객의 개인적 관심사를 파악하도록 노력한다.
- 친근하고 격식이 없는 언어, 표현, 그리고 어휘들을 쓴다. 여러분의 신체 언어와 얼굴 표정이 무엇을 얘기하는지를 생각해 본다.
- 가능하거나 관련이 있다면, 서로 아는 사람들이나 과거 인연을 얘기한다.
- 상담 중 고객 동료 또는 직원이 문을 열고 고개를 기웃하기도 할 수 있다. 고객이 당신을 그들에게 소개시키더라도 놀라지 마라.
- 그들에게는 로지스틱스 또는 중요사안들보다 인간적 교류가 더 중요하다. 그들에게 기술적 또는 재무적 부담을 주지 않는다. 그들은 감정적 자극, 공정함, 공감, 집단 규범, 그리고 개인적 관계에 따라서 직관적으로 결정을 내리기를 선호할 수 있다.
- 여러분의 제안이 그들의 동료 직원들에게 어떠한 영향을 끼칠 것인가를 설명하라.
- 그들이 찬탄하고 존경하는 사람들의 증언들과 의견들을 제공한다.
- 당신의 제품 또는 서비스를 이용한 이들과 얘기를 할 기회를 제공한다.

이 책에서 전제한 대로, 세일즈맨들은 고객들이 문제를 해결하도록 도울 수 있는 특이한 위치에 있다. 결국에는, 당신이 고객에게 무엇이 중요하며 고객이 정보를 어떻게 받아들이는가를 제대로 파악하느냐 여부에 따라서, 고객의 문제를 정확하게 진단하게 되고 해결할 수 있게 된다.

여섯 가지 지향성 모델은 당신 자신의 사고(思考) 스타일에 대해서도 단서들을 보여줄 수도 있다. 당신은 상황, 결과, 아이디어, 프로세스, 행동, 사람에 의해서 또는 이들 지향성의 일부 조합에 의해서 영향을 받는가? 사람들 대부분은 한 가지 지배적인 성향 외에 다른 성향도 가지고 있다. 주로 '사람지향형 스타일'을 보인다고 해서 '아이디어지향형 스타일'이 되지 못한다는 것을 뜻하지 않는다. 그리고 '결과지향형 스타일'은 또한 '행동지향형 스타일'이 가진 '정력적'인 특성을 보이기도 한다. 사람들마다 각기 다른 형태, 비중 및 조합으로 나타난다. 이들 요인들을 파악하는데 능숙하게 되려면 눈치가 있고, 융통성이 있어야 하며, 인내심이 많아야 할 것이다. 그리고 이것은 연습을 할 필요가 있다. 그러나 당신이 실제로 일을 하면서 당신 자신의 스타일을 알고 고객의 사고 스타일에 대한 감을 잡게 되면, 훨씬 유능한 세일즈맨으로서 고객이 필요한 정보를 제공하고 일을 진행시키게끔 하는 역할을 하게 된다는 점을 깨닫게 될 것이다.

지향성에는 각각 숨은 약점이랄까 동전의 이면이 있다는 점을 기억하도록 하자. 당신은 고객이 놓쳤을지도 모르는 퍼즐의 짝을 찾도록 도울 수 있다. 예를 들어서, 당신 자신은 '상황'을 지향하더라도, '아이디어'를 지향하는 경향이 있는 고객으로 하여금 문제를 제대로 파악하게끔 도울 수 있다. 또는, '사람'을 지향하는 입장에서도, '결과' 지향형 고객으로 하여금 새로운 시책이 종업원들에게 어떻게 영향을 미치는지 고려하게끔 도울 수 있다. 또 다른 경우에, '과정' 지향형으로서, '행동' 지향형 고객으로 하여금 밖으로 나가기 전에 계획을 보다 충실하게 하여야 한다는 점을 알게끔 도울 수 있다. 종종 새로운 관점을 제시하는 것만으로도 당신의 가치를 보여줄 수 있다.

결국은, 이러한 사고 성향들을 이해하고 슬기롭게 적용하는 것이 새로운 황금률에 이르는 길이다. 우리의 절친한 친구 켄 월Ken Wall이 언젠가 말했듯이, "**'무엇이든 남에게 대접을 받고자 하는 대로 하라'가 아니고, '무엇이든 고객들이 대접을 받고자 하는 대로 하라', 그것이 중요하다.**"

Chapter 14 대화, 서막 ··· 상담은 이미 시작되었다

> 당신은 인사말로 나를 매료시켰다.
>
> \- Dorothy (Renee Zellweger) to jerry (Tom Cruise) in Jerry Maguire.

악셀과 가질 상담과 관련해서, 버질이 스티브에게 코칭을 하는 중이다. "오케이, 그러니까 최대한 할 만큼 대비가 되었다 이거군. 고객과 고객이 안고 있는 문제들에 대해서 파악을 끝냈고, 유력한 소개도 받았으며, 스크립트도 숙지한 상태에다, 그를 돕는데 있어서 어떻게 제안을 할지 준비도 했다는 말이군. 그러면 상담에서 맨 먼저 할 일은 무엇인가?"

"글쎄요, 우선 내가 할 수 있는 바를 알리고 그 다음에…."

버질이 끼어들었다. "아니, 그 전에."

"그 전에? 아, 그렇지, 물론. 자기 소개를 하는 거지요."

"아니, 그보다 전에."

"그보다 전이라고요? 무슨 말씀인지?"

"당신이 말을 하려고 앉을 때 상담이 시작되는 게 아니야. 인사말을 할 때 시작하는 것도 아니고. 건물에 당신이 들어설 때, 아니, 건물을 본 순간부터 시작된다고 해야겠지. 첫 번째로 할 일이 무엇일까?"

우리가 몇 번이고 강조한 점이다. 세일즈 프로세스에서 가장 중요한 순간은 세일즈 상담이라고. 그것은 정말이다. 그러나 그 말은, 정식으로 인사를 나눈 후부터 상담이 시작된다는 것이 아니다. 다른 사람들과 나누는 상호 작용과 마찬가지로, 의미있는 대화에는 대개 그 전에 조짐(兆朕)이 있다.

개인 간의 관계에서는 만나는 장소가 조짐이 될 수 있는데, 대화의 분위기를 결정하여 주기 때문이다. 당신이 친구를 만날 때, 사무실이나 교회모임이 아니고 스포츠 바를 이용하면 서로가 아주 다른 기분을 느끼게 되고, 그리고 아주 다른 분위기로 대화를 하게 된다. 장소가 중요하다.

조짐의 또 다른 형태는 본론에 들어가기 전에 가볍게 나누는 소소한 얘기다. 날씨나 교통사정이나 서로 아는 친구들 근황에 대해서, 서로 주고받는 별 거 없는 얘기가 중요하다. 그런 얘기가 전체 대화의 분위기를 결정한다. 그런 얘기에서, 당신은 상대방의 기분이 어떤지 그리고 무엇이 그들의 관심을 끄는지에 대해서 단서를 읽는다. 장소와 마찬가지로, 소소한 얘기도 중요하다.

이것은 세일즈 상담에서도 적용되는 말이다. 어떤 장소에서 만나느냐와 소소한 얘기를 어떻게 나누느냐가 상담이 얼마나 성공할지 영향을 끼친다. 그러므로 그런 점들에 대해서 신경을 쓰고 주의를 기울여야 한다는 것이다.

이번 장에서는 상담이 본격적으로 시작되기 전에 쓰게 되는 핵심영업 기술 두 가지를 논의할 것이다: '대기실의 현인' Becoming a Waiting Room Jedi 과 '소소한 화제 이용법' Making Small Talk Big, 두 가지이다.

당신이 상담에서 첫 인사말을 건네기 전에 할 일이 아직 많다.

대기실의 현인

샘Sam이 동료인 제인에게 최근에 겪은 일을 얘기하고 있었다. "글쎄 그들이 나를 리셉션에서 한 시간이나 기다리게 했지 뭐야. 시간 낭비였어."

"기다리는 동안 뭘 했는데?"

"이-메일을 보면서 몇 군데 답신을 하고, 새로운 뉴스를 보았지."

"무엇인가 눈에 띈 건은 있었어?"

"리셉션에서? 없어. 형편없는 그림뿐이던데."

"들은 소리도 없고?"

"음악 말이야?"

"리셉션 안내원의 이름은 알아보고?"

샘은 생각이 나지 않았다. 제인은 여느 때처럼 냉정하게 파고들었다. "남자 화장실은 어땠어?"

"무슨 얘기야?"

제인은 샘에게 '남자 화장실'이라고 단어를 집어주고 싶은 유혹을 받았다. 대신에, 그녀는 다음과 같은 얘기를 했다, "이봐, 샘, 전번에 내가 응접실에서 기다려야 할 때가 있었는데, 나는 물 한 잔 얻어 마실 곳을 물어보고 직접 찾아갔어. 그러다가 직원용 주방에서 커피를 준비하는 여자 한 사람을 만났고 내 소개를 했지. 그런데 그녀가 CFO였지 뭐야. 대화 중에, 내가 제이Jay를 만나러 왔는데 레보우스키Lebowski 건을 논의할 거라고 했어. 그런데 그녀 얘기가, '레보우스키라고요, 정말로요? 제이와 자세한 논의를 해주세요. 내가 그 일에 관심이 있거든요'라고 했단다."

"그게 모두 할 일 없이 보낸 한 시간 때문이란 말이야?"

"나는 할 일 없이 보내지 않았다는 얘기야. 다른 사람에게 마치 그런 것처럼 들릴 따름이야."

고객의 사무실 영역ㅡ리셉션과 공동 구역들을 포함해서ㅡ은 그들의 업무공간이다. 거기에는 고객의 회사와 기업 문화에 관련된 단서들이 잔뜩 흩어져 있다. 대기하는 시간을 리서치하는 기회로 삼도록 하라. 그러면 그 시간에 회사의 보고서들이나 웹사이트에 나오지 않은 자료들에 접할 수 있다. 당신이 마치 인류학자인 것처럼 상대를 더 잘 이해하려고 단서를 수집하는 노력은 고객과 상담할 때 빛나는 효과를 가져올 수 있다. 일단 당신이 고객의 공간 안에 들어서면, 당신이 그저 대충 보낸다고 생각하는 시간은 낭비라고 할 수 있다.

낯익은 길을 조심하라

당신이 평소 익숙한 길을 걸어간다고 상상해 보자. 워낙 친숙한 길이면, 마치 발걸음이 당신을 가야 할 목적지로 인도하는 것이나 마찬가지다.

이번에는 예전에 전혀 가본 적이 없는 길을 걸어간다고 상상해 본다. 익숙한 길을 걸어갈 때처럼 같은 거리와 같은 보조로 걷는다. 어떤 길이 더 시간이 많이 걸린 것 같은가? 그리고 최근에 가본 적이 없는 낯선 곳으로 자동차를 몰았던 때를 생각해 본다. 그리고는 집으로 돌아오던 길을 생각해 보라. 어느 길이 더 오래 걸렸는가?

한 연구에서, 사람들로 하여금 자주 다니던 길들과 전혀 다니지 않던 길들을 걷도록 했다. 그런 다음, 조사대상자들에게 각 여정에서 보낸 시간을 짐작하여 적도록 요청했다. 거의 모든 사람들이 전혀 가보지 않은 길을 걷는데 시간이 더 걸렸다고 짐작을 했다. 연구 결과, 익숙하지 않은 길에서는 사람들이 신경을 더 쓴다는 이론이 도출되었다. 사람들이 주의를 더 많이 기울일수록, 그들은 더 많은 것을 기억한다. 그런 기억효과로 인해서 더 많은 시간이 지난 것처럼 보인다는 사실은 널리 알려져 있다.*

[* L.G. Allen, "The Perception of Time," Perception & Psychophysics 26 (1979): 340-54, and B. Zakay and R.a. Block, "Prospective and Resrospective Duration Judgments: An Executive-Control Perspective," Acta Neurobiologiae Experimentalis 64 (2004): 319-28.]

당신은 이 현상을 자신에 유리하게 이용할 수 있다. 만일 당신이 새로운 환경에서 더 상세한 주의를 집중할 수 있다면, 왜 훨씬 민감해진 감각으로부터 도움을 받지 않는가? 세일즈맨은 주위를 관찰하고 주의를 기울여야 한다.

고객회사 사무실에는 고객에 대해서 잘 아는 사람들이 있게 마련이고, 건물 안에서 당신이 마주치는 사람은 누구나 당신에게 정보를 알려줄 수 있으며, 질문할 점을 가져다줄 수도 있고, 또는 새롭게 알아볼 거리를 암시하는 단서와 관점을 보여줄지도 모른다. 보고 듣는 것에 기초해서, 상담에서 묻고자 하는 질문들을 보강할 수도 있을 것이다. 이런 것들을 큐-노트에 적도록 한다.

따라서 대기실에서 기다리는 처지가 되면, 그 시간을 기회로 생각하라. 상담준비 메모에만 머리를 쓰지 말아야 한다. 그 계획은 이미 잘 알고 있다. 그것을 더 좋도록 만드는 기회를 찾도록 한다 — 대기실에서 지혜롭게 처신함으로써 말이다.

호기심을 가져라

호기심이 많을수록, 더 많은 것을 배울 수 있다. 이것은 단순한 등식이며 선순환 사이클virtuous cycle이다.

주위의 벽을 살펴보자. 진지하게. 벽에 부착된 최근 개막행사에서 찍은 CEO 사진, 그림, 액자 속의 회사 미션과 가치에 관한 포스터 — 이런 것들이 단서들이다. 여기에서 고객 회사의 문화, 회사가 자랑스러워 하는 사업들, 상담이 이루어지는 건물에 관한 정보, 회사의 역사, 심지어 상담을 할 예정인 사람들에 관한 얘기 등을 알 수 있다.

눈에 보이는 모든 것에 대해서 질문을 한다. 마주치는 사람들에게 인사를 한다. 여러분 자신을 소개하고, 그곳에 오게 된 이유를 말한다. 아니면 단순히 화장실 위치를 묻는다. 대기실에서 새로 발견하게 될 대상에 사전 준비는 필요가 없다. 당신에게 보이는 사물에 대해서 당신이 호기심을 나타내기만 하면 된다.

아마 중립적인 장소에서 만날 경우가 있을 것이다. 중간 장소는 오가는 시간을 단축하고, 덜 공식적이며, 고객의 주의가 산만해지는 것을 방지한다. 그러나, 다른 이유가 없다면, 우리는 되도록 고객의 사무실에서 만나려고 한다. 고객이 사는 집을 제외하고는, 고객에 관한 개인적 정보를 얻기에는 사무실이 가장 좋은 곳이다. 바닥에 놓인 체육관 백이나, 액자 속 학위증서, 높이 걸린 가족 사진, 색인 종이가 부착된 서류 캐비닛 등—이들 하나하나가 정보이며, 화제거리가 된다. 회의실에서 상담을 마친 경우에도, 방문의 일환으로 고객의 사무실을 보여달라고 청하도록 한다.

제인이 커피 주방에서 CFO와 나눈 대화에 대해서 생각해 보라.

제인은 그저 정보 한 가지(레보우스키 건)를 내놓았을 뿐인데, 대화가 이끄는 대로 따라갔을 뿐이다. 그런 과정에서, 제인은 정보의 씨앗을 심었다. "CFO는 저에게 당신이 자기에게 레보우스키 건에 대해서 의견을 제시하게끔 잘 설명을 하라고 하더군요." 단지 호기심을 가지고 개방적인 태도를 취함으로써, 제인은 상담에서 할 중요한 의제를 확인하였고, CFO를 만났으며, 아마도 제이에게 바로 요긴한 질문을 할 수 있는 신뢰를 그 인사교환을 통해서 얻게 된 셈이다. 그것은 바로 대기실에서 재치있게 질문을 한 덕이다.

리셉셔니스트

리셉셔니스트는 하루 종일 앉아 지낸다. 온갖 사람들이 오고 가는 것을 보며, 대개는 회사에 있는 사람들을 모두 다 안다.

그들은 탐색적으로 접근하는 고객들보다는 물론이고, 대부분의 다른 직원들보다도 조직 안의 역학관계와 직원들에 대해서 훨씬 더 많이 안다. 좋은 점은 리셉셔니스트는 대개 사람들과 얘기하길 좋아한다는 것이다.

어느 날 제인이 보스톤 사브르Boston Sabre사에 상담을 하려고 도착한다. 그녀가 대기실에서 재치있게 질문하는 기술을 어떻게 발휘하는지 보도록 하자.

"안녕하세요, 저는 제인 앤더스라고 합니다. 후안Juan을 만나려고 합니다. 혹시 메리Mary?"

"네, 그래요."

"후안의 얘기로는 제가 당신이 웃는 모습을 보면 알 것이라고 하더군요. 만나서 반갑습니다."

"저도요. 그런데, 후안은 아직도 통화 중인 것 같군요. 몇 분 후에 다시 알아보지요. 잠깐 앉으세요. 뭐라도 한 잔 드릴까요?"

"아니요, 괜찮아요." 제인이 말하고는, 기다리기 위해 의자에 앉았다.

그런데도 메리가 음료를 내왔다.

이렇게 대화가 오가는 경우에, 말을 그칠 이유는 없다. 그래서 제인은 대화를 이어갔다. "아래 층에 헬스클럽이 보이던데요. 이 회사에서는 많이들 이용하나요?"

"우리는 같은 건물에 있다고 해서 특별 가격으로 이용하지요. 좋은 조건이랍니다."

"와, 보스톤 사브르 사는 이곳에 온 지 오래되었나요?

"3년 되었어요. 우리가 들어오자마자, 헬스클럽에서 할인가격을 제안했어요. 많은 직원들이 가입을 했답니다."

"좋군요. 왜 이리로 왔나요?"

"회사 말입니까? 관리를 생산에서 분리하는 조직개편을 하게 되었거든요."

제인은 보스톤 사브르 사에 대한 새로운 정보를 얻었다. "회사가 성장을 많이 했었나 봐요."

"그럼요! 우리는 벌써 더 넓은 사무실 공간을 찾고 있답니다."

제인은 기업 문화에 대해서 더 많이 알고 싶었다. "이 회사에는 활동이 활발한 분들이 많나요?"

"그렇답니다! 우리 회사에는 배구, 농구 그리고 소프트볼 팀이 있지요. 아직 젊은 회사인데, 우리 모두 아주 친한 사이랍니다. 운동은 스트레스를 해소하는 좋은 방법 같아요."

제인도 스트레스라면 많이 겪고 있다. "그렇지요. 르네나 후안도 운동을 하나요?"

"저기 액자 속 사진을 보세요. 후안이 하이 파이브를 하고 있군요. 그때는 챔피언 리그에서 우승을 한 후랍니다."

제인은 후안의 얼굴에서 비치는 에너지를 볼 수 있었다. "그분은 시합경기를 좋아하는군요."

"그렇답니다!"

단지 친근하게 몇 분간 얘기를 나눈 결과, 제인은 사업상 그리고 개인적인 화제거리를 몇 가지 얻을 수 있었다. 후안이 정말 좋아하는 것에 대해서 달리 어떻게 추측할 수 있었겠는가? 이제는 그와 상담하면서 그 사진에 대한 언급을 할 찬스가 자주 오지 않겠는가?

물론 제인은 대기실에서 이-메일을 체크하면서 시간을 보낼 수도 있었다. 그러나 그렇게 했다면 그녀는 제인이 아닐 것이다.

불가피하게 기다려야 하는 시간을 생산적인 시간으로 변화시키려면, 당신은 고객 사무실에 찾아갈 때마다, 리셉션에게 먼저 자기소개를 하고 말을 먼저 건 다음, 다음 분야들 중 한두 가지에 대한 정보를 수집하는 기회로 삼는 것을 습관처럼 해야 한다.

- **회사의 역사와 조직** 회사의 개괄적인 모습을 이해하게 되면, 세일즈 상담을 할 때 상황이 파악될 뿐만 아니라 상담 중에 화제거리를 갖게 된다.
- **조직 문화** 대기실에서 사무실을 일부라도 볼 수 있다면, 직원들이 어떻게 일하는지를 알아챌 수 있다. 복장은 어떻게 입는지? 서로 인사는 어떻게 하는지? 동료의식은 눈에 띄는지? 사무실은 조용한 지 아니면 활기가 넘치는지? 서로들 문제점을 주위에 미루는지? 집단이 국제적인지, 다문화적인지, 또는 단일 문화적인지? 문화적 기준에 대하여 단서를 얻는다는 것은 다른 면에서도 유익하다. 예를 들어서, 한 곳에서 자연스럽게 쓰는 말씨라도 다른 곳에서는 용납될

수 없을 수도 있다.

- **대기실에서 얻은 정보를 고객에게 건네는 방법** 대기실에서 알아차린 것이 만날 사람들과 대화를 하는데 징검다리가 될 수 있다. 만일에 방문객이 당신 사무실에 찾아와서 "당신이 3주간의 케냐 사파리 여행에서 방금 돌아왔다고 들었습니다."라고 말한다면, 당신이라도 당연히 그에 대한 얘기를 좀 더 하지 않겠는가?

대기실에 어울리는 질문들

당신이 리셉셔니스트나 대기실에서 마주치는 사람들과 나눌 수 있는 대화에 어울리는 질문 일곱 가지를 적어본다. 이런 경우에는 질문이 당신 개인의 스타일과 관심사를 더 반영한다면 더욱 유용할 것이다. 여기 당신이 쉽게 던질 수 있는 전형적인 질문들 몇 가지가 있다.

- 회사가 이곳으로 온 지 얼마나 되었는지? 왜 이곳으로 옮겨왔는지?
- 이곳에 근무하는 직원 수는? 여기에 배치된 부서들은?
- 이곳에서 가장 큰 부서나 본부는 어떤 것인지?
- 여기에서는 직원들이 다 이런 분위기인지(편안하고, 친근하며, 활기가 있는 모습)? 아니면 오늘 무슨 특별한 일이 있는 것인지?
- 임원들이 대개는 회사에 있는지 또는 밖으로 나돌아 다니는지? 임원들이 매일 주로 내부에서 업무를 처리하는지?
- 임원들이 이곳 사무실 직원들 이름을 모두 아는지?

흔히 동료 한 두 명과 함께 상담에 간다. 이럴 때 당신은 대기실에서 동료들과 얘기를 하려는 경향이 있다. 그러나 동료와 어젯밤에 본 하키경기를 다시 복기한다고 무슨 가치가 있겠는가?

전혀 다른 행동을 하라. 수효의 이점을 살린다. 한 명이 진열된 트로피에 대해서 지나는 직원에게 문의를 하는 동안, 다른 이는 화장실에 가보고, 또 다른 이는 리셉셔니스트에게 말을 건다. 질문을 많이 할수록 더 많은 것을 알게 될 것이다. 호기심에는 보상이 따른다.

고객의 사무실 영역에 들어서는 순간, 인류학자가 된 것처럼 관찰하도록 하라. 열 가지 정보거리를 알게 되면, 그 중 두 가지는 상담을 할 때 확실히 쓸모가 있게 된다.

소소한 얘기로 화제를 삼는다

한담(閑談), 즉 소소한 얘기를 하라. 사람들이 새로 알게 된 사람들과 나누는 비공식적 대화는 대개는 날씨, 교통, 또는 여타 현재 돌아가는 일에 관한 것이다. 그렇다고 이렇게 가벼운 인사말도 그냥 내버릴 것이 아니다. 그런 대화가 관계를 매끄럽게 하며 더 진지한 대화로 가는 길이 된다.

한담이 지닌 주요한 사회적 용도들 중의 하나는 우리가 앞서 제2장에서 논의했던 나그네의 딜레마를 극복하게 해준다는 것이다. 인간관계란 서로 간에 신뢰가 어느 정도 있지 않고서는 이루어지지 않는다. 우리가 동네 가게에서 청량음료를 사든지, 동료와 특정 시간과 장소에서 만나기로 약속을 하든지, 또는 중요한 사업상 거래를 하고 있든지 간에, 서로 상대방이 약속을 지킬 것이라고 당연히 믿고 대화를 한다.

한담을 하게 되면 서로 간의 공동 관심사를 알게 되기 때문에 나그네가 갖는 딜레마를 극복하는 데 도움이 된다. 사람들은 서로 공통점—관심사, 경험, 또는 지인들—이 있다고 알게 된다면, 바로 더 가깝게 생각한다. 이것은 파티장에서 새로운 사람들과 어울리면서 생기는 일이기도 하고, 비행기 속에서 옆자리 승객들과 사이에 일어나는 일이기도 하다. 상호 공통점을 알게 되는 즉시, 대화는 새로운 단계로 움직이게 된다. 무엇인가 할 말이 생기게 되는데, 상대방이 바로 대답할 수 있게 된다. 바로 전에 처음 만났다고 해도, 또 상대에 대해 아는 것이 거의 없다고 하더라도, 무엇인가 연결이 되었다는 느낌을 가지게 된다. 그것은 거의 마술과 같다. 조금 전까지 남이었다가 다음 순간에 관계를 가지고 나란히 서 있게 되는 셈인데, 매번 그렇지는 않아도 누구에게나 가능한 일이다.

예전에 잘 몰랐던 사람과 성공적으로 상담했던 기억을 상기해 보라. 대개 소소한 얘기를 나누면서 시작하였을 것이라고 거의 보증할 수 있다. 그것이 사람들이 일하는 방식이다. 그래야 서로 편안한 마음으로 얘기를 나누게 된다.

사업상 미팅에서 소소한 애기를 통해서 발견할 수 있는 공통점에는 세 가지 수준이 있다.

- **공통관심사**는 가장 기본적 수준이다. 고객이 당신이 진정으로 궁금

해 하는 개인적 관심사를 드러낸다.

- **상호연관성**은 약간 강한 수준이다. 당신과 고객이 비슷한 경험을 했다거나 느슨한 사회적 연결점을 가지고 있다.
- **공통 사회단체**는 가장 강한 수준이다. 당신과 고객이 독특한 문화와 가치를 가진 특정 단체에 속하는 경우다. 예로는, 로터리 클럽 회원들인 경우다.

당신이 상대방에 대해서 묻고 또 자신을 소개함으로써 어느 수준이 되더라도 공통점을 찾을 수 있다. 이제 제인이 공통 관심사를 가지고 어떻게 발전시키는지 보도록 하자.

후안의 동료인 르네Rene가 제인을 응접실에서 만났다. 서로 자기 소개를 한 다음, 제인이 물었다, "대기실에 비치된 트로피 케이스에서 후안이 하이 파이브를 하는 사진을 보았어요. 당신도 회사 스포츠 팀에서 운동하세요?"

"농구를 조금 하지요. 대학에서 운동을 시작했는데, 이제는 무릎을 조심해야 합니다."

"어느 학교를 다녔어요?"

"노스 캐롤라이나North Carolina."

제인의 호기심이 탐색할 가치가 있는 연결점을 찾았다. "제 딸이 농구를 한답니다. 그 애는 대서양연안농구대회ACC* [Atlantic Coast Conference]에서 시합하는 게 꿈이랍니다."

"그것은 매우 유명한 대회지요."

"걔는 체격이 작은 편인데 투지가 있어요, 저처럼. 저도 고등학교 때 농구를 했거든요. 3학년 때 노스 캐롤리나주의 토너먼트에 출전했었어요. 2차전은 노스 캐롤리나 대학UNC의 코트에서 있었어요. 당시 경기장에서 스탠드를 올려다 보면서 느낀 놀라운 감정을 지금도 기억해요. 아주 흥분했었거든요!"

제인이 한 얘기가 르네의 호기심을 자극한 듯했다. "노스 캐롤리나에서 자랐다고요?"

"제가 열여섯 살 때 그곳으로 이사를 갔었어요."

"경기결과는 어떻게 되었나요?"

"나쁘진 않았는데, 크게 좋지도 않았어요. 하지만, 좋은 경험이었어요…. 노스 캐롤리나를 좋아하나요?"

대기실에서 알게 된 점에 근거한 호기심과 질문을 함으로써, 제인은 두 가지의 작은 공통점을 찾아냈다 — 대학 농구와 대서양연안농구대회. 그녀와 르네는 후안의 사무실로 걸어가면서도 십중팔구 그런 소재의 대화를 계속했을 것이다.

당신은 이런 대화를 통해서 이보다 더 깊은 수준들의 공통 영역이나 상호 연결점을 찾을 수도 있다. 다음 시나리오를 상상해 보라.

업무를 인계하는 과정에서, 당신의 상사가 당신을 그의 고객인 데이비드David에게 소개를 한다. 당신이 데이비드의 공장을 둘러보는 얘기가 나왔는데, 당신이 다음 주에는 미시간 호수 지역으로 연례 휴가를 갈 예정이라는 말을 한다. 데이비드가 "정말 놀랍군요. 나도 매년 여름에 그곳으로 휴가를 간 지 몇 년 되었지요"라고 대답한다. 그 후 5분 동안 대화가 그곳의 골프장, 오래된 호텔, 옛스런 흥취가 있는 타운들로 이어진다. 그래서 당신과 데이비드는 서로 미시간 호수에서 여름을 보내는 데에서 공통 영역을 발견하는데, 이것은 당신이 자신에 대해서 무엇인가를 드러내 보였기 때문에 생긴 일이다.

공통 영역 중에서 가장 강한 수준은 동일한 사회단체에 속한 경우다. 이 경우에도 역시 질문을 하고 먼저 자신을 드러내 보이는 것이 방법이다.

상담을 시작할 때에 당신과 고객이 같은 학교를 다녔다거나 이웃 동네에서 자랐었다는 점을 알게 되었다고 상상해 보라. 만난 적은 없지만, 서로 같은 거리를 알고, 동네 집안들도 알며, 동일한 역사를 안다. 이러한 경우, 새로운 상황으로 대화의 톤이 전혀 달라지게 된다. 어떤 이들은 이렇게도 말할 것이다, "정말로 인연이군요. 같은 타운에서 자랐다니." 유명한 웨인 그레츠키Wayne Gretzky* [*아이스하키의 전당에 헌액된 유명한 프로 아이스하키 선수; 역주]는 "슛을 시도하지 않으면 전혀 골인을 성공시킬 수 없다."라고 말한 바 있다. 공통 연결점이란 언제나 전혀 엉뚱한 곳에서 생기지 않는다. 연결점은 당신이 찾아 나설 때에 나타난다.

사회단체 멤버십이 아주 강력한 이유 중의 하나는 그 공통점이 단지 어떤 사물을 함께 *안다는 것*knowing을 넘어선다는 데 있다. 사회단체 멤버십은 상호 *동일한 감정*feelings을 불러일으킨다. 이런 감정이 당신에게 별로 중요하지 않다고 생각되거든, 스스로 자문해 보라. 상담을 시작할 때 누구에게 더 마음을 터놓게 되는가—아무런 연관이 없는 사람인가 아니면 무엇인가 인연이 있는 사람인가? 누구를 더 믿거나 좋아할 것 같은가?

사회단체 멤버십은 묵언의 충성심 같은 것을 만들어낸다. 같은 사회단체에 속한 회원들이 서로 특별히 대하고, 상대방을 일단 신뢰한다는 것은 당연하다. 당신이 얼마 전에 떠난 해외여행 중에 고국에서 온 사람과 우연히 마주친 경험을 기억해 보라. 그 순간 어떤 연결점이 없었는가? 서로들 상대방에 대해서 선의로 대하지 않았는가? 적어도 처음에는 말이다.

공통 관심사, 상호 연관성, 그리고 공통 사회단체는 또한 고객들을 계속 사후관리하고 점검해야 할 이유들―그들의 뇌리에 머물 기회들―을 제공한다(이 점에 대해서는 제20장에서 상세히 다룬다). 당신이 고객과 골프얘기를 나누기 시작했는데, 그가 새로 바꾼 스윙 폼으로 운동하면서 잡풀지역에서 많은 공을 잃은 얘기를 했다면, 내년 봄에 고객에게 친근한 메모를 붙여서 오렌지색 골프 공 한 상자를 보낼 수도 있다. 이것이 바로 전형적인 사후관리 기회가 되는 셈인데, 바로 소소한 얘기에서 비롯된 것이다.

한담은 예술이다. 어떤 사람들은 이런 얘기를 자연스럽게 아주 잘 한다. 그러나 이것은 또한 기술이다, 그래서 여느 다른 기술과 마찬가지로, 연습을 하면 더 잘 할 수 있다. 당신은 원하든 원하지 않든 간에 자주 이런 경우에 처하므로, 한담을 잘 할 필요가 있다. 여기 당신의 기술을 연마하는 방법을 몇 가지 소개한다.

- **자신을 들어내고 질문하는 습관을 기른다.** "다음 주는 일을 못합니다. 휴가를 갑니다"처럼 싱겁게 얘기하지 않도록 한다. "다음 주에는 일을 볼 수가 없답니다. 내가 좋아하는 미시간 호수 지역으로 휴가

를 갈 예정입니다", 라고 말하라. 그렇게 해야, 상대방이 뭔가 연결할 거리가 나온다. 당연한 얘기지만, 고객이 당신이 좋아하는 여름 피서지를 잘 알 확률은 적을 것이다. 그렇지만 전혀 얘기를 하지 않는 것보다는 확률이 훨씬 높다. 만약 고객이 당신에게, "나도 휴가를 갑니다."라고 말하면, 흥미를 보이고, 질문하도록 한다. "그러세요, 어디로 가시나요?" 당신이 무엇을 발견하게 될지는 아무도 모른다.

- **고객과 인사를 나눈 후에 바로 시작한다.** 로비에서 본 것이나 벽에 걸린 상패들과 같은 것에 대해서 말을 하고, 만약 사무실이 평소와 다르게 바쁘게 보이면 이유를 묻는다. 이러한 질문들은 가볍고, 적절하며, 잠재적으로 유익한 정보로 연결된다.

- **고객이 보여주는 것들에 주목한다.** 사업에 들어가기 전에, 벽, 책상, 책장, 상패들, 골프클럽, 프로젝트 현황표, 가족 사진들을 둘러본다. 사람들은 관심이 있는 것을 주위에 진열한다. 남의 질문을 싫어하지 않는다. 오히려 반대다. 당신이 기회를 주면 아마 기꺼이 얘기를 할 것이다. 고객의 사무실에 대해서 더 많은 관심을 보일수록, 그들이 활기를 띠는 것을 알게 될 것이며, 그들이 잘 대답하는 방식으로 대화를 더 잘 할 수 있게 될 것이다.

- **당신이 관심을 갖는 것들이 남의 흥미를 유발할 수 있다는 점을 기억하라.** 4천 피트의 콜로라도 정상까지 하이킹한 경험, 남아메리카에서 사는 특이한 거미들을 수집하는 취미, 또는 수강하고 있는 타이 요리 클래스 등에 대해서 알려주도록 한다. 이러한 자기소개는

하나하나가 대화를 매끄럽게 시작하는 소재가 될 수 있다.

질문을 하고 자신을 드러내는 것은 거의 모든 사회적 대화에 있어서 자연스러운 면이다. 그리고 그것은 거의 모든 세일즈 상담에서 유용하다. 자신에 관한 정보를 공개하는 제스처는 다음과 같은 메시지를 전달한다. ' '나는 단지 비즈니스만을 찾아 다니는 기계가 아닙니다. 나는 회사공간 밖에서 생활을 하는 하나의 인간입니다. 나는 당신이 누구인지 알고 싶으며, 당신도 나에 대해서 알아주길 원합니다. 나는 우리가 서로 낯선 사람으로 남아있기를 원하지 않습니다."

당신이 질문을 하거나 자신을 드러냄으로써 상대방을 대화에 초대하는 셈이 된다. 그것은 매번 자력이 있는 실을 자아내는 것과 같다. 그 실이 고객의 관심을 끈다면, 대화가 이루어질 가능성이 있는 것이다. 그렇지 않다면, 다른 질문을 하거나 또는 당신 자신에 대해서 무언가 다른 것을 드러냄으로써 새 실을 자아낼 수도 있는데, 공통의 관심사를 찾기까지 이런 방식으로 대화를 시도하라.

특별한 한담—동료를 소개한다

많은 사람들은 갑자기 자기 자신에 대해서 무엇인가를 드러낸다는 것을 불편하게 생각한다. 동료와 함께 상담에 나서는 것이 유리한 점 중의 한 가지는 서로 이런 소개를 해줄 수 있다는 것이다.* [*당신의 상담에 동료를 데려가면 좋은 점이 정말 많다. 두 사람의 아이디어가 한 사람의 경우보다 거의 대부분 낫기 때문이다. 한 사람이 말을 하거나 질문을 할 때, 다른 사람은 관찰하거나 노트를 할 수 있다. 동료가 토의에 대해서 고상한 관점을 더할 수도 있다. 그리고 상담 후 재점검을 할 때(제20장과 21장), 동료가 당신이 기억하지 못하는 점을 기억하기도 한다. 우리는 팀으로 일하는 경우가 많은데, 그 방식을 추천한다.]

매트는 외부 고객과 갖는 결정적인 상담에 자주 상사를 동반하는데 다음과 같이 자기 상사를 소개하곤 한다. "존John은 우리 팀의 책임자입니다. 그는 열정적인 암벽등반가인데 또한 매우 꼼꼼한 분이지요. 그의 등반친구들이 저에게 말하길, 그가 8백 피트 암벽등반을 리드할 때 꼼꼼한 성격의 진가가 발휘된다고 합니다."

이처럼 하는 간단한 소개는 세 가지 효과를 가져오는데, 존에 대해서 매우 흥미로운 점을 알려주고, 그가 디테일에 주의를 기울인다는 것을 강조하며, 그리고 고객이 관심을 보일 수 있는 대화 소재를 펼쳐놓은 셈이다.

"정말이에요? 먼저 번에는 누군가가 천 피트 높이에 암벽에 매달려서 비박bivouac을 치는 사람들을 찍은 사진들을 나에게 보내주었어요. 그런 일이 과연 가능할까 하는 생각이 들어요. 내가 현재 하는 활동 중에 가장 위험한 일은 우리 애가 소속된 축구팀을 코치하는 일이랍니다. 사춘기 소녀들과 걔들의 부모들 사이에 있게 되면, 절벽에 매달리는 편이 나을지도 몰라요."

"무슨 말인지 알 것 같습니다. 나도 우리 아이가 속한 팀 코치랍니다. 양친 중에 극성맞은 열성부모들이 있어요. 어떻게 대해야 할지 팁을 좀 주시면 좋겠어요."

매트의 소개가 연관된 질문, 등반에 대한 이야기, 또는 규율에 관한 견해 등에 대해서 문을 연 셈이다. 이렇게 알게 되면, 나중에 존과 그 고객은 서로 따로 연락할 일을 공유하게 된 셈이다. 가끔은 사업상 일로 특별히 얘기할 이유가 없더라도 말이다. 그렇지만 두 사람이 모두 자녀들의 축구 팀 코치를 하고 있다면, 첫 경기를 치른 후에 서로 다음과 같이 이-메일을 보낼 수 있을 것이다.

수신: 고객

발신: 존

제목: 시즌 첫 경기

어제 첫 경기를 했음. 거의 비긴 경기에서 4-3으로 패함. 우리 딸 몰리Molly가 6분을 남기고 동점 골을 기록함.

그쪽은 아직 시작하지 않았는지?

행운을 빌어요.

존.

추신: 지난 달에 논의한 증설사업 건에 대해서 6월에 매트와 함께 연락을 하지요.

상담에 들어간다

한담은 길게 할 필요가 없다. 공통 영역을 찾는데 2~3분 정도만 투자를 하면 큰 차이를 가져올 수 있다. 하지만 이 한담을 길게 끌 생각은 하지 마라. 한담을 더 계속하는 것이 적절한가를 고객의 반응을 보고 판단하도록 한다. 시계를 힐끗 본다든지, 가벼운 질문에 무뚝뚝한 답변을 하거나, 자세를 갑자기 바꾸는 등—이런 행동들은 모두 고객이 바로 본론에 들어갈 준비가 되었다는 의미일 수 있다. 결론적으로, 당신이 그곳에 간 본론이 중요하다. 한담을 다시 할 기회들은 또 있을 것이고, 지금은 본론에 들어갈 시간이다.

지난 수년 동안, 매트는 전혀 빈틈없이 상담을 본론으로 바로 이어지게 하는 방법을 익혔는데, 다음과 같은 경우다.

"어떻게 이 더위를 이겨내셨나요?", 매트가 질문을 시작한다.

"운이 좋았어요. 더위를 피한 셈입니다. 메인Maine주에서 일주일을 지낸 후에 막 돌아왔거든요. 그곳 날씨도 더웠지만, 바다 위에서 지낸 까닭에 더위를 수월하게 이겨낸 셈이지요."

"날씨가 사업에 전혀 지장을 주지 않았나요?"

"가장 큰 문제는 우리 서버 장치들이랍니다. 서버의 온도를 낮게 유지하는 데 언제나 돈이 많이 들지요. 특히 이번 더위에는 너무 심하더군요—매일 전략 소비가 평소의 2배에 이릅니다."

"저는 전력소비량에 대해서는 잘 알지 못합니다만, 그래도 무엇이든 2배는 너무 많아 보입니다. 당신은 기술자 출신인가요?"

"대학에서 전기공학을 했고 수년 동안 기술자로 일했습니다."

"어떻게 관리직으로 오게 되었어요?"

"내가 엔지니어링을 좋아하는 이유는 문제를 해결한다는 점이었어요. 그러나 내 수준에서는 진실로 혁신적인 해결책을 발견한다기보다는 소프트웨어에서 발생하는 문제를 일시적으로 정정하는 일뿐이었지요. 그래서 융통성이 더 많은 연구개발 부서로 옮겼는데, 거기에서도 2~3년 후에는 역시 같은 문제들에 봉착한다고 느꼈습니다. 그러다 나중에 혁신 목표를 결정하는 것은 세일즈 담당자들이라는 것을 알게 되었지요. 내 생각에 그곳이 내가 있을 곳이라는 생각을 하게 되었는데, 그래서 관리직 MBA 코스를 밟았고, 중요한 프로젝트 몇 가지를 맡았는데, 눈에 뜨인 셈이죠. 그래서 이 자리에 있게 되었답니다…. 그런데 서버를 냉각하는 킬로와트시아워Kwh가 얼마나 되냐구요? 우리 회사의 서버 중 한 대를 평소에 1일간 냉각하는데 사용하는 전력량으로 가정집에서 일 년 동안 냉난방을 가동할 수 있지요. 상당히 많은 양입니다. 우리는 지금 여러 메가와트Megawatts를 말하는 겁니다."

"에어컨을 틀 때마다 이곳의 서버를 기억하겠군요. 그러면 당신은 선임 임원으로서 자주 당신이 기술 분야에서 쌓은 경험에 의존하나요? 동료들이 미처 보지 못하는 문제점들에 대해서도 관심을 갖나요?"

매트는 화제를 고객이 당면한 도전적 문제를 찾는 쪽으로 돌렸다. 그는 날씨에 관한 소소한 얘기에서 상담의 제1막으로 자연스럽게 주제를 옮긴 것이다. 그는 또한 고객의 사고 스타일에 대한 단서들을 발굴해냈다. 기술자로서 배경을 가진 고객은 프로세스에는 뚜렷하게 익숙한 편이지만, 얘기를 해 보니 문제 해결이나 혁신에 관심이 더욱 많았다. 매트 짐작으로는 고객은 '아이디어' 및 '결과' 두 가지 모두에 관심이 있는 스타일이었다.

다른 기법들처럼, 한담을 처음 할 때에는 어색하고 심지어는 기계적이라는 느낌을 받는다. 기억해야 하는 점은, 확실한 비결은 당신이 지닌 진정한 호기심이라는 것이다. 당신이 말하는 질문들과 자신에 대한 얘기들이 진정한 마음에서 나온 것이라면, 다른 사람들 마음에도 느껴지게 된다. 만일 당신 질문들이 단지 과장되게 떠벌리는 것이라면, 다른 사람들도 그 점을 느끼게 될 것이다. 당신의 저변에 깔린 태도는 언제나 당신이 하는 말만큼이나 아니면 그보다 더 많은 의미를 전달할 것이다.

소소한 얘기를 하는 것이 그저 핑퐁 게임이 아니라는 점도 기억하도록 하라—오는 공을 받아 넘기지 않아도 점수를 잃지 않는다. 특정 주제에 관심도 없으면서 계속 질문을 하게 되면, 마치 반대 심문하는 사람처럼 보일 것이고, 고객은 당신이 건성으로 말한다는 것을 알아챌 수도 있을 것이다. 그러므로 관심이 없는 주제를 거짓으로 끌고 가는 대신에, 다른 실마리를 찾아야 한다. 당신 애들, 고객의 자녀들, 사무실 분위기, 그리고 교통사정과 날씨도 있다. 어떤 실마리로도 대화를 시작할 수 있다.

물론 가끔은 정말 흥미롭고 진실한 실마리로도 연결이 되지 않기도 한다. 당신의 접근시도에 상대방이 반응을 하지 않는다고 낙담하지 말라. 만나는 상대방이 거의 '결과지향형' 스타일이거나, 또는 주된 스타일이 '상황지향형'일 수도 있다. 이들 두 스타일은 모두 빠른 시간 안에 본론에 들어가길 원할 것이다.

그러나 소소한 애기를 하게 되면 매일 매일 수만 번에 걸쳐서 일어나는 일처럼 세일즈 상담에서도 효과가 일어난다. 전혀 없는 일이 아니고 생각보다 자주 일어난다. 즉, 한담은 당신이 좀 더 심각한 주제로 들어가는 데 도움이 되는데, 이는 당신이 고객에게 덜 낯선 사람으로 느껴지기 때문이다.

한담을 하면 효과가 있다. 사회 일상환경에서 특히 그렇다. 비행기 또는 기차 안에서도 그렇다. 쇼핑몰이나 대기실에서도 마찬가지다. 그 역학관계는 단순하다 ― 서로 얘기를 나누자는 초청장이다. 그리고 그것이 주는 효과는 아주 클 수 있다 ― 낯선 이를 잠재 고객으로 그리고 잠재고객을 장래의 친구로도 변환시킨다.

Chapter 15 대화, 제1막 ··· 신뢰감을 쌓는다

> 세일즈맨이 구비해야 할 가장 중요한 자산은 신용과 호기심이다. 한 가지라도 없으면, 세일즈가 되지 않는다
>
> - 매트

영화와 소설에서처럼, 세일즈 대화의 1막은 당신과 고객을 이야기로 등장시키는데 전개될 사건을 위해서 무대로 차려진 셈이다.

제1막은 신뢰의 문턱을 넘는 일, 즉 고객의 진정한 니즈에 대한 질문을 할 수 있도록 편안한 분위기를 조성하는 것이다. 당신이 아무리 철저하게 질문들을 준비했더라도 고객이 당신을 신뢰하지 않는다면 당신은 전혀 진행을 할 수 없을 것이다. 신뢰가 없으면 솔직한 얘기를 하지 않는다. 솔직함이 없으면 진정한 얘기가 나오지 않는다.

고객들은 상담에 응하면서 나름의 목적들을 가지고 있다. 목적 가운데 한 가지는 세일즈맨을 가부간 빨리 처리하는 것도 있다. 바쁜 간부들에게는 당신이 다시 만날 가치가 없는 사람이라는 점을 빨리 확인하는 것도 하나의 성과일 수 있다는 말이다.

따라서 상담을 시작하기도 전에, 당신은 상충되는 목적이라는 딜레마에 마주치게 된다. 당신은 고객과 관계를 맺으려 하는데, 고객은 시간을 낭비하는 일에서 벗어나길 원한다. 비록 고객이 관계를 맺고자 하는 당신의 생각에 전혀 관심을 보이지 않음에도 불구하고, 당신은 고객이 시간을 아끼려고 한다는 점을 기억해야 한다. 고객을 만족시키지 않으면 목표에 도달할 수 없는 법이다. 이는 신뢰를 쌓아야만 가능하다.

매트는 자신이 상담을 헤쳐나가는 법을 보여주려고 스티브에게 상담에 같이 동행할 것을 제안했다. 가는 동안에, 그는 스티브에게 자기가 기대하는 목표에 대해서 간단히 설명을 했다. “내 생각에 우리가 진Jean에게 제시할 것이라고는 한두 가지밖에 없어. 우리 회사는 그녀의 회사에게 부차적인 존재인데, 이유는 그들이 작년에 합병을 했기 때문이야. 진은 겨우 삼십 분밖에 시간이 없다네. 그러니 나는 빨리 본론에 들어갈 생각이야. 내 짐작으로는 그녀는 절대로 주요 고객이 되지는 않을 거야. 하지만 내가 틀릴 수도 있어. 이건 모두 내 추측일 따름이니까. 내가 제대로 파악하고 있는지 곧 알게 되겠지.”

“상담 약속은 어떻게 하게 되었나요?”

“내 사업 친구가 추천을 해주었어. 루이Louis는 절친한 친구인데 그가 진에게 멘토 역할을 해왔다는 거야. 그러니까 유력한 소개를 받은 셈이지. 당신을 나의 부하라고 소개를 할 셈이네.”

상담은 리셉션 홀에서 벗어나서 회의실에서 열렸다. 매트가 곧바로 본론으로 들어갔다. “진, 루이가 당신 회사와 제가 취급하는 담당업무가 연관이 된다는 얘기를 해주었어요. 그래서 제가 도움이 될 수도 있을 것 같습니다. 귀사가 다음 18개월 간에 펼칠 전반적인 전략목표들은 무엇인지, 이번 M&A가 그 전략에 어떻게 부합되는지, M&A의 성공을 무엇으로 판단하는지, 그리고 그러한 성공에 가장 큰 장애물 세 가지를 무엇이라고 생각하는지 등을 알고 싶습니다만….”

진이 미소를 지었다, “그건 거창한 질문이군요.”

“제 업무이니까요. 삼십 분 정도면 얘기를 다할 수 있을까요?”

“그렇게 생각합니다.”

“좋습니다. 주제를 나누어서 얘기하지요. 윈드워드Windward사의 전반적인 전략은 무엇인가요? 그리고 새로 합병한 사업으로 인해서 어떤 변화가 왔나요?”

삼십 분 후에, 엘리베이터를 기다리면서, 스티브가 말했다, “와, 삼십 분 만에 정말 많은 정보를 얻어냈군요.”

“이십오 분 걸렸네, 정확히. 마지막 오 분은 내가 가진 아이디어의 요점을 제시하는 데 썼지.”

“처음 시작에 대해서 얘기해 주세요. 당신은 별다른 얘기도 없이 바로 본론에 들어갔어요. 당신 말로는 저런 질문을 하려면 뜸을 들이는 게 중요하다고 했잖아요. 정말 깊은 데까지 파고들었잖아요. 마치 의학의 역사를 강의하는 의사처럼 들렸어요.”

매트가 미소를 지었다. “관찰력이 좋군. 그런데 자네라면 왜 낯선 사람에게는 하지 않을 얘기를 의사에게는 말할 것 같나?”

“그거야 내가 그의 동기와 전문지식을 신뢰하기 때문이지요. 의사는 나를 도우려고 와 있고 치료방법을 알 것이니까요. 맞아요. 이제 알겠어요—신뢰와 전문지식. 그런데 무엇이 먼저인가요? 전문지식? 신뢰감?"

"글쎄, 어떤 이들에게는, 전문지식과 실력을 갖추어야 신뢰를 얻게 되지. 전문지식은 인식에 관한 거라네. 자네가 아는 것을 남들은 모를 수도 있거든. 또는 분석을 잘하는 능력이랄까. 또는 제품 지식. 자네가 더 많이 알수록, 상대는 자네의 질문에 대답하는 것을 덜 부담스러워 한다네. 어떤 사람들은 진실성에 비중을 더 두지. 사람들은 자네가 말하는 바를 준수할 것이라고, 자네가 그들의 이익을 존중할 것이라고, 그리고 자네가 그들을 대신해서 애를 써줄 전문가라고 믿고 싶어해. 그들이 자네를 그럴 것으로 신뢰를 하면, 자네의 질문에 편하게 답변을 하는 거야. 마치 의사를 만나 진찰받는 것과 같아. 사람들은 의사가 자기 분야에 정통할 것이라는 점과 또 의사가 자기를 보살펴 주려고 와 있다고 믿으려 하지. 두 가지 다 중요한 점이야."

"그렇지만 선배는 그 두 가지에 대해서 별도로 한 것이 아무것도 없잖아요. 바로 질문을 하기 시작했어요."

"내가 주제넘게 바로 질문을 했지."

"저는 그렇게 하지 못할 거예요."

"나이가 좀 들었다는 게 도움이 된다네. 그런데 그것 말고 내가 신뢰감을 주는 것으로 또 무엇이 있었나?"

"글쎄요, 그녀가 잘 아는 사람들 가운데 누군가가 당신에 대해서 강력한 추천을 했지요. 그래도 당신은 정말 빨리 본론으로 들어갔어요."

"시간이 삼십 분밖에 없었다네. 그건 많은 시간이 아니야. 게다가 그녀의 사무실에 있는 것도 아니었네. 그녀를 인간적으로 이해하는 데는 전혀 단서가 없었고. 그래서 나는 신뢰관계를 가정하고 바로 질문으로 들어간 거야."

"위험한 거 아니에요?"

"계산된 위험이라고 말하지. 생각해 봐, 우리가 알기로 이번 일은 진에게 부수적인 업무였지 않은가, 그렇지? 그래서 내 생각에 그녀가 누군가 이 작은 업무를 대신해 줄 사람이 있으면 좋아할 것이라고 짐작을 했어. 내가 기대한 것은, 만일 내가 적절한 질문을 함으로써 내 전문성을 보여준다면, 그녀가 우리를 해결책으로 여길 수도 있다는 거였네. 그녀는 내 질문에 대해서 죄다 대답을 해주었지. 그녀는 무슨 일을 해야 하는지 알고는 있는데, 자기 자신이 할 수는 없는 처지인 거야. '내 일에 뛰어들어서 도와달라'는 소리를 하는 것처럼 보였거든."

매트는 신뢰감이 이미 있다고 가정했을 뿐만 아니라, 한담을 전혀 나누지도 않고 바로 상담을 시작했다. 왜 그랬을까? 그 무미건조한 회의실에는 화제를 삼을 만한 아무것도 없었고, 시간은 제한되어 있었다. 만일 진이 한담을 나누려 했다면, 그녀가 루이에게 미리 언질을 주었을 것이다. 매트가 말한 것처럼, 상담을 진행하는데 있어서 '정도(正道)'가 한 가지만 있는 것은 아니다. 이번 경우, 매트는 본능과 상담 목적을 감안해서 익숙한 경험에 따라 판단하고 바로 상담을 진행한 셈이다.

신뢰를 정의한다면, 고객이 당신의 질문에 대해 편안하게 느끼면서 답변을 할 정도의 믿음, 정당성 및 가치를 인정받는 것이다. 일단 고객의 답변을 기대할 수 있다고 판단되면, 소소한 얘기를 멈추고 바로 질문을 시작한다.

신뢰감을 쌓는 방법들

다음에는 신뢰감을 얻는 방법으로 여덟 가지를 소개할 것이다. 그 방법들의 효과는 상담의 형식, 상담에 참석한 사람들의 사회적 위상, 상담에 임하는 관심의 배경, 그리고 세일즈맨의 경험수준에 따라서 매번 상대적으로 다르다. 이들 방법의 장점과 단점을 살펴보고, 방법 하나 하나에 대해서 개괄적인 평가를 해보기로 한다.

먼저, 핵심 변수들에 대해서 좀 더 자세히 들여다보자.

상담의 형식

서양에서는, 일반적으로 상담에서 비공식적이고 친근한 분위기를 갖는 것이 바람직하다. 하지만 불가피하게 공식적인 의전에 따라 진행해야 하는 상담들이 있기 마련이다. 다음 사항들은 형식적 방향으로 상담 분위기를 만드는 요인들이다.

- 회의실에서 상담하는 경우
- 각기 2명 이상이 참석하는 경우

- 어느 쪽이든 상사가 동석하는 경우
- 정장을 입고 상담하는 경우
- 참석자들이 서로 잘 모르는 경우

통상적으로는, 위에 기술한 상담도 소소한 얘기로 시작하기 마련이다. 그러나 언제라도 좀 더 형식적인 분위기로 변하는 것에 대해서 준비가 되어 있어야 한다.

사회적 위상

사람들 간의 모든 상호작용에는 사회적 위상이라는 역학관계 측면이 있다. 성격, 전문지식, 위계질서, 나이, 문화, 추구하는 목표들, 의전, 만나는 시간과 장소—이런 요인들 외에 더 많은 요인들이 상담에 참석하는 사람들의 상대적 위상의 수준을 결정한다. 당신이 고객회사의 대표이사를 만난다면, 당신은 아마 즉각적으로 낮은 자세를 택할 것이다. 만일 당신이 얼굴에 주름이 깊이 파인 사계의 원로라면, 사람들은 당신에게 높은 자리에 앉도록 할 것이다. 만일 당신이 누군가에게 만남을 요청하는 경우라면, 당신은 아마도 낮은 위상을 취할 것이다 등등.

지위의 역학관계가 반드시 당신의 상대적 가치를 나타내는 것은 아니다. 그것은 단지 특정 상황에서 당신이 차지하는 역할일 뿐이다. 위상도 반드시 고정된 것이 아니다. 상담에서 무슨 일이 발생하느냐에 따라서, 높고 낮은 위치가 서로 뒤바뀌는 것은 자주 보는 일이다.

사고하는 스타일과 에너지에 대한 선호

제13장에서 우리는 상황, 결과, 아이디어, 과정, 행동, 그리고 사람 등, 개인들이 지향하는 여러 스타일을 논의한 바 있다. 다른 스타일을 지닌 사람들이 세상을 어떻게 보는가에 따라서 신뢰감을 준다. 예를 들어서, '결과지향형' 개인들은 대개 확인된 평판을 지닌 사람을 신뢰하고, '상황지향형' 개인들은 모든 기초작업이 다져진 것을 확인한 다음에야 신뢰를 하며, 그리고 '사람지향성' 개인들은 누구를 신뢰하기 전에 인간적인 연결점을 찾으려고 한다.

프로 또는 신참 세일즈맨

신뢰를 얻는 방법 중에 유력한 소개를 받는 것은 오랜 경험을 가진 세일즈맨들에게서 더 많이 볼 수 있다. 그리고 해당산업에 대해서 평론을 발표하는 방법 등은 경험이 적은 이들에게 적극 추천할 만한 것이라고 하겠다.

이러한 핵심변수들—형식의 정도, 상대적인 사회적 위상, 고객의 사고 스타일, 그리고 세일즈맨의 경험 정도—이 신뢰감을 쌓는데 쓰이는 여덟 가지 접근방법에서 어떻게 전개되는지 보도록 하자.

처음 세 가지 전략은 상호공유하는 네트워크의 소속감에 의존해서 신뢰감을 쌓는 방법이다.

신뢰감 쌓기 #1: 유력인사의 소개

이 방법을 맨 먼저 말하는 이유가 있다. 기왕의 거래선이나 업계에서 신용이 높은 이에게서 소개를 받게 되면 일석이조의 효과가 있다—사람들은 상담요청에 대개는 수락을 하며 거의 즉각적으로 신뢰감을 보인다.

상담 초반에, 대상 고객은 흔히 당신을 소개해준 분이 당신으로 하여금 신뢰의 문턱을 넘게 했다는 점을 암시해 준다. "라헬Rachel은 제가 멘토로 모시는 분인데요, 업계에서 선견지명으로 알려진 분입니다. 그녀는 정말 현명하지요. 그분이 당신을 얘기할 만하다고 추천하였다면, 내 생각에 당신은 대단한 분입니다. 들러주어서 고맙습니다."

이것이 바로 우리가 매트와 진의 경우에서 본 시나리오다. 진은 기꺼이 매트를 만났으며 매트의 질문들에 대답을 하였는데, 이것이 모두 그녀의 멘토가 소개한 덕분이었다.

장점: 환영하는 고객. 시간이 절약됨. 바로 본론에 들어갈 수 있음.

단점: 당신 스스로 신뢰를 쌓지는 못했음. 소개에 의존함. 또한 기대감을 높이게 되어서 기대감을 유지하도록 애를 많이 써야 한다. 서투른 상담을 하게 되면 개인적으로 나쁜 결과를 초래한다(소개한 이에게도 나쁜 영향을 줌. 상담이 잘 안 된 경우, 소개한 이에게 꼭 알리도록 하는데, 결과는 나중에라도 알려지게 마련임). 상담의 결과와 관계없이, 소개를 해 준 이에게 감사인사를 해야 한다.

경험담: 소개를 받게 되면 영업프로세스의 앞부분 전체—고객 추적,

네트워크 탐색, 고객과 사전 연결점을 모색하는 일, 상담요청을 해서 수락을 받는 일 등－가 생략될 수 있다. 기왕의 고객들이나 지인들이 가망고객에게 당신을 소개하는 경우, 이런 일들은 모두 이루어진 셈이다.

소개는 공유하는 사회적 네트워크의 역학관계에 따라서 좌우된다. 사람들은 대개 조직체의 회원들에게 자신에 대한 좋은 평판이 유지되길 원한다. 그러므로 누구를 누구에게 소개를 할 때 신중해진다－그리고 이러한 특권을 사용하는 횟수도 아주 자주 쓰지는 않는다. 소개를 한다는 것은, “내가 이 사람을 보증한다”는 뜻이기 때문이다.

신뢰감 쌓기 #2: 개인적 연결점

소소한 얘기를 나누면서, 당신은 개인적인 연결점을 알게 된다. 당신과 고객이 모두 작년 여름 휴가에서 이태리의 같은 마을에 갔는데, 일주일 간격으로 엇갈렸다는 점, 고객의 매제가 당신의 6촌이라는 사실, 두 사람이 모두 합기도를 연마하는 중이고 같은 도장에 등록되었다면 소소한 얘기를 통해서 서로가 무엇인가를 공유한다는 것이 드러난 것이다.

개인적인 연결점을 생기고 나면, 사람들은 세일즈맨이 묻는 질문에 기꺼이 답변을 하려 한다. 사람들은 자신과 비슷한 사람과 거래를 하고 싶어하기 때문이다.

장점: 어떤 연결점이 당신을 신뢰하게 하는데 충분하다면, 대개 거기서 연결되는 점들이 이어 나온다－이런 기회들에서 고객과 사후접촉도 하게 되고 다시 만나게 된다. 이 방법은 또한 ‘사람지향형’ 개인에게 적합

한 방법이다.

단점: 같은 사회적 네트워크에 속한다고 해서 누구에게나 사업상 신뢰를 가져다 주지는 않는다. 예를 들어서, '결과지향형' 개인들은 효과에 대한 증거를 요구할 수도 있다. 고객의 사무실이 넓지만, 소박하고, 또 단정하게 정리되어 있으면, 그리고 고객이 "제가 카센 개발회사Kaatsen Development의 전무인 드라코 마르티네Draco Martinet입니다. 시간은 삼십 분 있습니다"라고 인사를 건넸다면, 아마도 위상의 높낮이를 따져보는 것이나 벽에 걸린 그림에 대해서 가볍게 묻는 것은 부질없는 일이다. 드라코 전무는 아마 간단명료한 상담밖에 원하지 않을 것이므로, "좋아요. 당신이 여기에 온 용건을 말해보세요"라고 얘기하면서 그 점을 암시할 수도 있다. 그러므로 드라코 전무같은 사람들에게는 우선 높은 위상을 허용하되, 소소한 얘기를 나눈 경우라도 당신이 신뢰의 문턱을 아직 넘지 않았음을 명심해야 한다.

경험담: 사회적 연결점을 찾으려 하는 경우에는, 당신은 고객에게 동등한 위상을 암시하게 된다. 그러나 사교성도 한계가 있게 마련이다. 노련한 세일즈맨이라면 대표이사가 기다리는 동안 자신이 비버 크릭Beaver Creek으로 일주일간 스키여행을 한 데 대해서 길게 얘기하지 않을 것이다. 일단 상담이 시작되면, 당신은 낮은 위치로 자세를 잡아야 한다. 상담을 하기 전에 대표이사가 보여준 친밀함이 사업에 있어서도 계속되리라고 기대하면 안 된다.

또한 신뢰를 확보하는 일이 상담에서 첫 단계에 지나지 않음을 기억하도록 한다. 당신의 진짜 목표는 고객의 니즈를 파악하는 것이다. 그러므로 개인적인 연결점들이라는 편안한 분위기라는 유혹에 빠지면 안 된다. 일단 질문에 필요한 신뢰를 확보하게 되면, 상담의 제2막, 질문과 청취 단계로 옮겨가야 한다. 특히 초보 세일즈맨인 경우에는, 위상에 너무 압도되지 않으면서 프로세스에 입각한 역할에 충실하게 그리고 바로 본론에 들어가는 방법으로 접근하여야 성공할 확률이 더 높아질 것이다.

신뢰감 쌓기 #3: 사업상 연결점

단순히 업계에서 사람을 안다는 것(또는 단지 이름을 들어보았다는 것)이 신뢰를 높이는 경우도 흔하다. "당신이 펠로타Pelota에서 근무를 한 적이 있었군요. 마이크 보쉬Mike Bosh를 잘 아세요?"

"그럼요. 마이크는 내가 같이 근무한 사람 중에 가장 긍정적이고 심지가 굳은 친구랍니다. 나는 그에게서 많이 배웠는데, 비록 우리는 스타일은 서로 다른 데도 가까웠습니다. 당신은 어떻게 마이크를 아나요?"

서로 더 많은 사업상 연결점을 공유할수록 — 또는 고객이 만나고 싶어하는 사람들을 많이 알수록, 당신의 신뢰도를 더 높일 수 있다. 공동사회 멤버십은 힘이 있다. 각자의 평판이란 중간 경계근방에 있다. 쌍방은 처신을 잘해야 한다는 부담을 가지기 때문에 공통된 네트워크 안에서 인간관계에서 신뢰를 쌓아야 한다. 그것이 남녀를 막론하고 바람직한 네트워크를 유지하는 데 필요한 철칙이다.

장점: 사업상 연결점에 있어서 사전 준비는 거의 필요가 없다. 그렇지

만 준비를 더 하게 되면, 더 많은 사연을 알게 되며 더 많은 사람들 얘기를 듣게 되는데, 그럴수록 상담은 더 쉬워진다. 그리고 그것 나름으로 흥미가 있는 주제다. 서로 누구에게 무슨 관계인지를 알려주는 계통도는 대화에서 중요한 화제의 원천이 되며, 궁극적으로는 신뢰의 원천이 될 수 있다.

단점: 누굴 안다고 주변에 말할 때, 당신은 분별력을 가져야 한다. 고위 인사들을 잘 안다고 말하는 것은 고답적으로 보이게 될 수 있다.

경험담: 자신이—누구를—안다는 것은 베테랑이 하는 수법이다. 업계에 어느 정도 인맥을 가지려면 한동안 그 분야에서 활동을 해야만 가능한 법이다.

다음 두 전략은 신뢰를 쌓기 위해서 프로정신과 의전감각에 의존하는 방법이다.

신뢰감 쌓기 #4: 스크립트 준비

스크립트를 사용하는 방법은 신뢰를 쌓는데 도움이 된다. 연설에 능숙한 사람들은 청중 앞에서의 맨 처음 몇 초가 얼마나 중요한지 잘 안다. 그들은 청중을 제대로 사로잡기 위해서 계획하고, 다듬고, 연습을 한다. 그들은 연단에 올라서고, 사회자와 악수를 하고 나서, 연설 단상에서 잠깐 말을 멈추고, 모임에 치하를 한 다음, 침착하고 확실한 목소리로 말하기 시작한다. 청중은 프로가 앞에 나선 사실을 확인하고는 긴장을 푼다.

당신이 준비하는 스크립트는 위와 같은 정도로 형식적이지는 않겠지만, 당신이 누구인지, 당신 회사는 어떤 회사인지, 왜 이 자리에 왔는지를 적절하게 요약해서 고객에게 전달할 수 있어야 한다. 스크립트는 당신의 차별점을 확실하게 보여주어야 한다. 당신이 어떠한 가치를 무슨 이유로 제안하는지를 표현해야 한다. 그리고 생산적인 대화에 필요한 분위기를 이끌어내야 하는데, 그것은 고객은 자신이 무언가 제대로 아는 사람과 만나고 있다는 점에 확신을 가지기 때문이다.

심리학자 프레데릭 헤르츠버그Frederick Herzberg는 사람들로 하여금 특별히 긍정적인 감정을 주지 않으나 만약에 그것이 없다면 부정적인 감정을 유발하는 일련의 특성들을 묘사하면서 '위생 요인'hygiene factor이라는 용어를 고안했었다.* [*F. Herzberg, "One More Time: How Do You Motivate Employee?" Harvard Business Review 46, no.1 (January–February 1968): 53-62.] 사람들은 호텔 방의 침대보가 깨끗하다고 해서 기뻐서 깡충 뛰지는 않으나, 만약에 깨끗하지 않으면 아마도 방을 바꾸거나 호텔을 옮기려 할 것이다. 유사한 예로, 훌륭한 스크립트는 '위생 요인'이라고 할 수 있다. 잘 고안되고 잘 쓰여진 스크립트는 신뢰감을 완결하지는 못하겠지만, 고객으로 하여금 당신과 시간을 보내는 데 대해서 확신을 느끼게 할 것이다. 반면에, 요점을 말하지 못하고 우물우물하게 되면 당신이 무능하다는 인상을 줄 수 있다.

장점: 고객에 따라서 약간 변용하는 것 빼고는, 스크립트를 만드느라 별도의 일을 할 필요가 없다. 스크립트는 당신이 통상 구비하는 물품세트 중 필수품이 되어야 한다. 스크립트를 준비하는 일은 신참 세일즈맨에게

아주 유익한 방법이기도 하다. 스크립트 맨 뒤에 포함되는 질문은 상담의 열기를 재는 데 유용한 것이다. 즉, '고객이 당신의 질문에 대답할 준비가 얼마나 되어 있는가'를 알게 한다.

단점: 스크립트는 신뢰를 얻는데 부분적인 효과만 가져올 수 있다. 고객의 눈에 당신이 준비된 대본을 외우고 있는 것처럼 보이면, 고객은 당신이 실제 상황에서 얼마나 준비가 되어있는지를 보기 원할 수도 있다. 반면에, 너무 매끄럽게 말을 하게 되면(사실 연습을 하면 할수록, 더 매끄럽게 되는 법이다), 당신이 겉이 포장된 가짜처럼 보일지도 모른다. 거기에는 미묘한 차이가 있다.

경험담: 말을 멈출 줄 알아야 한다. 스크립트는 길어야 일 분을 넘지 않아야 하며—가능하면, 더 짧아야 한다. 요점을 말한 다음에, 질문을 하도록 한다. 그런 다음 멈춘다. 계속해서 얘기를 하게 되면, 하고자 하는 목적을 망치게 된다. 그 점이 바로 이 책 앞 부분에서 스티브가 이안과 상담을 하면서 실수한 점이다. 스크립트는 상담을 시작하는데 도움이 되지만, 우리가 이를 세일즈 대화라고 부르는 이유가 있다. 당신이 원하는 것은 신뢰를 쌓겠다는 것이지, 오스카Oscar 연기상이 아니다.

스크립트는 약간 높은 위치에서 말한다는 느낌을 줄 수 있는데, 당신이 가르치는 역할이 되기 때문이다. 그게 바로 계속해서 얘기를 하려는 유혹이 될 수 있는 이유 중 한 가지다. 그러나 당신이 더 길게 얘기를 할수록, 듣는 시간은 더 적어질 것이다. 그러므로 당신이 스크립트를 한 차례 말하고 나면, 역할(지위)을 바꾸도록 한다. 고객으로 하여금 가르치는 역할이 되도록 한다.

신뢰감 쌓기 #5: 상담 과정을 프로처럼 능숙하게 진행한다

서로 얼굴을 마주 보면서 상담을 시작되면, 참석자 모두가 소개되도록 하고, 각자의 역할이 명확히 언급되게끔 한다. 잠깐씩 사람들의 눈을 마주치고 참석자의 이름을 말한다. 이름을 잊을 것 같으면, 첫 두 글자를 가능한 빨리 적어놓는다. 이런 일이 너무나 당연한 일로서 언급할 필요도 없다고 생각한다면, 제대로 소개가 되지 않은 경우에 그 결과가 어떠했는지를 잘못된 상담기억을 되새겨 보도록 하라.

가령 고객들이 소개를 하지 않고 지나가려는 경우, 소개를 제대로 하게 되면 당신의 권위를 보여주는 점잖은 방법이며 프로세스를 제대로 숙지하고 있다는 점을 증명하는 방법이다.

상담과정을 관장하는 또 다른 방법은 당신이 상담에서 목적하는 바와 당신이 어떻게 상담을 진행하고자 하는가를 설명하는 것이다. 그렇게 한 다음, 동의를 구한다.

"시간이 얼마나 있나요? 제가 원하는 바는 다음과 같습니다. 귀하가 하는 일이 무엇이며 어떻게 하고 있는지, 그리고 당신이 어떤 장애물들을 극복할 필요가 있는지를 좀 더 자세히 알고 싶습니다. 저는 질문을 많이 할 생각입니다. 필요하다면 저와 저희 조직에 대한 정보를 전달하겠습니다. 그리고 물론, 질문이 있거나 더 자세한 내용을 알고자 하시면, 언제나 저에게 요청하십시오. 상담 말미에 제가 알게 된 연결점들, 제가 가진 생각들, 그리고 저희가 도움이 될 수 있는 방법이라고 생각하는 바를 공유하겠습니다. 그러면, 상호 간에 향후 논리적 단계가 무엇인지 결

정할 수 있게 됩니다. 그렇게 하면 되겠습니까?"

당신은 상담계획을 가지고 있다. 진행과정도 파악하고 있다. 고급 레스토랑에서 일하는 소믈리에sommelier처럼, 당신은 전문가로서 고객에게 최상의 서비스를 하고 있는 셈이다. 당신은 바로 그러한 서비스를 제공하는 위치에서부터 상호관계를 리드한다.

상담 과정을 진행하는 다른 방법으로 프레젠테이션을 하는 방법이 있다. 스크립트보다 훨씬 형식을 갖추고 진행하는 방식으로, 프레젠테이션은, 특히 리서치를 수반하여 준비한 것이라면, 당신의 노력과 성의를 보여준다. 준비한 작업, 쏟아부은 시간, 그 결과 얻은 통찰 등—이 모든 것이 당신이 유용한 바를 제시하려고 전념하였다는 사실을 증명한다. 열심히 준비한 정성은 신뢰감을 일으키는 데 중요한 역할을 하는 법이다.

언젠가 우리는 소시에떼 제네랄Société Générale 은행에서 근무하는 투자 전문 은행가들 몇 사람과 일을 하고 있었다. 그들에게 세일즈 상담이란 거의 언제나 고객을 상대로 하는 제안발표pitch 형식을 뜻하는 것이었는데, 대개는 사전에 준비된 프레젠테이션이 포함되곤 했다. 한 은행가가 우리에게 얘기하길, "일전의 어느 상담에서는, 슬라이드를 첫 10장도 채 넘기지 못했어요. 고객들이 질문들을 하기 시작했지요. 우리도 그들의 질문에 대해서 관련된 질문을 하였답니다. 우리는 원래 세일즈 상담을 하러 갔는데, 대신 양자 간에 대화가 갑자기 시작되었어요. 내가 여태껏 가진 상담 중에 가장 유익한 상담이 되었답니다."라고 했다.

여기에는 아주 강력한 가르침이 있다. 프레젠테이션을 하는 일차 목적은 내용을 전달하는 게 아니다. 그보다는, 질문을 유발하는 것이다 — 여러분의 질문이든 상대방의 것이든 간에 상관없다. 바라건대, 고객이 당신이 발표하는 것에 대해서 질문을 하기 시작할 것이다. 만일 고객이 질문을 하지 않으면, 당신이 말하거나 보여주는 데 대한 반응들을 주시하도록 한다. 당신이 보는 반응들에 대해서 묻는다. 스크립트처럼, 모든 프레젠테이션에는 질문거리들이 내재되어 있는데, 당신이 표현하는 감탄사 형식이거나, 아니면 질문이 적힌 슬라이드일 수도 있다.* [*여기에 언급된 생산적 판매에 관한 통찰은 캐시 패리스Cathy Pharis 덕분이다.]

장점: 당신이 상담을 진행하는 데 대해서 또는 프레젠테이션을 하는 것에 대해서 고객의 허락이 있었느냐에 관계없이, 당신이 이제 미팅을 리드하게 된다. 미리 맞추어 준비한 프레젠테이션을 이용함으로써, 당신은 말하려고 하는 바를 미리 다듬어서 표현하고, 핵심 요점을 효율적으로 제시할 수 있으며, 또 상담에서 신뢰를 구축하는 타이밍을 앞당길 수 있게 된다.

단점: 좋은 프레젠테이션에서 신뢰가 쌓이는 만큼, 역으로 준비가 부족한 프레젠테이션은 신뢰를 훼손할 수 있다. 그러므로 준비한 프레젠테이션이 구성이 잘 되었는지, 연습은 철저한지, 명확하게 전달되는지, 설득력이 있으며 간결한지를 사전에 철저히 점검해야 한다. 프레젠테이션도 스크립트와 마찬가지로 잠재적 위험을 지니고 있다. 혼자서 말을 하는 식으로, 특히 길게, 발표를 하게 되면 참담한 실패를 초래한다. 아무도 당신 회사의 존엄한 창립자에 대해서 15분씩이나 듣기를 원하지 않는다. 잘 다

들어진 프레젠테이션이라고 하더라도, 고객이 '결과지향형' 또는 '행동지향형'이라면 애써 듣느라고 인내심을 시험하는 셈이다. 두 유형 모두 당신이 그들의 시간을 낭비하고 있다고 생각하면 바로 부정적인 반응을 보일 것이다.

이러한 위험 때문에, 프레젠테이션에 질문 시간을 포함시키는 것이 중요하다—그 질문시간이 당신(그리고 고객)에게 안전판 역할을 하게 해준다. 제가 자세한 내용에 들어가기 전에 말씀드리고 싶은 점은, 제가 여러분이 내용에 익숙한지를 물어보는 것을 잊어버리기도 하고, 또 관심이 없는 분들에게 너무나 상세한 내용을 제공하는가 하면, 정작 필요한 분들에게는 충분하게 전달하지 않을 수도 있다는 것입니다. 여러분은 오늘 주제에 대해서 얼마나 잘 아시나요? 왜냐하면 여러분 기대에 맞추어서 제가 발표내용을 조정할 수 있기 때문입니다."

경험담: 고객들은 대개 당신이 원하는 방식으로 진행하도록 허락할 것이다. 그들은 당신이 성공하거나 실패하거나 간에 나름대로 해보도록 기꺼이 동의할 것이다. 과정을 진행하겠다고 청하는 것은 낮은 위치에서 접근하는 방식이다. 여전히 상담에서의 주인은 고객이다. 고객들은 단지 잠시 동안 상담 진행을 당신에게 양보했을 뿐이다. 고객이 당신에게 상담을 진행하도록 허락을 하는 경우에는, 언제나 두 가지 질문을 해야 한다. "시간은 얼마나 있는지요?" 와 "이 미팅에서 원하시는 결과는 무엇인가요?"

프레젠테이션은 초심자에게 좋은 접근방식이다. 그 방식은 초반부에 당신 개인에 대한 관심을 줄여주고, 스크린 내용에 초점을 두게끔 한다.

당신이 불안한 경우에 특히 도움이 되는 방식이다. 프레젠테이션은 또한 당신이 얘기할 전체 윤곽을 알려주는 효과가 있는데, 당신이 중요한 내용을 잊게 되는 위험을 어느 정도 방지해 준다. 프레젠테이션을 준비할 적에는, 중간에 *방해를 받는 경우에도 대비해야 한다.* 당신의 목표는 프레젠테이션 자체에 있는 게 아니라, 고객의 신뢰를 얻고, 고객을 참여시키고, 고객에게 유용한 방도를 찾는 데 있다는 점을 기억하라.

상담을 진행하는 것과 관련하여 당신의 요청이 '프로세스지향형' 고객의 흥미를 끌 수 있는데, 그들은 일이 진행되는 맥락을 알고 싶어한다. 또한 '상황지향형' 고객도 관심을 보일 수 있는데, 그들은 종합적인 설명을 듣기를 원한다. 그리고 '결과지향형' 고객에도 어필이 될 수 있는데, 그들은 결과로 나타나는 성과에 흥미가 있다(그러나 잘못된 방향으로 진행된다고 생각하게 되면, 그들은 재빨리 상담의 주도권을 가져갈 것이다).

만약 고객 자신이 상담을 이끌고자 원하면 어떻게 할 것인가? 고객들이 접근방식이나 상담의 범위를 주도하려는 경우에는, 그렇게 하도록 내버려둔다. 당신의 목표는 고객에게 필요한 가치를 제공하는 것인데, 그것은 대개 고객 자신이 당면한 니즈에 대한 답변들이다. 일단 당신이 그렇게 하면, 당신은 신뢰를 얻게 되기 마련이다. 그러면 다음과 같이 마무리하면서 다음 단계로 진행한다, "제가 당신에게 도움이 되었다니 기쁩니다. 당신의 질문을 들으니 저에게 두어 가지 의문점이 생겼습니다. 제가 두세 가지 새로 더 찾아보아도 괜찮으신가요?"

다음에 나오는 두 가지 전략은 신뢰를 구축하는 데 있어서 상담주제에 대한 당신의 전문지식과 당신의 평판에 의존하는 방법이다.

신뢰감 쌓기 #6: 설득력 있는 업계 의견

관련 업계를 둘러싼 시장의 추세에 관하여 냉철한 통찰과 새로운 관점을 제시하는 것은 신뢰를 쌓는데 있어서 강력한 방법이다. 이것은 누구나 하는 말을 그대로 되풀이하는 것이 아니다. 당신의 식견은 내용이 새롭고, 흥미가 있고 특이하며, 또한 뚜렷하게 자신 나름의 견해여야 한다. 이러한 식견을 함양하려면, 자기 나름의 시각을 갖게 될 때까지 사람들과 얘기하고, 많이 읽고 또 깊이 생각하여야 한다. 당신 자신의 식견을 정립하고 세련되게 하기 위해서는, 자력으로 리서치를 하면서 레이더를 높이 세우고, 동료들과 얘기를 나누며, 그리고 자신의 네트워크와 활발하게 교류를 해야 한다.

우리 친구인 알란 에델슨Allan Edelson은 대부금융업계에서 일하는 세일즈맨인데, 언젠가 나름의 식견을 갖게 되었고 고객들과 신뢰를 쌓는 데 이 식견을 두고두고 사용했다. 저금리 환경에서는, 고정금리 차입금이 차입기간 초반에 더 빠르게 상각(償却)된다. 알란은 그것을 고객에게 다음과 같이 명료하게 설명했다.

30년 장기차입의 경우, 28년부터 30년 사이에는 매월 지불하는 불입금 중 대부분이 원금의 상환에 충당되고 이자로는 극히 적은 부분이 충당된다. 매월 불입금액은 연리 3% 차입조건 경우가 8% 차입조건보다 작기 때문에, 3% 차입경우가 차입기간 만료 시점에는 더 적은 원금을 변제하

게 된다. 그러므로, 원래 의미로 보면, 차입기간 초에 더 많은 원금이 변제되는 셈이다. 그러므로 대출자는 저금리 환경에서는 "급속-상각hyper-armotization"을 통해서 혜택을 본다.

알란은 그에게 전문지식과 남다르게 사고하는 능력에서 통찰력 있는 식견을 얻을 수 있었다. 결과적으로 그가 평판과 신뢰를 쌓는데 큰 도움이 되었다.

장점: 업계에 정통한 식견은 차별화에 매우 효과적이다. 당신은 한 가지 식견을 여러 다른 고객들에게 사용할 수 있다.

단점: 스크립트에 의존하는 까닭에, 스크립트가 본시 지닌 약점을 피하기 어렵다. 당신의 역할을 교수처럼 가르치는 입장으로부터 질문을 던지고 듣는 입장으로 바꾸도록 해야 한다.

경험담: 이 방법은 높은 위치에서 접근하는 방식이다. 적어도 당분간은, 사계의 전문가적인 역할을 피할 수 없다. 이는 또한 초보자에게 어울리는 방식(초보자로서 업계 고참이라면 하지 않을 질문을 하는 셈)이 될 수도 있다. 여기에 필요한 것은 리서치, 건전한 상식, 그리고 노력이다. 일단 준비를 제대로 한다면, 당신의 분석은 상당히 오랜 기간에 걸쳐 유용하게 쓰일 수 있을 것이다.

관련업계에 대해서 자기 나름의 식견을 지닌다면, 업계의 이슈들에 대해서 핵심을 밝혀주는가 하면 업계의 주요한 흐름에 대해서 큰 그림을 보게 하므로, 대개는 '상황지향형', '아이디어지향형', 그리고 '결과지향형' 스타일과 잘 어울릴 것이다.

신뢰감 쌓기 #7: 평판의 힘

만일 당신의 이름과 업적이 업계에서 또는 특정 분야에서 잘 알려져 있다면, 그 평판 한 가지가 당신으로 하여금 제2막으로 신속히 옮기게끔 신뢰감을 줄 수 있다. 관록이 있는 프로 전문가로서, 당신은 높은 자리를 선택할 수도 있다.

장점: 따로 준비할 필요가 없으며(당신의 경력 자체가 준비해 온 과정이다), 당신은 원하는 질문을 할 수 있는 신뢰를 얻을 수 있다.

단점: 기대치가 높다. 고객이 다음과 같이 부정적 말을 할 이유를 찾을 수도 있다. "한물간 친구군. 옛 추억에 젖어 있는데."

경험담: 상담을 보장해 주는 평판이란 아무나 가질 수 있는 것은 아니다. 그러나 널리 인정된 평판이 지닌 가치는 확실하다. 어떤 세일즈맨들은 업계의 특정분야에 대해서 자신만의 전문지식을 배양한다. 그들은 그러한 특정 분야에 있어서 누구나 주목하는 평판을 얻은 다음, 보다 넓은 사회에서 그 평판을 이용해서 중요한 고객과 상담기회를 얻는다.

마지막 전략—단순하게 필요한 신뢰가 있다고 가정하는 방법—은 다른 방법 한두 가지와 연결해서 사용되는 편이다.

신뢰감 쌓기 #8: 신뢰가 있다고 전제한다

매트가 진에게 대한 것처럼, 신뢰가 있다고 전제하는 방법 중 하나는 바로 정면으로 대담하게 전략적인, 크고 기본적인, 질문을 하는 것인데, 예를 들자면, "어떻게 작년에 전략을 바꾸게 되었나요? 그리고 그로 말미암아 새로 발생한 가장 중요한 도전으로 세 가지를 말한다면 무엇이 있나요?" 같은 질문이다.

이런 경우에는 고객은 답변을 하지 않을 수 있는데, 이를 참고 기다려야 한다. 고객이 대답을 하기 전에 생각을 정리해야 할 필요도 있다. 자신이 아직 그에 대한 답변을 할 준비가 되지 않았다고 판단하면, 고객은 다음과 같이 자신의 입장을 말할 것이다, "내가 대답을 하기 전에, 당신과 당신네 회사에 대해서 더 알고 싶군요." 그러면 당신은 대개 미리 준비한 스크립트를 얘기할 것이다. 반면에, 고객이 당신의 갑작스런 질문에 대답을 하기 시작한다면, 바로 제2막—상담의 탐색 부분—속으로 본격적으로 들어간 셈이다.

장점: 이 방법은 시간을 절약하는데, 당신을 바로 제2장으로 건너뛸 수 있게끔 할 수 있다. 좌중을 놀라게 하기도 하는 방법이다. 당신이 자기를 대담한 사람으로 내세우려 한다면, 효과적인 방법이다.

단점: 당신은 예비계획이 필요하다. 만일 고객이 그렇게 깊게 서두르

길 원하지 않는다면, 당신은 자기회사에 관한 스크립트로 돌아갈 수 있다. 이론적으로는, 당신 회사의 전략을 소개하면서 당신이 이 자리에 온 까닭을 설명하게 될 것이다. 그것도 연결점으로 맺는 데 필요한 것들이다.

경험담: 거창한 질문을 하는 것은 우월한 위치를 확보하는 방식이다. 당신은 고객에게 당신이 고객의 사업계획에 대한 설명을 받아야 할 가치가 있는 사람이라고 선언을 한 셈이 된다. 그런 까닭에, 이 방법은 각별한 소개를 받거나 또는 업계 평판을 업고서 하는 방식 등과 연결되어야 가장 효과가 있다.

거창한 질문은 상담 분위기를 한담에서 탐색으로 갑자기 바꾸게 된다. 그렇게 질문을 함으로써, 당신이 형식상 주도권을 잡고서 이제 상담이 정식으로 시작된다고 선언하는 셈이다.

이런 방식으로 주도권을 갖는다는 것은 당신은 전문지식을 과시한다기보다는 전전지식을 선언한다는 말이다. 그렇게 거창한 질문을 한다는 것은, 고객의 답변에 대해서 어떤 조치를 할 수 있다고 주장하는 것이다. 상담을 이렇게 시작하려면 충분한 확신과 전문적 식견을 가져야 한다.

이런 접근 방식은 얘기들을 연결하기 좋아하는 '아이디어지향형' 고객들과 큰 그림을 그려보면서 생각하기를 즐기는 '결과지향형' 고객들에게 잘 통할 것이다.

당신에 대한 충분한 신뢰가 쌓을 때까지는, 고객은 당신이 제2막에서 던지는 질문들에 대해 답변하느라고 앉은 자리가 편치 않았을 것이다. 어떤 고객들은 당신에게 바로 신뢰감을 보일 수 있다. 또 다른 고객들은 설득이 더 필요할 수 있는데, 그러느라 2초 또는 2년이 걸리기도 한다. 매번 당신이 얻게 되는 신뢰감은 이 장에서 논의된 여러 가지 접근방식들이 작용한 결과인 것이다. 요지는 신뢰의 문턱을 넘는 시점을 잘 파악해서 다음 단계 상담으로 나아가는 것이다—그래야만 당신은 고객이 처한 현실을 탐색하고 이해하는데 주력할 수 있게 된다.

당신이 일단 신뢰의 문턱을 넘게 되면—하나의 전기(轉機)turning point인 셈인데—바로 다음 단계로 나아가야 하며, 그렇지 않으면 당신은 고객의 관심을 놓칠 위험에 봉착한다. 대화에서 실체적 내용을 기대하는 고객이라면 당신이 계속 변죽만 울리는 것을 참지 못할 것이다. 상호 알고 있는 지인들에 대해서 더 얘기를 나누는 것이 편하다고 느낄 수도 있지만, 본론으로 들어가지 않고서는 당신은 결코 고객이 무엇을 원하는지를 탐색할 수 없다.

Chapter 16 대화, 제2막 ••• 질문을 계속한다

> 질문을 한다는 것은 듣겠다고 마음먹는 것이다.
>
> - 버질 Virgil

지난 수년 동안, 우리는 일련의 세미나를 통해서 인간의 두뇌에 대해서 비공식적인 연구를 해오고 있다. 잠시 후, 우리가 두 개의 문장을 순차적으로 보여줄 것이다. 두 문장 중에 어느 것이 여러분으로 하여금 생각을 더 하게끔 하는지 판단해 보자.

먼저, 잠깐 동안 마음을 깨끗이 비우도록 한다. 숨을 두어 번 내쉰다. 아무것도 생각하지 않는다. 그런 후, 마음이 편안해지거든, 아래의 상자 안에 쓰인 문장을 읽는다.

준비가 되었는가? 숨을 들이쉰다. 이제 상자 안의 문장을 읽어보자.

싱가포르는 이곳으로부터 멀다.

위의 문장을 읽고, 당신의 마음이 무슨 작용을 하는지 관찰해 보자. 그리고 위 문장에 반응하면서 머리 안에서 무슨 일이 일어나고 있는지 자신에게 설명할 수 있는가를 본다.

그 다음에, 당신이 준비가 되었다면, 페이지를 넘겨서 두 번째 문장을 읽도록 한다.

싱가포르는 이곳으로부터 얼마나 먼가?

마찬가지로, 마음이 무슨 작용을 하는지 관찰한다. 위 문장에 반응하면서 머리 안에서 무슨 일이 일어나고 있는지 자신에게 설명할 수 있는가 본다.

무슨 일이 일어났는가? 어떤 문장이 당신의 뇌에서 더 많은 활동을 유발했는가, 긍정문인가 아니면 의문문인가?

우리가 지난 수년 동안 이렇게 간단히 실험을 해본 결과, 조사 대상자들의 약 75%는 의문문이 뇌의 활동에 더 많은 자극을 주었다고 말했다.

"싱가포르는 이곳으로부터 멀다"는 문장은 자신의 의견을 말한다, 아마 동의하는지 또는 동의하지 않은지를 청한다고 할까. "싱가포르는 이곳으로부터 얼마나 먼가?"는 상대의 반응을 적극적으로 구한다. 아마도 여러분은 비행기로 몇 시간 걸리는지 또는 시간대가 몇 개나 떨어져 있는지를 생각했을지 모른다. 혹시 머릿속에 지도나 지구본을 상상해 보면서 거리를 추측했을 수도 있다. 인간이란 질문하고 대답하는 창조물이다. 우리는 질문을 듣는 순간, 대답을 하려고 애쓸 수밖에 없는 것과 마찬가지다—비록 답변이 "모르겠어요"라도 그렇다. 사람이란 답변을 못하는 질문들에 대해서 불편하게 느낀다. 우리의 마음은 자연적으로 해답을 찾는다. 그게 인간이 하는 행동이다.

질문의 힘

질문은 문제를 명료하게 표현하는 특별한 방법이다. 당신이 처한 문제가 돈이 부족한 것이라면, 당신이 할 수 있는 질문으로는 "어떻게 하면 돈을 더 벌 수 있지?", 또는 "어떻게 돈을 꾸려나가지?" 등이 있겠다. 자유로운 시간이 없는 것이 문제라면, 문제를 효과적으로 표현하는 방법으로는 "어떻게 해야 시간 여유가 더 있을까?"가 있다. 질문을 대하면, 당신 마음에서는 즉시 그에 대한 해답을 찾기 시작한다. 그냥 그렇게 된다. 당신도 사람이니까.

우리는 또한 누구나 질문, 퍼즐, 그리고 문제들에 대응할 때 따르는 3단계 프로세스가 있다고 알고 있다.

- 문제를 파악한다.
- 해답을 선택한다.
- 무엇인가를 한다(또는 말한다).

대개는 이런 자연스러운 방법이 꽤 효과적이다. 인간이 나무숲에서 나와서 아프리카의 사바나savanna를 처음으로 걸어 다니게 되면서, 인간은 위험을 피하고, 먹잇감을 찾고, 고난을 견디어내는 데 이 방법을 사용해 왔다. 하지만 이 방법도 때로는 인간을 곤경에 빠뜨렸는데, 특히 두 사람이 같은 시간에 같은 문제에 봉착한 경우에 그랬다(예를 들어서, 세일즈 상담에서).

앞에서 얘기한 대로, 상담을 하는 주된 목적 중 하나는 대상 고객이 갖고 있는 문제들을 파악하는 것이다. 당신의 목적은 당신의 생각이 유용한 가치라는 것을 보여주려는 것이므로, 당신이 문제를 대하면 바로 그 문제를 해결하는 데 필요한 아이디어를 제시하고 싶어하는 것은 자연스러운 일이다. 당신은 으레 이렇게 얘기할 것이다, "여기 귀하에게 도움이 될 만한 제안이 있는데요."

그러나 잠깐 생각해 보도록 하자. 그렇게 얘기하는 것이 진정 효과가 있겠는가? 고객의 입장에 서보도록 하자. 십중팔구 그들은 이 문제로 한동안 골치를 썩였을 것이다. 그리고 그 문제는 중요한 일일 것이다. 그렇지 않고서야 왜 그 문제를 타인에게 얘기하려 할 것인가? 그들은 그 문제로 몇 달이고 고생을 하고 있는데, 어떤 낯선 사람이 불과 몇 초 정도 생각한 다음에, "이렇게 해보시죠"라고 쉽게 얘기하는 경우가 된다. 당신이라면 어떤 기분이 들겠는가?

제2장에서 나눈 '악어 뇌'에 관한 논점을 기억하는가? 당신은 해답을 제시하면서 고객의 영역을 "침범"하고 있을 뿐만 아니라, 당신은 또한 고객의 문제를 아주 단순하고 평범한 얘기로 여기고 있는 셈이다. 고객이

몇 개월 동안 끙끙 앓고 있는 문제가 평범하고 뻔한 것이라면, 고객은 도대체 무엇이 되는 셈인가? 당신이 제시한다는 행동은 여기서 다시 교만한 위치로 당신의 역할을 내세우는 셈이 된다. 그렇게 되면, 고객이 당신과 당신의 "해법"을 개인적 위협으로 여기지 않겠는가?

따라서 대화가 자연스럽게 이어지는 경우, 고객의 악어 뇌가 다음 순서로 취하는 행동은 거의 틀림없이 저항하는 것인데—아마 당신의 놀라운 아이디어에 대한 반대의견(비용이 많이 든다, 사람이 부족하다, 상관이 허락하지 않을 것이다)을 내거나 또는 그런 방법을 이미 시도했었는데 효과가 없었다라고 얘기할 것이다.

당신의 제안은 곧바로 고객의 반대에 봉착하게 된다. 상황 끝이다.

그러나 실제 상황은 더욱 나빠진다.

당신이 어떤 제안을 한 이상, 그 제안은 당신의 것이다. 당신의 아기인 셈이다. 그러므로 여느 보통 악어처럼 당신의 첫 반응은 제안을 방어하는 것이다. 당신은 좋은 의도로 고객을 위협한 셈이고, 이번에는 고객이 당신의 아이디어가 좋은 생각이 아니라고 위협을 한 셈이다. 자기 생각이 나쁘다는데 좋아할 사람은 없다. 그러므로 대개 자연스럽게 방어적으로 된다(두 마리 악어가 입을 크게 벌리고 서로 으르렁거리는 광경을 상상해 보아라).

당신과 고객이 비록 좋은 의도라고 하더라도 서로 마주 보면서 긴장된 분위기를 형성하게 되면, 다시 생산적 대화로 돌아간다는 것은 쉽지 않다. 그러면 대개 다음과 같이 대화가 맴도는 교착상태가 초래될 것이다.

고객이 문제를 토로한다 ➔ 당신이 해법을 제시한다 ➔ 고객이 아이디어를 거부한다 ➔ 당신이 아이디어를 방어한다 ➔ 고객이 반대의견을 강화한다 ➔ 당신은 방어를 강화한다 ➔ 고객의 반대가 더욱 세진다 ➔ 당신도 방어를 더 하게 된다 ➔ 그리고 또…

별로 생산적이지 않은 결과가 되는 것이 아닌가?

효과적인 세일즈 대화를 전개한다는 것은 전략적이어야 한다는 뜻이다. 이 경우에 전략적이란 뜻은 바로 '해법'을 제시하려는 충동을 억제한다는 것을 의미한다. 마이클 포터Michael Porter의 말을 인용하면, "전략의 요체는 행동하지 않을 일을 선택하는 것이다." (그리고 나서 행동하지 않는다는 것이다.)* [*Michael E. Porter, "What Is Strategy?", Harvard Business Review (November-December 1996), pp.61-78. 괄호 안의 주석은 폴 그롱키Paul Groncki의 아이디어임]

의문을 품고 계속 생각한다

의문을 품고 계속 생각하는 전략을 실행하도록 하라. 이것은 곧바로 '적당한' 아이디어들을 쏟아내고 싶은 본능을 억제한다는 것을 뜻한다. 당신은 문제를 잘 듣고, 고객의 입장에서 문제를 이해하기 위해서 호기심의 힘을 빌리고, 큐-노트에 아이디어들을 적으면서, 다음 문제로 옮겨가도록 해야 한다.

그 이유는 다음과 같다.

첫째, 이렇게 함으로써 악어 뇌에서 비롯되는 교착상태를 피할 수 있다.

둘째, 당신이 아이디어를 배양하는 과정에서 아이디어가 그다지 특출난 것(또는 적절한 것)이 아니었다는 이유를 알게 되거나, 아니면 그 아이디어가 실제 중요도나 연관성에서 발전하는 것을 보게 될 것이다. 어느 경우든 간에, 당신은 기다리는 가운데 많은 것을 얻는다.

거의 예외가 없는 경우로서, 당신이 내용을 거의 파악하게 되고 고객이 그 해답을 절실하게 기대하게 되는 상담 말미에 당신의 아이디어를 제시하게 되면, 당신은 더 나은 대접을 받게 될 것이다(당신의 고객도 결과적으로 혜택을 본다). 하나의 규칙을 정하도록 하라. 회의 도중에 아이디어가 떠오르면, 큐-노트 2분면에 적어놓는다. 회의 마무리 시점에, 당신 판단에 아직도 그 아이디어를 얘기할 가치가 있다고 여겨지면, 아이디어가 그 동안 사고작용 속에서 충분히 여과되어서 정작 제시할 때는 알맞게 준비될 것이다.

처음으로 하는 여느 행동처럼, 당신이 주옥같은 아이디어들을 제시하는 대신 기다리는 데서 처음에는 부자연스럽고 심지어는 불안한 기분도 느껴질 것이다. 그러나 연습을 하다 보면, 기다리는 것이 쉬워진다. 그리고 경험을 쌓다 보면, 그 가치가 자명해질 것이다.

당신이 의문을 품고 계속 생각하는 과정에 도움이 되는 '생산적 판매' 도구로 세 가지를 소개하고자 한다. **'하이 파이브'**High Five, **'개방형질문'**Open-Ended Questions, 그리고 **'AIM'**이다.

'하이 파이브' High Five

'하이 파이브'는 당신이 고객이 처한 상황과 도전들을 이해하는데 도움이 되는 질문 양식을 뜻한다. 당신이 알게 되겠지만, '하이 파이브'는 또한 문제의 본질을 파악하는 사람으로 당신을 부각시키는 역할도 한다.

'하이 파이브'는 '간편한' 기억방법이다－손가락 4개를 4 *I*로 보고 엄지와 검지 손가락으로 만드는 *V* 모양을 생각한다. *I*는 도전들을 해결할 4가지 질문을 암시한다. 무슨 애로사항Itch을 가지고 있는가? (달리 말하자면, 현 상황에서 어려움이 무엇인가?), 그 영향Impact은 무엇인가? (그 어려움이 초래하는 영향은 무엇인가?), 무슨 정보Information를 가지고 있는가? (상황에 대해서 이미 알고 있는 내용은 무엇이며, 앞으로 발견해야 하는 내용은 무엇인가?), 관련된 사람Involved은 누구인가? (당신의 애로

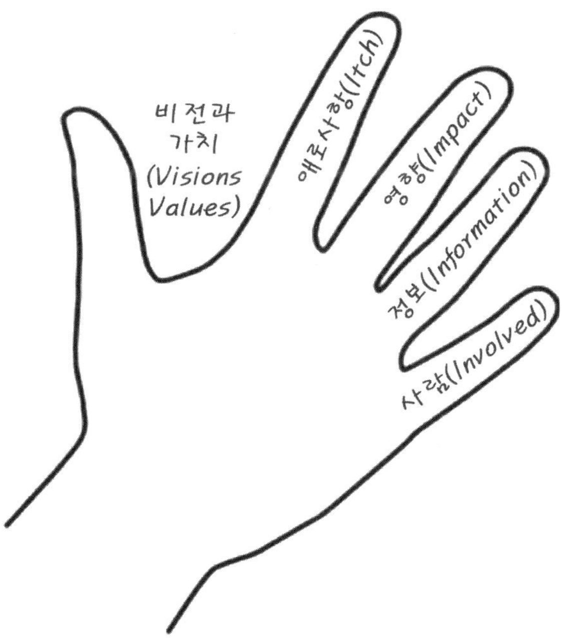

사항과 영향을 받는 이들은 누구인가, 누가 그 상황을 초래했는가, 문제가 해결될 때 영향을 받는 이들은 누구인가?) *V*는 문제가 비전Vision과 가치Value 에 어떻게 연결되는지 잊지 말고 알아보라는 얘기다(그 문제가 회사와 종업원들의 비전과 가치에 얼마나 중요하거나 중심을 뜻하는지?).

이제 매트가 조명기구 제조업에서 종사하는 잠재 고객인 레이Ray와 상담하는 모습을 들여다보자. 매트의 회사가 생산하는 제품은 여러 정부기관들에서 규제를 받는다. 출하운송 전에 고속도로 관리국에 통지되어야 하고, 터널을 통한 운송은 금지되어 있다.

레이가 먼저 애로사항itch을 얘기한다. "지난번 당신과 비슷한 공급업자와 거래를 할 적에, 우리는 세 군데의 다른 부서들과 상대를 해야 했고 제품 출하를 할 적마다 아홉 가지 양식을 작성해야 했지요. 출하에 대한 승인을 얻는 데만 영업일로 꼬박 엿새가 걸렸답니다."

매트는 그 큰 문제를 그대로는 해결할 수 없었을 것이다. 그러나 레이가 지닌 애로사항이 초래하는 영향을 탐색해 보면, 매트는 아이디어를 도출할 시각을 여러 가지로 갖게 될 것이다.

"흠, 말씀을 더 해보세요. 그런 일이 사업에 어떤 지장을 초래하게 되나요?"(그 영향impact이란 무엇인가?)

"다시 말하자면, 우리는 현재 6개월 간으로 계약기간을 유지하는데 그 이유 중 하나는 승인절차를 누군가가 간단하게 해결할 것으로 기대를 하고 있기 때문입니다. 만약 그 문제가 해소가 된다면, 최소한 1년 이상 기간으로 계약하겠습니다. 본인이 자필로 서명해야 한다는 것은 아주 귀찮은 일이에요. 우리 사장님은 언젠가 페덱스FedEx 소포 하나가 L.A.에서 마이애미로 그리고는 다시 뉴욕으로 온 나라를 돌아다닌 끝에 배달을 받은 적이 있답니다. 넌센스였지요."

"그러니까 자필로 서명하는 제도가 업무가 지연되는 주요 이유라는 거군요. 다른 이유는 없나요?" (관련 정보information는 무엇인가?)

"자필서명 외에도 승인 절차상 필요한 단계들이 있지요. 정확히는 모르겠으나, 자필서명 제도가 없어도 된다면 시간이 많이 절약되었을 거예요. 제 말은, 컴퓨터 서명은 왜 안 되느냐 말입니다. 제 말을 오해하지 마세요, 저도 안전이 필수라는 점은 압니다. 우리도 다들 잘 알지요. 그러나 현재 수백만 달러를 자필서명 없이 송금할 수 있는 세상인데, 왜 이것은 안 되느냐고요?" 매트는 레이가 겪는 어려움을 절실하게 느끼게 되었다. 그리고 도움이 될 만한 아이디어 몇 가지를 생각해 보았다. 그렇지만 매트는 이 문제를 더 근본적으로 처리해야 한다는 생각을 하였다.

"당신과 사장님 말고, 이러한 출하작업에 관련된 사람은 누구인가요?" (누가 관여되어 있는가 involved?)

"메릴랜드Maryland 주의 공장장이 있어요. 특히 그녀가 스트레스를 받고 있지요."

"그 공장장의 역할은 무엇인가요?"

"결국은 그녀가 최종 책임에 대해서 비난을 받게 되거든요. 그녀와 나, 두 사람이라고 해야겠군요. 우리 생산직원들이 그날 마지막 출하를 끝내느라고 8시간을 허비했습니다. 그것은 곧 추가비용이 든다는 얘기죠. 하지만 문제는 거기에서 끝나지 않습니다. 생산라인상 지연사태는 우리 모두를 괴롭힌답니다."

"왜 그렇지요?" ("왜 그렇지요?" 또는 "왜 그 일이 중요한가요?"라는 질문은 비전 또는 가치들과의 연결점을 찾는 데 유용한 방법이다.)

"두 가지 이유가 있는데, 비용과 자존심이죠. 명백한 일입니다만, 생산이 중단되면 여러 가지로 손실이 발생합니다 — 연장 근무, 자재 손실, 기회 비용 등. 이에 더해서, 무엇보다도 부끄러운 일이지요. 생산직원들은 계약에 맞추느라 늦게까지 근무를 해야 하는 실정입니다. 다들 가족들이 있는데 말이죠. 그들이 밤 늦도록 생산현장에 묶여 있게 되면, 그들은 맨 먼저 경영진이 자기네를 배려하지 않는다고 생각합니다. 그것도 비용입니다. 계량하기는 어렵지만, 상황에 절망한 직원들은 어쨌거나 심신에 지장을 받게 되고, 잘 안 되면 회사를 떠나게 되지요."

'하이 파이브' 질문들을 함으로써 — 무슨 애로사항itch을 가지고 있는가? 그 영향impact은 무엇인가? 관련 정보information는 무엇인가? 관련된 사람involved은 누구인가? — 매트는 레이가 직면한 출하상의 문제들을 보다 잘 이해할 수 있었다. 그는 그 문제들에서 유발되는 간접피해에 따르는 효과를 파악하게 되었다. 그리고 (곧 알게 되지만) 그는 도움이 될 만한 몇 가지의 기회를 얻을 수 있었다. 설사 매트가 계약을 따지 못하더라도, 그토록 어려운 문제에서 핵심을 파악할 수 있다는 것을 충분히 보여주었기 때문에 레이의 기억에 남을 것이기 때문이다.

'하이 파이브'는 당신과 고객이 거의 모든 문제를 파악할 수 있게끔 도와줄 수 있다. 그 과정은 다음과 같이 간단하다.

- 당신의 고객에게 한두 가지의 애로사항을 설명하도록 요청한다 — 그

들을 괴롭히는 일들로서 기대에서 어긋나 있고 걱정을 시키는 애로 사항들.

- 각 애로사항이 끼치는 영향을 탐색한다 — 왜 그것이 문제인가?
- 각 애로사항에 대한 정보를 더 조사한다 — 알려진 원인은 무엇인가, 고객이 알면 유익한 정보 중에 모르고 있는 것은 무엇인가?
- 그 애로사항에 관련된 사람은 누구인가 알아낸다 — 누가 영향을 받는지, 누가 그 문제를 일으키는지, 상황이 변하면 누가 덕을 보는가?
- 그 애로사항이 조직 또는 조직구성원들의 비전 또는 가치들에 어떻게 연결이 되는지 더 숙고한다.

'개방형 질문들'

'하이 파이브'는 현재 상황, 있을 법한 원인들, 그리고 초래되는 영향을 보여준다. 일단 당신이 그런 점들을 잘 이해하게 되면, 바로 앞을 내다보면서 미래 — 고객의 애로사항들이 해결될 수 있는 — 를 탐색하여야 할 때다.

이때 당신은 아이디어들을 금세 제시하고 싶은 유혹에 빠지기 쉽다. 그러나 앞에서 말한대로, 아직은 너무 이르다. 기억할 점은, 상담 중 이즈음에서 *무언가 제시한다는 것은 자살행위일 뿐이며* 그런 제안들은 고객의 저항을 불러일으킬 뿐이라는 것이다. *그러나 질문을 하는 것은 최선의 선택이다* — 특히 '개방형 질문'이 그렇다.

'개방형 질문'은 단순히 예, 아니오(또는 숫자나 역사적 데이터)로 대답을 할 수 없는 질문들이다. 가장 유용한 개방형 질문은 대개는 "어떻게 하면 우리가 …을 할까?" 또는 "어떻게 하면 우리가 …과 다르게 할까?" 같은 형태로 주어진다. 이런 식으로 주어지는 질문에는 가능한 답변들이 많다. 그런 질문은 생각하고, 추측해 보고, 토의하자라는 초대인 셈이다.

매트가 어떤 식으로 "어떻게 하면 우리가 …을 할까" 하는 질문을 사용해서 상담을 진행하는지 살펴보도록 하자.

'하이 파이브'를 이용한 탐색전 덕분에, 매트는 레이를 어떻게 대해야 할 지에 대한 밑그림을 이미 그렸다. 규제 과정들을 피할 방도가 없음에도 불구하고, 레이 회사는 그 승인 과정들을 하청회사에 맡기는 방법으로 승인에 따르는 성가신 부담을 덜 수 있을 것이다. 그것은 가능한 해결책이며 매우 확실한 방법이다. 레이도 이미 그 방법을 검토했을 지 모른다. 그러므로 매트는 제안을 하기보다 그 제안을 질문으로 고쳐 말할 수 있다.

그렇다고 아무렇게나 질문하면 안 된다.

폐쇄형 질문, 예를 들어서 "외부업자를 고용할 생각을 해보았나요?"하는 질문은 상담을 진척시키지 못한다. 그것이 질문을 가장한 아이디어이기 때문이다. 매트는 그것보다는 더욱 개괄적이고 더욱 탐색적인 것을 제시해야 한다. 그가 하청 아이디어라는 답변이 나올 수 있는 질문을 던지게 되면, 그 질문이 상대가 다른 생각을 하도록 자극하기도 한다. 예를 들어서, "어떻게 하면 우리가 이 난관을 해결하는데 다른 사람들의 전문지식을 이용할 수 있을까요?" 같은 질문 말이다.

'개방형 질문'의 예로 "어떻게 하면 우리가 …을 할까?" 같은 것의 매력은 그런 질문이 생각을 자극한다는 점이다. 이 질문을 받는 경우, 레이가 자신의 견해를 제시하면서 하청 제안에 대한 반대를 하는 게 아니라, 매트가 하는 질문에 대한 답변을 하게 된다. "생각해 보면, 문제는 자필서명 세 개뿐이다. 사람들은 휴가를 떠났고, 이제 어떻게 해야 하는가? 해결책으로 사전 승인, 또는 전자 승인, 또는 스캔 서명들이 머리 속에 떠오른다. 이런 것들이 더 나은 방법일지도 몰라."

매트가 던진 '개방형 질문'인 "어떻게 하면 우리가 …할까?"에 대한 반응으로, 레이는 나름의 해결 방안들을 생각해 내기 시작했다. 이 해결 방안들 중에 그럴듯한 게 있으면, 매트가 그 방안에 주목할 것이다. 매트는 이미 레이가 그러한 방안을 수용할 것이라고 예상하고 있다. 매트 회사에서는 이미 내부 업무에 스캔 서명을 사용하고 있기도 하기 때문이다. 그는 큐-노트 우상귀 2분면에 "스캔 서명"이라고 적는다.

매트는 생각나는 아이디어를 개방형 질문으로 바꾸었을 뿐이다. 만일 그가 하청업자 아이디어를 제안했더라면, 레이는 제안 → 반대 → 방어라는 샛길로 빠져갔을지 모른다. 그 대신에, 매트는 개방형 질문을 던졌고, 이에 대해서 레이가 가능한 해결책 몇 개를 생각해낸 것이다.

AIM

우리는 고객들이 문제에 깊이 몰입하도록 돕기 위해서 AIM이라는 질문기술을 사용한다. AIM은 고객들이 문제를 해결해야 하는 이유가 무엇인지, 해결책들에 대한 현재의 장애물은 무엇인지, 그리고 그 문제들이 해결된다면 어떤 다른 혜택들이 생길 것인지를 알아내는 데 효율적인 방법이다. AIM은 Advantages(이득利得), Impediments(장애물), Maybes(가능성)의 머리글자들이다. '하이 파이브'처럼, 그것은 간단하지만 강력하다.

AIM은 적절한 답변이라는 가치를 고객에게 전달하는데 필요한 핵심 질문들을 생성하게끔 도와 준다. 우리가 '촉매형 질문' catalytic questions이라고 일컫는 이 질문들이 '생산적 판매 프로세스'의 핵심이다. 조금 뒤에서 이들에 대해서 보다 자세히 논의할 것이다. 그러나 지금은 '촉매형 질문'을 생성하는데 AIM을 어떻게 사용하는지 보기로 하자.

먼저 애로사항을 자세히 생각해 본다. 그리고 3가지 단순한 질문을 던진다. *이 문제를 풀면 어떠한 이득이 있는가? 이 문제를 해결하는 데 장애물들은 무엇인가? 그 후에는 어찌 되는가? (달리 말하자면, 이 문제가 해결되면, 또 무슨 일이 일어나는가?)*

레이의 회사를 예로 든다면, 애로사항은 다음과 같이 표현될 것이다. "우리가 예정된 시간에 출하를 할 수 있고 행정적 번거로움을 없앨 수만 있다면, 아주 좋겠는데…."

매트와 레이는 그렇게 되면 좋은 이유들을 함께 작성하게 될 것이다. 즉, "이 애로사항을 해결해서 얻는 이득(利得)Advantages은 무엇인가?"라는 질문에 대한 답들이다. 그들이 작성하는 목록에 다음과 같은 생각들이 포함될 수 있다.

- 제품 출하에 따른 시간과 비용을 줄일 수 있다.

- 연장근무 비용을 절감할 수 있다.
- 종업원들을 행복하게 만들 수 있다.
- 보다 높은 효율성으로 운영할 수 있다.
- 더욱 높은 경쟁력을 가질 수 있다.

이러한 생각 하나 하나는, 그 다음으로, 새로운 '문제형 질문'problem questions들을 유발하는데, 예를 들자면, "*어떻게 하면* 연장근무 비용을 줄일 수 있을까?" 또는 "*어떻게 하면* 우리 종업원들을 행복하게 만들 것인가?" 하는 질문들이다.

이렇게 이득이 되는 점들을 열거한 다음에, 장애물impediments로 옮겨서 다음과 같이 묻는다, "우리의 애로사항을 해결하는 데 장애물들은 무엇인가? 무엇이 방해가 될까?" 레이에게 장애물은 다음과 같은 사항일 수 있다.

- 과도한 관리체제 및 절차
- 자필서명이 요구되는 점
- 제품에 적용되는 규제
- 합성물질의 높은 밀도, 곧 규제의 원인.

이들 장애물들의 하나 하나를 새로운 '문제형 질문'으로 바꿔서 얘기할 수 있는데, 예를 들자면, "*어떻게 하면* 과도한 관리체제와 절차를 없앨 수 있는가?", "*어떻게 하면* 자필서명 요건을 없앨 수 있는가?" 또는 "*어떻게 하면* 원료의 고밀도 요건을 줄일 수 있는가?"

마지막으로, 가능성maybes—여러 가지 애로사항을 해결하면 일어날 수 있는 일들—에 대해서 생각해 보자. 다음과 같은 생각들이 레이에게 떠오를 수 있다.

- 종업원들을 행복하게 만들 수 있다면, 직원이직에 따른 비용을 줄일 수 있을지 모른다.
- 저밀도 합성물질을 사용할 수 있다면, 우리 회사는 새로운 시장에 진출할 수 있을 것이다.

매트도 그렇고 레이 역시 이런 일들이 실제 실현될지를 알지 못한다. 그러나 이런 일들은 가능한 일들이다. 그리고 이런 생각은 회사의 미래에 관해서 '생산적 사고'가 일어나게 할 수 있다.

AIM 도구는 매트가 상담하는 데 있어서 두 가지 변화를 가져다준다. 첫째, AIM은 고객을 새롭게 보는 안목을 키워줄 것이다. 둘째, AIM은 매트에게 다른 시각에서 바라본 '문제형 질문'들을 생각나게 할 것이다. 매트는 여기로부터 '촉매형 질문'들을 할 수 있게 되고, 거기에 적절한 답변이 뒷받침된다면, 고객의 애로사항을 해결할 수 있게 된다.

'촉매형 질문'의 힘

'촉매형 질문'은 고객이 처한 상황을 제대로 보고, 상황을 재구성하며 재정리하거나 또는 새로이 보게끔 한다. 세일즈맨이 '촉매형 질문'을 들고 나온다는 점이 처음에는 상식에 어긋나는 것처럼 보일 수 있다. *고객회사가 아직 이 정도도 알지 못할까?* 궁극적으로는, 그것은 고객이 할 일이다. 그렇지만 고객들은 대개는 그만큼 깊게 들여다 보지 않는다는 것이 우리가 경험한 현실이다. 고객들은 자신들이 핵심 내용을 숙지하고 있다고 말하지만, 그렇지 않은 경우가 많다.

우리는 이 현상을 '현답-우문(賢答-愚問) 증후군' Great Answer-Wrong Question Syndrome이라고 부른다. 이 증상은 흔히 볼 수 있다. 당신도 아마 개인적으로 또는 회사 안에서 이미 경험을 해보았을 것이다. 당신은 다들 제대로 문제를 파악했다고 생각한다. 해결방안을 찾는다고 애를 쓴다. 그러나 결과적으로는 아무 변화도 없다는 것을 깨닫는다. 확실한 점은, 문제를 올바르게 파악하지 않으면 그 후에 아무리 열심히 작업을 해도 소용이 없다는 것이다. 저명한 발명가이자 GM의 연구소장이었던 찰스 케터링 Charles Kettering이 말한 것처럼, "문제를 제대로 파악하면 이미 반쯤 해결된 셈이다."

'촉매형 질문'은 흥미를 유발시키고, 막연한 상황을 해소하며, 새로운 해결책으로 가는 입구를 열고, 또한 실행하고자 하는 욕구를 자극한다. 이런 까닭에 '촉매형 질문'이 매우 강력한 힘을 가지고 있다고 말한다.

'촉매형 질문'들은 개방형 질문들이다. 앞에서 기술한 개방형 질문들처럼, 특정한 형식을 갖는데—"*어떻게 하면…?*"과 "*어떻게 달리 하면…?*"처럼 표현한다. '촉매형 질문'은 기본적으로 '*일들을 하는 방법*'에 대해서가 아니고 '*일들을 달리 할 수 있는 방법*'들에 대해서 묻는다는 점을 기억하라. '촉매형 질문'은 미래지향적이다. 또한 위의 두 질문형식 중에 두 번째, "*어떻게 달리하면…?*"라는 표현이 질문이 더 많이 유발되게 한다는 가능성을 기억하라. 그리고 '*달리하면*' else 표현은 당신과 고객으로 하여금 보다 깊이 생각하도록 돕는데 효과가 있다.

'촉매형 질문'은 미래지향적인 까닭에, 고객이 아직은 해답을 가지고 있지 않은 질문들이다. '촉매형 질문'에 답변하려면 상상력을 발휘해야 하는데, 효과적으로 하면 고객의 애로사항을 해소할 힘을 갖게 된다.

매트가 레이와 상담하면서 수집한 정보를 보자. 매트가 큐-노트에 적은 문제들을 몇 가지 나열해 보면, 다음과 같다.

- *어떻게 하면* 출하를 승인하는 데 필요한 시간과 노력을 최소화할 수 있을까?
- *어떻게 하면* 출하를 24시간 안에 승인할 수 있을까?
- *어떻게 하면* 승인을 자동화할 수 있을까?
- *어떻게 하면* 출하를 사전에 승인할 수 있을까?
- *어떻게 하면* 불편한 작업시간에 배정된 종업원들을 더 잘 존중할 수 있을까?
- *어떻게 하면* 비효율적인 것들을 없앨 수 있을까?

당신에게 '촉매형 질문' 하나가 생각나면, 고객에게 그것을 그대로 제시해 보라. 이것은 아이디어를 제안하는 것과는 아주 다른 얘기인데, 아이디어를 제안하는 경우에는 제안 ➜ 반대 ➜ 방어라는 악순환이 시작될 수도 있기 때문이다. 당신이 촉매질문을 통해서 새로이 상황을 유용하게 재구성reframe하게 되면, 고객은 대개 반응을 보인다. 문제들이 새롭고 유용한 방식으로 제시되게 되면, 사람들은 일반적으로 강하게 반응한다.

설사 고객이 당신의 질문에 반응을 보이지 않아도 재촉을 하지 말라.

대신 고객에게 본인이 질문을 말해보도록 요청한다. “저는 도전적 문제들에 대해서 질문하고 대답하는 방식으로 생각하고 싶습니다. 질문은 어딘가에 당신의 문제에 대한 해답이 있을 것이라는 암시를 주기 때문에, 그 답을 찾으면 되는 것이지요. 제 질문 한 가지는 ‘*어떻게 하면* 출하승인을 빨리 할 수 있을까?’라는 것인데, 당신이 그 문제를 보다 정확하게 표현할 수 있을 것 같은데요.” 고객자신은 ‘촉매형 질문’을 말해보는 방법으로 자신이 당면한 상황을 설명하는 과정에서 자신이 문제를 어떻게 인식하고 있는지 이해할 수 있으며, 결과적으로 자신이 당면한 도전을 새롭게 보게 된다.

간단하게라도 ‘촉매형 질문’(들)을 구상하여 전달하게 되면, 그것은 고객에게 큰 의미가 있다. 일단 그렇게 하고 나서, 당신은 세 가지 선택을 할 수 있다.

- *더 깊이 탐색한다.* 만약 당신이 ‘촉매질문’에 답변할 적절한 아이디어를 못 가지는 경우, 또는 당신이 상황을 명백하게 이해를 할 수 없을 경우, 도움이 되는 방법이 보이도록 더 탐색을 한다.
- *더 넓게 탐색한다.* 만약 당신이 상황을 이해하고 그 상황을 개선하는데 대한 적절한 아이디어들을 가지고 있다면, 큐-노트에 그 아이디어들을 적어서 상담을 마무리하는 시점에 다시 보도록 한다. 아이디어들을 적은 다음에는, 다른 탐색대상 분야로 옮긴다—새로운 ‘촉매형 질문’들을 가져올 수 있는 또 다른 애로사항을 다룬다.
- *다음 단계로 계속한다.* 당신이 핵심 사항들을 파악했고, ‘촉매형 질

문'들을 구상했으며 그 질문들에 대해서 적절한 아이디어들을 가지고 있다면, 당신은 이제 상담의 제3막으로 옮겨갈 준비가 되었다고 할 수 있다.

우리가 얼마 전에 얘기하던 상황에서, 매트는 더 깊이 탐색하기로 했다. 그는 출하 승인에 걸리는 시간을 단축하는 문제의식을 가지고 레이가 그 점을 어떻게 생각하는지 알고 싶었다. "그 문제의 요점은 '어떻게 하면 우리가 출하승인에 걸리는 시간과 노력을 최소화할 수 있나?'가 아닐까요?"

"그래요. 그렇게 말할 수 있지요."

매트는 승인 절차를 하청주는 방법에 대해서도 생각을 해보았지만, 그것이 문제의 본질이 아니라고 생각했다. 그는 무엇인가 더 결정적인 방안을 찾기 원했다.

AIM 방식에서 장애물Impediments를 생각해 보다가, 매트는 '문제제기형 질문'을 몇 개 생각해 보았다. 예를 들어서, *어떻게 하면 규제를 받지 않는 제품을 사용하게 되나? 그리고, 어떻게 하면 고밀도 합성물질 소요를 줄일 수 있나?* 이런 질문들은 보다 기술적인 관점에서 문제상황을 정의하였는데, 레이가 미처 생각해 보지 못한 점들이었다.

레이는 흥미가 끌렸다. "저밀도 합성물질로 만든 제품에 대한 시장도 있는데, 수익성이 작아서 그 시장을 회피해 왔어요. 그러나 새로운 기술이 나온 이상, 저밀도 합성물의 가격이 내렸으므로 수익성이 나아질 가능성이 있겠는데요."

레이는 그가 여태 생각하지 않았던 아이디어를 생각하게 되면서 활기가 생겼다. 그저 단순히 촉매질문들을 구상하는 것으로, 매트는 레이에게 문제를 해결하는 방안을 제시한 셈이다.* [*〈혁신의 딜레마The Innovator's Dilemma〉에서, 클레이튼 크리스텐슨Clayton Christiansen 교수가 보여준 예로서, 증기식 굴삭기 제조회사들은 대형의 고가 제품을 만드는 데 집중하는 바람에 소형 기계시장을 유압식 굴삭기 제조회사들에게 내주었다. 시간이 흘러서, 유압식이 보다 정교해지고, 급기야는 대형 동력삽시장에서도 증기식 굴삭기를 대체하게 되었다. 매트가 제시한 촉매질문들은 레이로 하여금 이처럼 새로운 통찰을 하게끔 했을 수 있다. 만약 저밀도 합성물질이 더 높은 원가경쟁력을 가지고 있다면, 멀지 않아 고밀도 합성물질을 대체하고 새로운 시장을 개척하게 될 것이다.]

유추(類推)의 힘

매트는 문제를 더 넓게 살펴볼 준비가 되어 있었다. "제가 조금 후에 다시 얘기를 나누겠지만, 저밀도 합성물을 어떻게 이용할지에 대해서 생각을 해보았답니다. 그보다 먼저, 불만족스러워하는 종업원들과 관련해서 더 얘기할 수 있나요?"

"물론이지요."

"일전에 저에게 말하기를, 불만에 찬 종업원들은 언제나 자기가 받을 몫을 요구한다고 하였지요. 내 생각에도 사람은 누구나 베니스의 상인 같은 성격을 어느 정도 가지고 있습니다. 그런 얘기는 청소년 시절에 특히 내뱉는 말이지요, 그렇지 않나요? 본인이 불행하다고 느낄 때, 대개는 부모 탓을 하곤 하지요."

레이가 웃음을 터트렸다. "그 점에서는 나도 같은 생각입니다. 저는 세

아이가 있는데, 8살, 11살, 그리고 14살이랍니다."

"나도 마찬가지예요. 막내가 이제야 대학에 갔어요."

여러분은 왜 여기에서 매트가 개인적인 화제로 바꾸는지 의아해 할 것이다. 그는 이미 상담에서 소소한 대화를 나누었지 않는가? 하지만 매트가 상담진행 분위기를 바꾸는 데는 이유가 있다. 그는 또 다른 생산적 판매 도구, 즉 유추를 사용할 기회를 본 것이다.

많은 이들에게, '유추'는 고등학교 영어클래스에서 "All the world's stage"* [*역주: 영국문호 셰익스피어의 시] 와 "A house divided against itself cannot stand"* [*역주: 아브라함 링컨이 1858년 일리노이주 상원의원 선거에 출마를 선언하면서 한 연설문으로 게티스버그 연설과 함께 링컨의 대표적인 연설로 유명하다.]를 배울 때 힘들었던 기억을 떠올리게 한다. 그러나 은유와 유추가 셰익스피어와 링컨의 세계에만 있는 것은 아니다. 은유와 유추는 사람이라면 누구나 사용하는 사고방식이다.

인지심리학자인 조지 레코프George Lakoff와 마크 존슨Mark Johnson이 주장하는 바에 따르면, 은유와 유추는 우리가 현실을 표현하는 데 쓸모가 있다. 은유와 유추는 마음에 내재된 메커니즘으로서 우리로 하여금 물리적 사회적 경험에서 배운 바에 근거해서 세상의 온갖 다른 사물을 이해하게끔 작용한다. 은유와 유추는 매우 강력한 까닭에, 사람들의 인식과 행동에 무의식적으로 작용한다.* [*조지 레코프와 마크 존슨 공저, 〈일상에서의 메타포Metaphors We Live By〉, 시카고 대학 출판사, 1980]

유추는 효율적이다. 겨우 두 세 단어에 불과한데도, 유추는 설명하자면 긴 문장이 필요한 사물들을 쉽게 이해하게끔 해준다. 그녀는 바위와 마찬가지다. 그 남자는 도덕적 나침반이라고 할 수 있다. 바다에는 여러 종류의 물고기가 산다 — 이와 같은 유추는 모두 그 뜻을 명확하고 손쉽게 전달한다. 은유와 유추는 특이한 표현이 아니다. 매일 마시는 모닝 커피처럼 흔히 볼 수 있다.

매트가 무슨 얘기에 대해서 유추를 사용하는지 보자. "그런데 당신이 애들을 실망시켰을 때는 어떻게 하세요?"

"글쎄요, 어린 두 녀석에게는 '깜짝 선물'을 마련해서 그것에 대한 기대감을 높이지요."

"그렇다면 회사의 메리랜드Maryland 소재 생산라인 종업원들에게도 무언가 비슷하게 할 수도 있겠군요."

매트가 아이디어를 한 가지 던져준 셈이다. 보통 그는 상담이 끝날 즈음에만 아이디어를 제안한다. 이번 경우에는 유추가 바로 어필했으므로(만약 나중에 제안했더라면, 그는 상황을 재구성해야 한다) 예외적인 경우인데, 또는 그가 본격적으로 제3막에 들어갈 준비가 되어있었다는 얘기가 된다. 레이는 매트의 아이디어를 곧바로 받아들였다. "소프트볼 게임을 한 번 하겠어요. 생산라인과 경영진 대항으로 하는 게임 말이죠. 나쁘지 않을 것 같아요. 야외 요리와 술통도 마련하겠어요. 예상하건대, 틀림없이 종업원들이 경영진에 대해서 크게 이길 것입니다. 그러나 그날은 모두에게 즐거운 자리가 될 것 같습니다."

매트는 맥주를 후원할 수도 있으며, 단지 레이에게 아이디어를 제공한 것으로 만족할 수도 있다. 그가 제시한 유추(회사를 가족에게 비교하는 것)가 어려운 상황에서 색다른 묘안 — 회사가 종업원들의 불편을 미안하게 생각하며 생산라인의 공헌을 귀하게 여긴다는 점을 보여주기 위해서 '깜짝 선물' 파티를 여는 방안—을 가져다주었다.

세일즈 대화의 2막에서는, 당신은 *고객에게 성급하게 아이디어를 제시하지 않고도 2가지 방편으로* 고객에게 가치를 제공한다. 달리 말하면, 대화를 활기 있게, 균형이 잡힌 채로, 또 영양가도 있게끔 완벽하게 유지시키는 데 두 가지 방편이 있다는 얘기다. 첫째는 '촉매 질문'을 생성하는 것으로—고객으로 하여금 자신에게 가장 절실한 문제를 스스로 해결하게끔 유도하는 방법이다. 두 번째는 '유추'를 하는 것으로—고객이 새로운 안목으로 자신들의 문제를 다시 보게끔 하는 방법이다.

유추는 본래 개인적 경험에 기반한 것들이기 때문에, 그것을 통해 당신 자신에 대한 개인적인 정보를 나누고 고객의 개인적인 정보를 알게 될 수도 있다. 청소년과 부모에 대한 매트의 유추가 레이로 하여금 자신의 애들 나이를 언급하게끔 했다. 매트는 또한 자신의 집이 텅 비었다(막내가 막 대학에 진학했다)고 암시를 했다. 그것은 자녀들이 대학에 진학하는 상황에 처한 여느 부모들에게도 같은 반응을 촉발했을 것이다.

매트가 유추를 통해서 공유한 개인 사정은 개인적인 친밀한 관계를 맺게 하는 바탕이 되고 고객과 후속 상담을 연결하는 데 도움이 된다. 다음에 레이를 만날 적에는, 매트는 레이의 자녀들에 대해서 물어볼 것이다. 매트도 어린이들을 좋아하고 아버지 역할을 좋아한다. 그는 자녀에 대해서 관심이 높다. 그런 까닭에 그런 유추를 한 것이다. 애들에 대해서 언급한 것은 진정 매트다운 면이다. 매트는 바로 그런 성격의 사람이다.

유추에는 다른 가치도 있다. 비록 촉매질문이 제2막의 요점이지만, 상담을 마치 취조하듯이 진행할 수는 없다—당신이 고객에게 끊임없이 질문을 해대는 방식은 바람직하지 않다. 유추를 통해서 개인적인 정보와 통찰을 제시한다는 것은 그것이 대화를 이끄는 데 있어서 필요 불가결한 방법이기 때문이다(유추에서도 스크립트를 준비하면 편리하다. 당신이나 당신 회사에 대한 작은 정보가 분위기에 도움이 된다면, 그 정보를 얘기한다. 연관된 스크립트를 간략하게 던지면, 그것이 정보를 끌어올 뿐 아니라 질문에 답변하는 대화방식을 좀 더 자연스럽게 바꿀 것이다).

유추는 강력한 까닭에 지나치게 사용하지 않아야 한다. 당신이 상담 내내 "그것은 해운업 같군요," 또는 "그 말은 프랑스 인상파가 생각납니다," 또는 "마치 인형을 훈련시키는 셈이군요"같은 엉뚱한 말을 계속 던지다 보면, 고객들이 쉽게 대화할 흥미를 잃을 수도 있다.

매트가 나눈 상담 대화의 요약

매트는 사전 리서치를 통해서 몇 가지 논점을 찾아냈다. 그는 상담에 참석하면서 그 논점들을 큐-노트 좌상귀 분면—*'상담용 질문들'* 난에 적어왔다. 모두 그가 탐색하고자 하는 내용이었다. 그리고 매트는 궁금하다는 느낌을 완곡하게 표현하는데 완벽을 기하려고 생산적 사고에 관한 도구를 사용했다. 즉, '하이 파이브', '개방형 질문'들, 그리고 AIM을 사용했다. 그가 첫 번째로 사용한 '하이 파이브'는 애로사항 자체, 관련된 영향,

주요 이해당사자들 및 이런 상황에 연관된 중요한 정보를 알아내는 데 쓰이는 기본적인 도구이다.

고객이 처한 상황을 보다 깊이 탐색하기 위해서, 매트는 그 다음에 '개방형 질문'을 사용했다. 그는 생각한 아이디어들을 가지고 곧바로 제시하는 대신에, 그 아이디어들을 개방형 질문으로 바꾸어서 더 많은 생각과 토의로 연결되게끔 하였다.

마지막으로, '촉매형 질문'들—고객이 문제들에 대해서 생각하는 방식을 재구성할 수 있는 질문들—을 만들어내는 기반을 조성하려고 AIM 도구를 사용했다.*

[*당신이 일단 질문하는 도구들을 사용하는데 익숙하게 되면, 꼭 여기에서 보여지는 순서대로 그 도구들을 사용할 필요가 없다는 점을 알게 될 것이다. 예를 들어서, 하이 파이브를 가지고 애로사항을 파악하게 되면, AIM으로 더 깊이 들여다보길 원할 수도 있고, 다시 하이 파이브의 "관여된 사람들은 누구인가?"라는 질문으로 돌아와서 그 애로사항으로 가장 영향을 받는 사람을 찾기로 결정할 수도 있다. 일단 기본적 사실들을 찾아 알게 되면(고객이 그 애로사항을 얼마나 겪었는지 또는 비용이 얼마나 드는지 등을 폐쇄형 질문을 통해서 파악하고 난 후), 당신은 개방형 질문들에 주목하길 원할 수 있다. 당신이 도구들을 더 능숙하게 사용할 수 있게 되면, 적당한 도구가 더 자연스럽게 생각날 것이다. 여느 기술과 마찬가지로 능숙한 솜씨를 가지려면 시간이 걸린다. 우리는 당신이 순서대로 도구들을 사용하면서, 더욱 자연스럽게 사용하는 것을 편안해할 때까지 발전하길 원한다. 그것은 마치 자전거를 배우는 것과 같다. 처음에는 책대로 모든 것을 하면서, 각 단계에서 능숙하게 되도록 노력한다. 궁극적으로는 자전거를 제 몸처럼 타게 되는데, 각 단계를 생각하지도 않게 된다. 무의식적으로 능숙하게 된 것이다.]

레이가 아이디어들을 궁리하는 동안, 매트는 큐-노트의 우상귀 분면에 자신의 생각을 적었다. 나중에 상담을 마무리하면서 그 생각을 제시할 예정이다.

매트가 그럴듯한 촉매 질문들을 여러 개 파악했었지만, 그 중에서 오직 두세 개만을 실제로 말한 셈이다. 그는 유추로 청소년을 빗대어서 얘기했다. 그 유추에서 상담의 맨 마지막에 내어놓을 아이디어들 두 개를 생각해냈다. 그는 또한 유추를 가지고 부모 입장에서 자녀에 대한 개인적 정보를 교환했다. 그는 이렇게 자기를 드러냄으로써 고객에 관해서 알게 된 정보를 큐-노트 좌하귀 분면-Key Information에 모두 적었다. 그는 이런 정보를 나중에 있을 수 있는 개인적 미팅에서 화제거리로 쓸 것이다. 그런 화제들은 편지, 전화 통화, 그리고 직접 만날 때도 쓰임새가 많다.

매트는 세일즈 대상제품, 제안을 하는 일, 또는 아이디어들을 제시하는 일 등은 꺼내지 않았다. 그는 계속 질문하고 고객 얘기를 귀담아들었다.

프로세스 도구를 사용하는 까닭

당신은 고객과 대화를 하다가 다음 질문이 생각나지 않아서 막혔던 적이 있었는가? 침묵이 흐를 때 자연스럽게 대처하는 방법 한 가지는 상황에 대해서 언급하는 것이다. 그러나 더 효과적으로 대처하는 방법은 여태까지의 프로세스에서 나왔던 질문을 찾아 하는 것이다. 만일 '하이 파이브'를 진행하는 고정에서 대화가 막히게 되면, '하이 파이브' 프로세스대로 따라서 하면 된다. "그래서 이 상황이 당신 업무에 *어떤 영향을 주는가*

요?" 때로는 프로세스에 따라 질문을 하는 것이 우스꽝스럽다고 느껴진다. 그러나 여태껏 프로세스에 따라서 하는 질문에 화를 내는 것을 본 적이 없다. 대개는 당신이 알고자 하는 호기심으로 내는 질문에 좋은 반응이 온다. 그러나 만약에 호기심으로 잘 되지 않으면, 프로세스에 의존하라. 프로세스란 이런 때 사용한다.

다음 장에서는, 당신이 고객에게 어떻게 효용성USE-fulness을 보여줌으로써 당신의 가치를 증명하는지 보기로 한다. 그러나 우선, 잠깐 휴식을 갖도록 하자….

Chapter 17 막간 휴식 ··· 상담 중 잠깐 쉰다

> 처음에 잘 안 되면, 잠시 쉬도록 한다.
>
> \- 제인 Jane

당신은 기발한 아이디어를 어느 곳에서 자주 떠올리는가? 우리는 혁신과 영업훈련 과정을 진행하면서 참석자들에게 이렇게 질문을 하곤 한다. 전형적인 답변으로는 *운동을 할 때, 차 안에서, 산책하는 동안, 침대에 누워서* 등을 듣게 된다. 그런데 참석자들 60% 이상은 가장 뛰어난 아이디어를 떠올리는 경우 중 하나로 *샤워하는 동안*을 말한다.

기발한 생각은 주로 아이디어를 얻으려고 정신을 집중하는 시간에 나온다는 것은 사실이 아니다. 사람의 마음이란 누군가가 지켜보지 않을 때 아주 활발하게 활동하기 때문이다. 이것이 바로 '부화(孵化)'incubation* [*역주: incubation은 그래엄 월래스Graham Wallace가 창의적 사고과정의 다섯 단계(준비, 배양, 암시, 계몽, 확인) 중 하나(배양)로 소개한 현상인데, 월래스는 사람들이 '문제로부터 벗어나서 얼마 동안 문제를 잊고 시간을 보낸 후에 창의적 아이디어들과 해결방안들이 나온다'고 말하는 점에 주목했다. 즉, 배양단계는 문제가 몸에 내재화되어서 무의식 상태에서 처리되는 기간을 뜻한다. 숙성 또는 부화라고 번역되기도 하는데, 여기에서는 부화라고 번역한다.]라고 일컫는 인지현상으로 널리 알려져 있다. 당신은 고민하는 난제에 몰두해 있다가, 열중하는 데서 벗어나서 잠깐 휴식을 취하는 동안에, '아하'라는 탄성과 함께 뛰어난 해답을 떠올리게 된다. 레오나르도 다빈치Leonardo da Vinci, 간디Gandhi, 마리 퀴리Marie Curie, 그리고 아인슈타인Einstein 같은 이들이 모두 아주 극적인 돌파구를 생각해내는 과정에서 '부화' 현상에 의존했다. 그러므로 당신도 그렇게 할 수 있다.

당신도 같은 생각일 수 있다. "그래요, 나도 자주 문제 거리를 안고서 잠자리에 드는데 다음날 아침에 해답을 가지고 깬답니다. 그러나 세일즈 상담을 하는 도중에는 잠시 뜸을 두고 생각하기가 쉽지 않아요."

실제 세일즈 상담 중에도 '부화' 현상을 경험할 수 있다—방법이 있다.

단지 당신이 할 일이라고는 움직이는 것이다. 사실, '부화' 현상을 가장 효과적으로 유도하는 방법 중 하나는 산책을 나가는 것이다. 당신이 상담을 하는 도중에 그렇게 하는 데는 두 가지 방법이 있다.

둘러보기를 청한다.

고객에게 잠시 걷자고 청하는 방식이다. "여기 왔으니 한 가지 하고 싶은 게 있는데, 귀하의 사무실(또는 공장)을 둘러보고 싶습니다"라고 말한다.

그렇게 고객 회사를 둘러보면 유익한 일들이 많이 생길 수 있다.

첫째, 거의 즉각적으로, 당신과 고객의 관계가 변한다. 조금 전에는 당신이 세일즈를 하는 입장이었으나, 이제는 당신이 손님이다. 당신의 고객은 주인이 되어서, 앉아서 얘기할 때 볼 수 없었던 자부심이나 조심성을 가지고 주위를 설명한다. 또한 사무실 직원들이 가끔 당신을 알아보거나 기억할 것이다. 그렇게 둘러보면, 몇 개월 후에도, 직원들이 이렇게 얘기하는 것을 보게 될 것이다. "기억이 납니다. 크리스마스 바로 전에 엘레나Elena가 당신을 안내해서 저희 사무실에 오셨지요."

둘째, 당신이 사람들을 만날 기회가 많이 생긴다. 고객회사의 대표이사CEO, 최고재무책임자CFO, 심지어 옛 대학교 동창(우리에게 이런 일이 두어 차례 생겼다) 등. 고객이 업무상 관련된 직원들에게 당신을 소개할 수도 있다.

셋째, 고객의 사업장을 걸어 다님으로써 고객의 사업을 보다 잘 이해할 수 있다. 어떤 일들이 이루어지고 있는지 실제로 느끼게 된다. 직원들이 어떻게 일하는지, 어떤 공정으로 일하는지 게시된 차트 및 도형을 통해서 알기도 한다. 생산 제품을 보기도 할 것이다. 또한 전에는 몰랐던 고객회사 내용을 알게 될 확률이 높다. 당신은 이렇게 둘러보는 데서 새로운 아이디어들을 얻게 될 것이 거의 확실하다.

넷째, 이렇게 둘러보는 때가 당신의 아이디어를 '부화'하는 데 최적의 기회가 될 수 있다. 당신이 걷는 동안, "상담을 계속해야 한다"는 부담이 줄어든다. 앉아서 상담을 하는 경우에는 2~3초의 침묵도 어색하게 생각되기도 하나, 고객과 같이 복도를 걸으면서 서로 잠깐 침묵하는 것은 전혀 문제가 되지 않는다. 그 침묵하는 동안 당신의 뇌가 따로 작동하는 것이다—운이 좋으면, 그 때 '부화' 현상이 일어난다.

마지막으로, 움직이다 보면 당신이 소소한 대화로 주제를 자연스럽게 다시 돌릴 수 있는 기회가 온다. 당신과 고객이 사전 회동에서 당신의 호기심을 돋운 얘기를 나누었을 수 있다. 당신이 묻지도 않았는데, 고객이 남미로 가족여행을 간다고 언급했을 수 있다. 그 다음엔 당신이 반응할 차례다.

화장실 등 편의시설을 이용한다

만일 둘러보는 것이 적절하지 않거나 불편한 경우라면, 당신은 언제나 화장실을 쓰겠다고 할 수 있다. 화장실은 아이디어를 '부화'하기에 적합한 환경으로 예전부터 알려졌다(우리가 조사한 "최고의 아이디어를 얻기에 좋은 곳들"을 기억하라).

화장실에 가는 동안에 당신은 마음속에서 적절한 통찰을 불러일으킬 수 있는 자연스러운 연결점들을 생각하는 기회를 갖는다.

그런데 기억할 것은, 당신이 화장실에 가는 동안 고객도 잠시 동안 혼자서 생각을 정리할 기회를 갖는다는 점이다. 만일 당신이 여러 사람들과 만나고 있다면, 그들은 아마도 당신에 대한 얘기도 할 수 있는데, 결과가 긍정적일 수도 있다. "우리가 제인Jane에게 세인트 루이스St.Louis 거래에 관한 보고서를 보여주고, 그녀에게 무슨 아이디어가 있는지 알아보면 어떨까?"

적절한 시점을 찾는다

이상적으로는, 상담이 제3막으로 넘어가기 전에 당신이 잠깐 쉬는 것도 좋은데, 그 때는 당신이나 고객이나 서로 아이디어를 '부화'시키는 데 필요한 정보를 충분하게 나누었을 즈음이다. 쉬는 시간 후, 당신은 현재 상황을 재정리하고, 새로 생각난 것들을 추가하며, 상담 마무리를 하는 절호의 기회를 갖게 된다.

그러나 중요한 점은, 중간에 쉬는 것이 어느 상담에도 모두 적당한 것은 아니라는 것이다. 잘 판단해야 한다. 고객과 고작 30분밖에 시간이 없다면, 단 5분이라도 화장실에 가는 것은 좋은 생각이 아니다.

어떤 식의 휴게시간—둘러보기, 점심식사, 커피 브레이크—을 갖더라도 단지 자리에서 움직이는 것이 당신과 고객에게 생각을 '부화'하거나 소소한 얘기를 나눌 수 있는 기회라는 점을 염두에 두라. 중간 휴게시간을 "둘러보면서 계속되는 세일즈 상담"이라고 생각하도록 한다.

정신적 휴게시간

우리 생각에는 바람직한 휴게시간이란 이리저리 돌아다니는 것이다. 그러나 비록 이러한 물리적으로 편안한 시간을 갖지 못하더라도, 당신은 여전히 정신적 휴게시간을 가질 수 있다—훌륭한 유추를 통해서 말이다. 유추를 통해서 분위기를 바꾸게 되면 몇 가지 이점이 있다.

개인적 유추는 상담의 열기를 바꿀 수 있다. 매트가 레이와 가진 대화에서 가족들과 애들에 관한 유추를 꺼냈을 때, 그는 상담대화에서 가졌던 어조와 분위기를 생산적으로 바꾸게 되었다.

유추는 상호 간에 입장을 바꾸는 계기도 된다. 제2막에서, 당신은 주로 질문을 던지는 입장—고객보다 낮은 자리—이었고, 고객은 전문가로서 대답하는 입장이었다. 제3막에서, 당신은 조언해 주는 역할을 하게 될 터인데, 그것은 아이디어나 제안들을 제시하는 우월한 자리의 역할이다. 개인적 관점을 공유하는 유추를 한다는 것은 친구 간에 하는 행동이므로, 그러한 유추가보다 높은 역할로 옮아갈 수 있는 유용한 방법이 될 수 있다.

Chapter 18 대화, 제3막 ••• 고객에게 도움이 되도록 한다

"모든 상담을 계약으로 완결한다"는 좌우명은
당신이 고객과의 관계를 한 번으로 끝내기로 했다면
가치가 있다. 그렇지만 관계를 계속하고 싶다면,
"계속해서 유용한 도움을 주어야 한다"는 점을 기억하라.
- 매트 Matt

세일즈 상담을 하는 전략적인 목표는 고객들이 얻을 가치를 전달하고, 고객에게 문제를 해결할 수 있는 방법을 보여주며, 또는 고객들이 어떻게든 현재의 문제상황에서 벗어나게끔 해주는 것이다. 그리고 여느 영화나 연극에서처럼, 그 타이밍이 매우 중요하다. 언제 가치를 전달하느냐는 무슨 가치를 전달하느냐와 마찬가지로 중요하다. 그러므로 기다리도록 한다. 상담에서 적절한 시점이 나올 때까지 기다려야 한다. 제3막까지 기다린다.

기다림의 힘

어느 정도이든, 사람은 모두 기다림의 힘을 경험한다. 모두 아는 사실들, 사랑은 기다릴수록 더욱 애타게 되며, 배고플 때 음식이 더 맛있으며, 시간이 오래 걸린 일일수록 그 성과가 더욱 값지게 여겨진다. 심지어 운동 시합에서도, 시합 종료 막바지에 거둔 승리가 처음부터 쉽게 이겨버린 싱거운 시합보다 훨씬 온 몸과 마음을 흥분시킨다. 세일즈에서도 마찬가지다. 가치를 전달하는 시점에 있어서, 상담 막바지가 초반보다 훨씬 효과적이다.

제1장에서, 우리는 3단계 사고 개념을 소개했다. 여러 연구에서 밝혀진 바로는, 브레인스토밍 말미에 생성된 아이디어들이 초반에 나온 아이디어들보다 더욱 창의적이며 보다 더 생산적이다. 이는 대개 초반에 나온 아이디어들이 통찰에서 새로 나왔다기보다는 기억에서 나오기 때문이다. 우리는 기억하는 사물들, 우리에게 익숙한 것들, 누구나 예전에 가졌던 생각들을 초기에 쏟아내 놓는다. 그런데 우리가 문제점들과 혁신적 해결책들 간에 전에 생각하지 못한 그리고 잠재적으로 효과적인 연결점들을 내놓기 시작하는 시점은 대개 브레인스토밍 회합이 끝날 즈음이다.

세일즈 상담에서도 이 같은 현상이 나타난다. 당신이 제3막에 이를 때까지 상담을 효과적으로 했다면, 이제는 가치를 제대로 전달할 준비가된 셈이다. 상담이 끝날 무렵에는, 당신은 지닌 지식, 보유한 상품과 확보한 네트워크를 고객의 상황과 문제점들에 연결시킬 수 있는 자료를 듬뿍 가지게 된다. 바로 그 때가 당신이 고객에게 가장 도움을 줄 수 있는 타이밍이다.

도움이 되어야

세일즈 상담에서 제3막의 주제는 고객에게 실제로 도움이 되어야 한다는 것이다. 당신은 갖게 된 여러 통찰들—앞서 탐색에서 당신이 생성해낸 아이디어들—을 고객에게 연결함으로써 당신의 가치를 증명한다. 당신이 이끈 상담 과정에서 거둔 모든 결실이 한데 모이면서, 당신은 고객에게 여러 가지 가치를 제시하게 된다.

여기에서 U-S-E라는 두문자어(頭文字語)로 당신이 고객에게 전할 수 있는 세 가지 형태의 가치를 파악해 보자.

- **Understanding(이해)** —고객이 당면한 문제들에 대하여 당신이 파악한 새로운 관점과 통찰들을 뜻한다. 당신은 고객에게 상담에서 당신이 생각해낸 촉매질문과 유추를 통해 다시 얘기하는 방식으로 당신이 고객의 문제를 '이해'Understanding하고 있다는 점을 보여준다.

- **Sourcing(조달)** —당신이 파악한 니즈에 있어서 고객에게 도움이 될 만한 제3자의 제품과 서비스를 고객에게 연결해 준다. 당신의 네트워크에 대한 정보에 근거해서 당신이 '조달(調達)' 역할을 할 수 있다는 점을 전달한다.

- **Exchanging(교환)** —고객이 니즈를 해결하는 데 필요한 당신 자신의 제품, 서비스, 그리고 아이디어를 고객과 거래를 통해 교환을 한다. 교환이 조달의 부분집합임을 유념한다. 조달을 통해서 고

객이 도움이 될 만한 사람들이나 회사들에 연결된다. 교환을 통해서 고객이 당신 자신의 제품과 서비스에 연결된다. 분명히 구별하자면, 조달은 당신에게 직접적인 대가를 가져오지 않으나 교환은 대가를 가져온다. 그럼에도 불구하고, 조달이 지닌 장기적인 가치는 강조해도 지나치지 않는다. 조달을 통해서 고객과 가장 소중한 관계를 맺을 수 있기 때문이다.

이제 고객에게 제공할 수 있는 이들 세 가지 형태의 가치에 대해서 보다 더 자세히 살펴보기로 한다.

이해Understanding

'이해'한다는 것은 가치를 전달하기 위해서 당신의 지식, 지혜, 그리고 지성을 고객에게 제공한다는 것이다. '이해'한다는 것은 '코칭'coaching과 비슷하다—당신이 고객으로 하여금 사물을 새로운 눈으로 그리고 유용한 가치를 보도록 방법들을 알려주는 것이다. 당신은 고객으로 하여금 당면한 문제점들에 대해서 다시 그 뜻을 명확히 확인하게끔 돕기도 한다. 당신이 '이해'를 통해서 가치를 제공하면, 당신은 상담에서 '위치 전환'이 생기는 것을 보게 된다. 통찰과 지혜를 제시하는 사람으로서, 당신은 보다 높은 역할로 상대적 위치가 변한다.

제인Jane은 유수한 컨설팅 회사와 업무관계를 맺고자 알아보는 중이었다. 첫 상담 말미에, 그녀의 고객이 '전화상 회의'tele-conference에 참석하느라 한동안 회의실에서 나가야 했었다. 제인은 그 시간 동안, 고객의 관점에서, 상담하면서 파악된 문제들을 모두 적어보았다. 그것은 생산적 사고를 이용한 회의 요약으로서, "어떻게 하면 우리가…?"하는 질문들을 여러 개 적어낸 것이었다. 그녀가 그 작업을 거의 마쳤을 때, 고객의 조수가 들어와서 자기 상관이 아주 급한 일을 처리하여야만 하게 되어서 상담에 다시 올 수 없다면서 사과를 했다. 제인은 "어떻게 하면 우리가…?" 질문 스무 가지가 적힌 메모를 고객의 책상 위에 남겨놓고 나왔다. 고객이 다음날 제인에게 전화를 걸어왔다. "당신이 어제 남기고 간 리스트 있잖아요? 그것들이 바로 우리 회사가 고객들에게 해야 할 일이라고 생각됩니다."

제인이 가치를 제공하느라고 한 유일한 행위는 있을 법한 일련의 촉매 질문들을 생각해낸 것인데, 그 고객이 그 가치를 인정한 것이다. 좋은 인상을 남긴 셈이다. 촉매질문은 답변이 미처 나오기 전에도 고객에게 가치가 있다. 그 까닭은 촉매질문이 고객이 처한 상황에 초점을 다시 맞추고, 프레임을 재구성하며, 또는 상황을 다시 정리해 주기 때문이다. 그것 자체만으로, 촉매질문은 통찰을 가져오고 호기심을 불러일으킨다. 그리고 가장 좋은 점은 촉매질문을 찾아내는 일이 생각하는 만큼 어렵지 않다는 것이다. 일단 "어떻게 하면 우리가…?"라고 질문을 하는데 익숙해지게 되면, 잠재적인 촉매질문들이 쉽게 나올 것이다 — 그 질문들은 고객으로 하여금 자신의 문제들을 다시금 새롭고 유익한 방법으로 보는 기회를 가져다준다.

불가피한 상황에서, 제인이 할 수 있는 것이라고는 메모한 리스트를 놓고 오는 것밖에 없었다. 그러나 그렇게 함으로써, 비록 고객과 자리를 같이 하지는 않았지만, 제인은 고객에게 자신이 '이해한다'는 점을 전한 것이다. 당연히 제인은 첫 상담을 건실하게 진행했었다는 생각을 가지고 다음 번 상담에 오게 될 것이다.

촉매질문들처럼, 적절한 유추는 고객들로 하여금 자신들이 처한 사정을 새로운 시각에서 다시 볼 수 있게 해준다. 만일 상담 도중에 도움이 될 만한 유추들이 생각나면, 나중에 제3막에서 그 유추들을 언급하도록 한다.

제3막 이전, 공감의 전달

세일즈 과정은 어느 한 결정적인 상담을 중심으로 회전한다. 그럴 때마다, 당신은 자신이 파악한 의견을 전하려고 제3막까지 기다리기를 확실히 원할 것이다. 그러나 더 복잡한 상황의 경우, 당신은 하나의 세일즈 과정에서 아마 여러 번 상담을 하게 될 것이다. 고객이 운영하는 사업 또는 특정 상황에 대해서 상세한 내용까지도 소화하여야 할 수도 있다. 고객이 당신이 던지는 질문에 대해서 당장은 답변을 할 수 없을지 모른다. 고객 측에―또는 당신 측에도 추가로 사람을 투입해야 할 경우도 있다. 당신 자신이 여러 가지를 추가로 더 알아보아야 할 수도 있다. 고객이 상담과정에 대해서 예상보다 신중하게 시간을 끌 수 있다. 이러한 변수들 하나 하나, 또는 여러 가지가 당신이 첫 상담에서 어느 정도 성공을 하게 되느냐를 결정할 것이다.

여전히, 당신은 고객에게 기대할 수 있는 가치를 미리 암시하는 징표를 어떻게든 남기기 원한다. 그러므로 세일즈 과정이 긴 경우, 또는 고객의 상황이 복잡한 경우, 또는 상담이 막바지 제3막에 이르지 못할 경우,

당신은 촉매질문들을 그저 말하거나 다시 반복하는 방식으로 다음 상담을 기약하도록 해야 한다. 제인의 경우처럼, 공감을 나누는 상대를 만나서 다시금 만나자는 뜻을 듣게 될 수도 있다.

제3막이 막 시작될 때, 또는 긴 상담의 경우에 막바지 제3막이 예상되는 상황에서, 고객 사정에 알맞게 촉매질문을 제시하는 것은 당신이 고객의 상황을 제대로 듣고 이해하고 있다는 사실을 증명한다. 그렇게 제시된 촉매질문이 고객으로 하여금 상황을 보다 명확하게 그리고 새로운 관점으로 보게끔 유도한다. 그러한 촉매질문은 또한 고객이 해법을 찾도록 대상 문제점들을 명료하게 표현할 뿐더러, 당신이 내어놓을 아이디어들에 대한 기대감을 불러일으킨다.

조달(調達) Sourcing

'조달'sourcing이란 고객이 당면한 문제를 해결하는데 도움이 될 만한 자원, 사람, 그리고 정보에 고객을 연결하거나 소개해 주는 것을 말한다.

이러한 연결점들을 제공함으로써, 고객을 돕기 위해서 당신은 시간과 노력을 기꺼이 제공할 준비가 되어 있다는 사실을 고객에게 보여주게 된다. 만일 고객이 당신이 추천한 프리랜서를 고용하거나, 당신과 관련된 자본가와 파트너로 일하게 되면, 당신은 고객에게 실질적인 가치를 제공한 셈이 된다. 이런 경우에 고객이 당신을 잊을 리가 없다.

고객에게 '조달' 편의를 제공하는 길은 여러 가지가 있다ㅡ시장 정보를 제공하거나, 관련된 뉴스나 URL을 알려주거나, 그것들에 대한 분석을 해주거나, 잠재적인 파트너, 공급업자, 또는 고객에 다리를 놓아주는 일

등. 당신이 기록한 큐-노트의 2분면(상담 중에 또는 리서치 중에 생각이 난 것으로 고객에 도움이 될 만한 아이디어들을 적은 곳)에 또는 4분면(고객과 장래 다시 만날 기회 요인들을 적은 곳)에 적어놓은 사항들은 어느 것이나 '조달' 편의를 제공하는 기회가 될 수 있다.

새로운 고객과 상담을 하는 도중에, 제인은 퀘벡Quebec시장에서 특이한 동향이 일어난다는 점을 알게 되었다. 퀘벡 주에서 상용되는 불어와 프랑스에서 상용되는 불어 간에는 차이점이 많다. 캐나다의 불어권 주민들은 이 차이에 대해서 민감한데, 당연히 자기네 불어를 선호한다. 다음은 제인이 촉매질문 중 한 가지에 근거해서 고객에게 '조달' 편의를 제공하는 경우를 보여주는 예다.

"예전에 당신이 퀘벡 주에서 일할 때, 퀘벡 불어로 번역을 신속하게 하지 못하는 문제를 어떻게 해결했는가를 저에게 얘기한 적 있잖아요. 제 친구 한 명이 몬트리올에 거주하는데, 저희와 같은 분야에 10년을 일한 경험이 있지요. 그가 지금은 작은 번역/통역 업체를 운영한답니다. 그는 퀘벡 불어에도 능통하고 우리 산업 분야도 잘 압니다. 제가 그를 소개시켜 드릴까요?" 제인은 자기 제안이 이 시점에 필요한 얘기라는 점을 알고 있었다. 그녀는 고객에게서 그 주제가 처음 대두되었을 때, 번역하는 친구가 생각났었다. 그러나 바로 그 때 그 친구를 소개하는 대신, 자신의 큐-노트의 2분면에 적어놓고서는, 그 생각을 전달할 때를 기다렸다('기다림의 힘'에 부합하는 예다). 제인은 그 소개를 하면서 어떤 대가도 받지 않을 것이지만, 결국에는 훨씬 중요한 무엇인가—고객의 호의와 그녀가 유용한 일을 했다는 고객의 인식—를 얻게 될 것이다.

교환 Exchanging

'교환'exchanging이란 고객의 니즈를 당신의 제품, 서비스, 또는 업무과정에 연결하고 일치시키는 일을 뜻한다. '교환'은 당신과 당신이 제안하는 것들에 내재된 가치를 대상으로 한다.

'교환'을 통해서 당신이 제공하는 가치에는 세 가지 주요 형태가 있다.

- 고객이 겪고 있는 짜증과 불편을 경감시키도록 돕는 일(고객이 호소하는 애로사항을 해결시키는 일)
- 비용을 줄이거나 매상을 올리는 형태로 경제적인 이득을 제안하는 것(고객이 미처 표현하지 않은 애로사항을 파악하고 해결하는 일)
- 당신이 제공할 수 있는 새로운 제품이나 서비스를 가지고 산업의 동인(動因)이나 회사의 운영상태를 개선하는 일(고객이 표현했거나 표현하지 않은 애로사항에 대해서 전략적인 가치를 제공하는 일)

바로 앞 장에서, 매트는 레이가 관료들의 형식주의 때문에 문제를 안고 있다는 것을 발견했다. 여기 매트가 촉매질문을 가지고 어떻게 그의 아이디어를 제안했는지를 보여주는 한 예가 있다.

"앞서 우리가 문제점 하나를 파악했는데, 제가 요약한다면, '어떻게 하면 출하를 승인하는데 드는 시간과 노력을 최소화할 수 있는가?'라는 문제였지요. 제 고객들 중에 저와 8년이나 거래를 하는 좋은 친구가 있습니다. 그는 같은 문제로 골머리를 앓았답니다. 그래서 우리가 함께 '급속출하승인 프로그램'을 개발했었습니다. 관건은 12개월 동안 예정된 6차례 선적을 사전에 승인하여야 하는 일이었지요. 우리는 FDA와 공동으로 업무절차에서 얽힌 점들을 개선하는 일을 했습니다. 아직도 여전히 절차초기에 행정처리로 상당한 시간이 걸립니다만, 이제 출하된 선적물량이 도로에 나서기 전에 서류를 한 장만 제출하면 됩니다. 서명은 아직 세 개가 필요한데, 그것도 스캔을 하는 방식으로 가능합니다. 서명이 보안시스템에 보관된 원본과 일치하면, 문제가 전혀 없지요—자필서명을 받는다고 임원들을 찾아 온통 헤매지 않아도 된다는 얘기지요. 만약 원한다면 그 프로그램에 관해서 자세한 내용을 보내드리도록 하겠습니다. 언제가 좋으신가요?"

만일 매트가 약속한 바를 지키게 되면, 그는 아마도 계약을 하게 될 것이다. 다음 주에 예정된 후속상담 자리에 필요한 사람이 있다면, 매트는 회사에서 어떻게든 그를 데려올 것이다.

USE 또는 UES?

USE는 기억을 돕느라 만든 연상기호일 뿐이다, 어렵게 그리고 바로 이어서 따라야 할 순서가 아니다. 그 순서는 전달하는 가치에 따라서 알아서 바꾸어 쓸 수 있다.

제인은 가능하면 곧바로 아이디어를 내어 '교환'을 자연스럽게 하곤 한다. "저는 그 자리에 세일즈를 하러 간 것입니다. 고객들이 그것을 알아요. 스스로 '이해'를 했다고 확인을 한 후에는, 저는 언제나 효과적인 '교환' 아이디어 하나를 가지고 후속 마무리를 합니다."

반면에, 매트는 '교환' 전에 '조달' 아이디어를 우선 내놓는 것이 더 마음이 편하다고 한다. "나는 당장의 기회보다 관계를 우선적으로 생각하지요. 장기적으로 보면 긴밀한 관계가 사업에 도움이 됩니다."

둘 중 어느 것도 잘못이 아니다. 언제나 관련된 사람, 문제, 그리고 상황이 최선의 방식을 결정한다.

'조달' 아니면 '교환', 당신과 당신의 상황에 가장 어울리는 순서가 무엇이든 간에, 우리는 당신이 '이해'를 먼저 할 것을 추천한다. 그렇게 함으로써, 당신은 고객에게 가치를 제공할 뿐만 아니라(타당한 통찰은 중요한 가치를 전달하는 수단이다) 당신이 올바른 방향으로 접근하는지를 판단하는 기회를 갖게 된다.

상담 말미에, 당신이 가장 강력한 아이디어들을 '교환' 대상으로 내어놓은 후에라도, 고객에게 끝맺음으로 통찰(이해U) 또는 연결점(조달S)을 다시 제공하는 것은 매우 현명한 방법이다. 상담을 끝마치면서, 금전 대가를 따지지 않고 가치를 제시하는 것은 고객의 기억에 남는 좋은 방법이라고 하겠다.

상담 말미에 자기 주장을 하지 마라.

만일 고객이 당신의 아이디어에 별 관심을 보이지 않을 경우에는, 그 아이디어가 옳다고 주장하는 실수를 하지 않도록 한다(*제안 → 반대 → 변호*라는 악순환을 기억하는가?). 그 대신에, 다음 아이디어로 넘어간다. 당신이 자존심을 내세우는 성격이 아니라면 어렵지 않은 일이다. 먼저, 아무런 효과도 못 내는 아이디어에 대한 애착을 버린다. 그 다음에는 촉매질문을 다시 말하거나 또는 유추를 생각해 냄으로써 상황을 재설정한다. 그런 다음, 당신은 다른 아이디어를 제시한다. 기억할 것은, 아이디어를 제시하는 것을 맨 끝까지 기다린 이유 중 하나는 이러한 가능성에 대비하자는 것이었다. 상담에서 여기까지 오는 동안, 당신은 제안할 대안들을 여러 가지 마련해야 한다.

여기 한 가지 예로, 제인이 자신의 후배인 니키Nikki라는 젊은 마케팅 전문가에게 멘토링을 하면서 누구에게나 처리하기 쉽지 않은 '제안 ➔ 반대 ➔ 변호' 악순환을 어떻게 비켜갔는지를 보도록 하자. 니키는 휴스턴Houston으로 이사를 해서 직업을 구하는 중이었다.

니키는 휴스턴 지방의 마케팅 분야에 종사하는 사람들을 아는 친구가 한 명 있다는 말을 했었다. 제인이 조언을 몇 가지 해주었다. "그 친구가 안다는 지인들 몇 사람을 만나서 정보를 얻고자 할 때, 미팅 말미에 네가 만나볼 만한 사람이 더 있는지 꼭 묻도록 해봐. 소개를 받으면 진행을 하되 소개해 준 분에게 진행 경과를 꼭 알리도록 하고. 매번 소개를 받을 적마다 이렇게 하게 되면, 금방 네가 알아볼 사람들 네트워크를 갖게 된단다. 네가 자연스럽게 접촉을 해도 되고 그들 기억에도 남게 되거든."

니키는 바로 답변했다, "저는 그것이 불편해요. 저는 소개를 받아서 직장을 구하고 싶지 않거든요. 저는 저에게 가장 어울리는 직장을 구할 거예요."

여기에 제인이 다음과 같은 말을 했을 수도 있다. "이것봐, 원래 네가 지닌 컨택트 리스트에서 일차 인터뷰를 통과한 후에 일자리를 얻는다면, 그 이유는 소개보다는 바로 당신 자신 때문에 된 일이야."

하지만 제인은 다음과 같이 말했다, "듣고 보니 너는 개인적인 호의로 직장을 얻는 것을 원하지 않는다는 말이구나. 그렇다면, 네가 친구에게 연락을 한 후에, 자기 자신의 능력으로 직장을 구했다고 네가 스스로 만족할 수 있으려면 어떤 상황이 되어야 할까?"

제인은 자신이 제시했던 원래 아이디어를 구태여 고집하지 않았다. 그 대신에 개방형 질문을 던짐으로써, 제인은 니키가 생각을 정리하고, 니키가 생각하는 장애요인들이 자기 스스로 초래한 것이라는 점을 알 수 있게끔 도움을 주었다. 제인은 도움을 주려 했다 — 니키가 궁극적으로 자신의 조언을 따르든지 말든지 간에 제인은 니키에게 가치를 제공한 셈이다.

당신이 고객의 관점을 이해한다는 것은 고객에게 당신이 "옳다"는 점을 납득시키는 것보다 훨씬 중요하다. 선언적인 말로 당신의 아이디어를 주장하기보다는, 또는 '예스-아니면-노' 질문을 하는 것보다는, "당신이…. 한다면 어떨까요?" 식의 개방형 질문으로 상담을 진행하도록 한다.

가정(假定)들을 확인한다

제2막에서 고객의 니즈를 능숙하게 탐색했었던 제인은 시간이 촉박하게 되자, 자신이 적은 USE 연결점들이 가득 찬 큐-노트 2분면을 검토했다. 그녀는 언제라도 바로 말할 준비가 되어 있었다.

"이제 10분 정도밖에 시간이 없네요. 우선, 제가 드린 질문들을 숙고하여서 사려 깊게 대답을 해주셔서 감사합니다. 저는 오늘 당신이 한 얘기로부터 제가 파악한 관련 사항들에 대해서 말을 하고 싶습니다. 괜찮은지요?"

“빨리 말해보세요.”

“말씀하시기를, 케이프타운Cape Town에 직원들을 보강하는 것이 매우 어려웠으며 그곳에 근무하는 팀원들이 지쳐서 나가떨어질 지경이었다고 했지요. 제가 제대로 알아들었나요?” 제인은 그녀가 알게 된 사실들을 체크하고 고객에게 그녀가 다루려는 문제를 상기시키고 있었다.

“사실, 그 문제는 곧 해결될 것입니다. 다음 달부터 일할 신입직원 4명을 고용했거든요.”

고객의 문제점이 처음에 들었던 것보다 심각하지 않다는 것을 발견하는 일은 드문 일은 아니다. 제인은 그 때까지는 ‘조달’ 아이디어를 한 가지 가지고 있었는데, 문제가 새롭게 정의되었으므로, 그것이 더 이상 적절하지 않다는 점을 알게 되었다.

그녀가 취한 방법은 단순하고, 공개적이었으며, 효과적이었다. *새로알게 된 점을 인정하고, 다음 아이디어로 주제를 옮긴다.* “정말 다행입니다. 그런데 당신은 지점들이 제각기 원거리통근을 둘러싸고 따로따로 분위기가 조성된다는 걱정을 했잖아요. 제가 노트한 바로는…” 제인은 노트 메모를 점검하면서, 무엇인가 유용한 연결점을 찾을 때까지 계속 말할 셈이었다. 그녀가 원하는 바는 옳고 그름이나 변명하는 게 아니라 고객에게 유용한 얘기를 해야 한다는 점이다.

‘조달’을 하든 ‘교환’을 하든 간에, 당신의 생각을 공개적으로 제시하도록 한다. 일단 고객이 흥미를 느끼면, 잘 된 일이다. 그렇지 않더라도, 당신은 언제나 다른 얘기를 할 준비가 되어 있어야 한다.

‘조달’과 ‘교환’은 본질적으로 같은 일로서 가치를 제시하는 것이다. 유일한 차이점은 '교환'을 하면 대가가 생기며, '조달'에서는 그렇지 않다는 점이다―적어도 직접적으로는 그렇다. 사람들은 돈이 걸리게 되면 꼼꼼해지는 경향이 있다. 그 점은 고객과 세일즈맨 모두에게 당연한 일인데, 초보 세일즈맨에게는 매우 거북할 수 있다. 돈은 자주 우리로 하여금 상담을 승패의 게임으로 간주하게끔 만든다. 그러나 당신이 고객에게 유용한 가치를 제공한다는 생각과 고객과 향후 맺을 관계에 씨앗을 뿌린다는 목표를 가지고 상담에 참석하면, 당신은 언제나 만족한 결과를 얻을 수 있다.

실패한 상담이란 세일즈맨이 가치를 전달할 기회를 전혀 찾지 못하는 경우다. 그러나 USE 개념은 가치를 넓게 정의하기 때문에, 여러분은 좀처럼 상담에서 실패하지 않게 된다. 아주 짧은 상담에서 또는 변죽만 울리는 경우에도 또는 곧 거래를 할 가능성이 거의 보이지 않는 경우라 할지라도, 여러분은 USE 범주 중 적어도 한 가지에서 상대에게 유용한 가치를 전달할 수 있다. *가치를 전달하는 것이 바로 당신이 기억될 수 있는 길이다.*

상담이 성공적이라는 징표

당신이 아이디어들을 제시할 때, 당신은 특정 아이디어가 흥미로운 경우에 고객이 질문을 하기 시작한다는 점을 알게 될 것이다. 고객이 당신에게 제품 또는 서비스가 어떻게, 언제, 그리고 어디에서 그들에게 유용한지에 관해서 질문을 하기 시작하면, 그것이 바로 그들이 자신들의 문제와 당신의 제품 사이에서 연관성을 본다는 좋은 징표다.

상담이 성공적(고객에게 유용하다는)이라는 또 다른 징표는 "시간이 10분 남짓 남았군요."라고 당신이 말하는데, 고객이 "괜찮아요. 시간을 더 낼 수 있어요."라고 대답을 할 때다. 만일 가치가 없다면 누구도 원래 예정한 시간보다 더 시간을 내주지 않을 것이다. 고객이 상담을 더 하자고 한다면, 당신이 유용하다는 의미이다.

약속의 의미

상담에서 당신이 말하는 모든 '조달'과 '교환'은 일련의 약속들이다. '약속한다'promise는 단어는 "미리 보낸다"라는 라틴어에서 유래가 되었다. 바로 그 뜻이 약속이 의미하는 바에 정확히 들어맞는다. 약속은 장래에 전개될 관계를 미리 말하는 것이다.

약속들은 한 번의 상담에서 일어나는 게 아니다. 취급하는 제품, 제안서의 복잡성, 종사하는 산업 등에 따라서, 약속하는 행위가 일련의 상담에 걸쳐서(그리고 상담 간에) 계속해서 일어날 수 있다. 그렇지만 당신이 고객에게 무엇을 제안하든 간에, 고객을 맨 처음 대면한 처음 순간부터 상담 전 리서치, 상담 전에 나눈 사소한 대화, 그리고 상담 대화에서의 3막까지 통틀어서 당신이 제시한 모든 것들이 약속이다. 당신이 파악한 고객의 니즈가 당신이 제시할 '조달'과 '교환'의 도약대라고 할 수 있다. 그 약속들이 향후 당신이 발전시키고자 하는 고객과의 관계에서 기반이 된다. 관계란 제시한 약속들이 준수되는 기초 위에서 세워지는 법이다.

'조달'과 '교환'에 관한 약속은 고객과의 관계를 다지는 기회가 된다.

- "당신에게 얘기했던 사이트로 링크를 보내겠습니다."
- "제가 사무실로 돌아가는 대로, 당신과 해리Harry를 서로 소개하는 이-메일을 보내겠습니다."
- "제가 다음 3주 간에 걸쳐서 할 6가지 일이 여기 있습니다."
- "벨인핸드Bell in Hand 카페에서 9시에 만나서 커피를 하지요."
- "합의한 사항들을 제가 조정해서 내일 아침에 당신에게 전달하지요."
- "제가 그 1만에 대해서 토요일 오전에 금융가를 통해서 계약을 하겠습니다. 좋습니까?"

당신이 한 약속은 "이 계약서를 오후에 살펴보겠다"에서부터 "당신에게 다시는 전화를 하지 않겠다"라는 것에 이르기까지 모두 해당되지만, 무엇이든 간에 약속한 바는 지키도록 한다. 약속에 관한 우리들의 철학은 간단하다. *말로만 하지 않는다.* 당신이 하는 말이 곧 당신이다. 고객들이 그 점을 알게 되면, 그들은 당신한테 의존할 수 있다고 안다.

상담을 끝내고 일어나기 전에 끝으로 할 일은 당신과 고객이 이해를 같이 한다는 점—양방이 각자 서로 약속한 바를 이해한다는 것—을 확인하는 일이다.

고객에게 유용하게(of USE) 되려면

- **당신이 경청한다는 것을 증명한다.** 당신이 지난 수십 분에 걸친 상담에서 논의된 여섯 가지 토의사항을 정리하고 재차 확인하면, 당신

이 고객의 얘기에 진정으로 귀를 기울였다는 점을 증명하는 셈이다. 단지 듣는 것만으로 설득력을 갖게 되는 것을 보면 정말 놀랍다.

- **전략적으로 이해하려고 한다.** 촉매질문은 전략적인 질문이다. 뛰어난 전략적 사고의 핵심적 요소는 당신이 처한 현 상황과 미래 목표 간에 존재하는 결정적인 차이점들을 파악하는 것이다. 촉매질문들을 제시함으로써 당신이 전략적 사고 능력을 가지고 있음을 증명한다.
- **수평적 사고를 할 수 있다는 점을 보인다.** 유추는 전혀 무관한 세상으로부터도 관련된 생각을 끌어온다. 에드워드 드 보노Edward De Bono는 이를 수평적 사고lateral thinking라고 부른다. 이것은 창의적 문제해결을 하는 데 있어서 핵심적 사고방법 중의 한 가지다.
- **고객의 기억 한 구석을 차지하도록 한다.** 고객이 당면한 업무적, 개인적 문제들을 해소할 수 있는 연결점들을 많이 찾아낼수록, 당신은 더욱 더 고객의 사고활동 범위 안으로 들어오게 된다.
- **자기주장을 지나치게 강조하지 않는다.** 세 가지 USE 범주들에서 나온 여러 아이디어를 고객에게 제시할 수 있게 되면, 당신은 당신이 "확신"하는 아이디어만이 고객에게 완벽한 해결책이라고 주장하려는 일반적인 오류에서 벗어날 수 있다.

상담을 계약으로 마감하는 기법들은 무엇인가?

우리가 앞서 제1장에서 말한 바와 같이, 이 책 *'세일즈의 탄생'*Never Be Closing에서는 계약을 끌어내는 기법에 관한 정보를 볼 수 없다. 저자들 생각이 그렇다. 계약으로 마감하는 기법은, 특히 고객들이 아직 마음을 먹지 않았거나 준비가 되지 않았을 때 계약을 하게끔 꾀어내도록 고안된 기법들은 생산적 판매Productive Selling 철학에 전혀 맞지 않은 것이다.

우리는 고객에게 억지로 구매를 하도록 압력을 주는 일은 비윤리적이라고 생각한다. 설사 그것이 윤리적이라고 하더라도, 우리는 계약을 부추기는 기법이 효과적이라고도 생각하지 않으며, 특히 장기적인 관점에서는 더더욱 아니라고 생각한다. 사람들은 바보가 아니다. 당신이 상대방이 원하지 않을 때 구매를 하도록 심리적인 기법들을 써서 판매를 한다고 해도, 당신은 두 번은 그렇게 할 수 없을 것이다. 그 사람은 당신을 전형적인 '장사치'로서 나쁘게 기억할 것이다.

결론적으로, 우리는 이런 계약마감 기법들이 언제나 효과가 있을 것이라고 생각하지 않는다. 한 가지 흔한 기법은 "예스"를 끌어내고자 고안된 일련의 질문들로 되어 있다. 몇 가지 "예스" 반응을 이끌어낸 다음, 판매자가 "이제 계약을 할까요?"라고 질문을 한다. 추측하건대, 일련의 "예스" 답변은 또 다른 "예스"를 끌어낼 것이고, 그것으로, 만세, 당신은 계약을 한 건 한 셈이다.* [*계약마감을 강조하는 세일즈 책자에서는, 이러한 기법이 타이-다운 tie-down 기법이라고 소개되기도 한다.] 우리는 특히 대형 거래에서 이러한 기법들이 효과적이라고 생각하지 않는다. 만일에 고객이 구매를 한다면, 그는 아마도 그럴 형편에 처했을 것이다. 만일 고객이 준비가 되어 있지 않다면, 그는 구매를 하지 않을 것이다. 어느 경우에서든 해당 세일즈맨은 결국 불성실한 인물로 기억에 남는다.

계약을 제대로 이끌어내는 최선의 방법은 '*정확하게 질문하고, 창의적*

으로 문제를 해결하고, 그리고 믿음직하게 약속을 이행하는 세일즈맨'이 되는 것이다. 당신의 제품과 서비스가 고객의 니즈에 어떻게 유용한지를 제대로 보여주면, 고객은 구매를 하려고 할 것이다. 거래를 매듭짓는 데 있어서 가장 좋은 방식은 "다음 단계로 진행할까요?", "제가 계약서를 작성할까요?", "계약서를 작성하기 전에 더 필요한 정보가 있는가요?"라는 질문을 하는 것이다. 그런 질문들은 명백하며 속임수가 있는 것이 아니다. 그 질문들은 투명하며, 계약을 끌어내는 기법들과는 다르다. 계약을 마감하는 데는 이토록 간단명료한 방식이 좋다.

우리가 경험한 바로는, 당신이 고객의 비전에서 고객과 이해를 같이하고 당신이 그 비전을 이루는 데 어떻게 고객을 도울 것인지 다시금 얘기할 수 있다면, 세일즈는 저절로 된다. 최소한, 당신은 다시 방문하고자 할 때 환대를 받는 특권을 누릴 것이다.

상담의 마무리

처음 만나서 인사를 미처 하기도 전에 상담이 시작되는 것과 마찬가지로(제14장 "상담 전 상담"), 단지 작별인사를 한다고 상담이 끝난 것이 아니다. 상담이 공식적으로 완료되었다고 간주하려면, 당신은 한 가지 더 중요한 작업을 할 필요가 있다.

당신의 상담은 당신이 적은 노트를 이해할 수 있게 정리하기 전까지는 끝난 게 아니다. 당신은 상담할 때 고객에게 주의를 기울이느라 의도적으로 약어를 사용해서 노트를 하게 된다. 당신이 갈겨 써놓은 것들을 제대로 옮겨 적는 데 시간을 오래 끌수록, 노트한 내용들은 며칠 또는 몇 달이 지나면 더욱 더 이해할 수 없는 것들이 될 것이다. 암호로 가득 찬 노트를 읽을 수 있는 문장으로 고쳐 적도록 한다. 이렇게 하면 적은 것을 이해하는 데 도움이 될뿐 아니라, 논의된 바를 더 잘 기억하게 되어서 다른 사람들에게 더 확실하게 전달할 수 있게 된다. 당신은 또한 새롭게 떠오르는 생각을 큐-노트에 적절히 추가하는 기회를 갖게 된다.

우리는 이것이 매우 중요하다고 생각하는 까닭에, 우리가 제11장에서 큐-노트 개념을 소개하면서 언급했던 말을 다시 반복하고자 한다. ***언제나 상담 후에(늦어도 한 두 시간 이내에), 상담 노트를 자세히 재작성하는 시간을 갖도록 한다. 언제나.*** 이 시간을 상담의 일부분으로 여기도록 하라. 이런 시간이 당신과 당신의 세일즈 프로세스에 투자하는 것에 포함된다고 간주한다. 이것이 세일즈를 더 잘하는 데 필수적인 부분임을 기억한다. 상담노트를 가능한 한 빨리, 완벽하게 다시 작성하도록 한다.

Part 05

상담 후

After the Meeting

Chapter 19 필수사항 ••• 상담 후가 중요하다

> 일을 하지 않으면 남는 것이 없다.
> 저절로 오는 보상이란 없다. 당신이 획득해야 한다.
>
> \- **랄프 왈도 에머슨** Ralph Waldo Emerson

옛말에 이르기를, 어떤 만남도 실제로는 세 개의 만남이라고 한다. 계획한 만남, 실제 일어난 만남, 그리고 다시 머릿속으로 기억하는 만남. 당신이 가졌던 상담을 다시 생각하면서, 잘한 점들에서 자신을 축하하고, 못한 점들에서 안타까워하는 것은 자연스러운 모습이다. 그렇지만, 사후점검은 그 성격상 체계적으로 엄격하게 하지 않으면 별 소용이 없다.

제5부에서는 상담의 결과를 최대한 활용하도록 고안된 점검 방법을 설명한다. 잘한 점은 더 발전시키고, 부족한 점에서는 교훈을 얻고, 그리고 다음에는… 그리고 그 다음에는… 그리고 또 그 다음에는… 더 잘하도록 한다.

제20장에서는 당신이 진행한 상담 과정을 점검하는 체계를 제시한다

—당신이 어떻게 신뢰의 문턱을 넘게 되었는지, 어떻게 고객 니즈를 파악하게 되었는지, 그리고 어떻게 당신이 유용하다는 점을 보여주게 되었는지 등.

제21장에서는 당신이 상담내용을 활용하는 방법—수집한 정보를 파악하고 이용하는 방법을 보여준다.

제22장에서는 당신이 배운 것으로 관계를 맺는, 고객의 기억에 좋은 인상으로 남는, 그리고 부가적인 사업을 만드는 방법을 보여준다.

우리가 경험하면서 알게 된 것은, 사람이건 조직이든 간에 흔히들, 비록 좋은 의도가 있더라도, 점검하는 일을 하지 않으려는 유혹에 빠진다는 점이다. 세상은 빨리 움직인다. 누구든지 언제나 또 다른 '다음 할 일'이 있을 것이다. 그러나 언제나 불은 바로 꺼야 하는 법이다. 상담 후에 제일 먼저 할 일은 점검을 하는 일이다.

우리가 깨달은 사실은 잘된 일, 잘못된 일, 그리고 개선해야 할 점을 나누어 분석하는 데서 가장 큰 배움이 생긴다는 것이다. 제6장에서, 우리는 미 육군 OPFOR부대의 성공담에 대해서 얘기했는데—그 성공은 부대원들이 작전활동을 한 후에 일어난 사건들에 대해서 체계적인 사후점검 After Action Review을 꾸준하게 실시함으로써 얻은 교훈에서 비롯된 것이다.

다시 말해서, '사후점검'AAR을 통해서 습득한 교훈들을 꾸준하게 적용한 결과로 OPFOR부대가 미 육군 역사상 가장 성공적인 부대로 만들어진 것이다. 당신도 나름의 방법으로 상담과정과 내용을 사후점검하고 거기에서 도출된 교훈을 적용시키게 되면 가장 성공적인 세일즈맨이 될 수 있다.

다음 장들을 숙독하라. 순서대로 읽도록 한다. 배운 바를 자신의 업무에 적용해 본다. 우리가 약속하건대, 이렇게 하면 당신에게 도움이 많이 될 것이다.

Chapter 20 상담 후 ••• 프로세스를 점검한다

> 프로란, 지속적으로 실력을 향상시키는 아마추어라고 할 수 있다.
>
> \- 제인 Jane

당신에게 도움이 되는 사후점검에는 두 가지 종류가 있다. 첫째는 *프로세스에 관한 점검－과정* 점검－으로서, 당신이 상담 중에 대화를 어떻게 진행했는지, 잘했던 점은 무엇인지, 어떤 점을 더 개선해야 하는지, 그리고 서로 나눈 상담 중에 눈에 띄는 점들에 대한 점검을 하는 것이다. 다시 말해서, 상담의 진행과정에 대한 것이다. 다른 점검은 *내용*에 관한 점검이다－고객의 전략, 당면한 문제들, 그리고 요구사항들에 대해서 무엇을 파악하였는지를 분석하는 것이다. 다시 말하자면, 상담의 실체에 관한 것이다.

두 가지 모두 당신이 상담에서 성공하는 데 필수적이다. '*내용* 점검'은 고객과의 관계를 갖고 계약을 맺는데 있어서 필요한 계획을 세우는 데 도움을 준다. 그러므로 이 작업에서는 단기적인 혜택을 기대할 수 있다. 단기간에 성과가 향상되는 것을 보게 되거나, 프레젠테이션을 좀 더 잘하게 되고, 신용 문턱을 좀 더 빠르게 넘는다든지, 보다 효과적인 촉매 질문들을 던지는 데 도움이 되는 이점들 등을 말한다. 반면에, '과정 점검'은 세일즈 능력을 키우는 데 도움이 된다. 그리고 '과정 점검'이 가져다주는 진정한 혜택은 장기적인 것인데, 상담솜씨가 나아지게 되면서 당신을 보다 자신감 넘치고 편안하게 해준다 ― 진정한 생산적 세일즈맨이 되어가는 과정이다.

우리가 권하는 바는, '과정 점검'을 먼저 해야 한다.

'내용 점검'을 하게 되면 즉각적인 결과를 볼 수 있기 때문에, 그것을 먼저 하려는 유혹이 강하게 올 것이다. 하지만 새로운 사업내용에 집중하게 되면 기왕에 가졌던 상담으로 돌아가서 그 때의 상황을 다시 생각하기가 매우 어렵게 된다. '과정 점검'이 갖는 가치가 현재가 아니고 미래에 있다는 이유로, 흔히들 '과정 점검'을 비록 가치는 높으나 덜 급한 과제로 인식하는 예가 많다. 즉, '별로 끌리지 않는 일'처럼 취급하게 된다.

사람들이란 묘한 존재다. 언제나 단기간에 이룰 수 있는 성과는 과대평가를 하고, 장기적으로 이룰 수 있는 가치는 과소평가를 한다. 바로 그러한 '너무나 인간적인' 경향으로 인해서, 건강, 재산, 행복 심지어 사랑에서 많은 기회를 놓치게 된다. 그러나 당신의 경우에는 이러한 위험 부담을 질 필요가 없다. 앞서 제17장에서 우리가 추천한 데로 이미 큐-노트를 다시 정리하였다면, 상담 과정을 잊어버릴 리가 없을 것이다. 맘을 먹고 '과정 점검'을 먼저 하도록 한다. 물론 이런 작업은 비록 일이라 하더라도 성가신 법이다. 그러나 노력한 이상의 가치가 있다. 당신의 세일즈

경력이 고참이든 신참이든 간에, '과정 점검'을 하면서 당신의 상담 솜씨가 향상될 것이다.

경험학습

'경험학습사이클'Experiential Learning Cycle은 심리학자 데이비드 콜브David Kolb가 제안한 성인교육에 관한 이론이다.* [*David kolb, Experimental Learning: Experience as the Source of Learning and Development (New Jersey: Prentice-Hall, 1984)]. 콜브에 따르면, 사람들이 자신의 경험에 비추어 생각해 보고, 그 생각에 따라서 새로운 사고와 행동을 발전시키며, 그런 다음 새로운 상황에서 이런 접근방법을 사용할 때, 매우 효과적인 학습결과를 보인다. 이러한 시험과정을 거치면서, 반대로, 우리가 지닌 사고 및 행동 양식을 개선할 수 있는 새로운 경험들을 갖게 된다. 지난 경험에 비추어보고, 기왕의 방법을 조절하며, 그것을 새로운 상황에 적용시키는 사이클을 거치면서, 사람들은 자신의 기술이 향상시키고 보다 나은 결과물을 만들어낸다.

콜브의 이론을 적용시키는 가장 기본적인 방법은 특정 경험에 대해서 점검할 때마다 다음 세 가지 질문을 던지는 것이다.

- 어떤 일이 일어났는가?
- 그것은 어떤 의미였는가?
- 다르게 한다면 어떻게 해야 도움이 될까?

또는, 우리가 쓰는 간단한 형식으로,

- 어떻게 됐는데? What?
- 그래서 어떻다고? So what?
- 이제 어떻게 해? Now what?

"어떻게 됐는데? 그래서 어떻다고? 이제 어떻게 해?"로 사후점검

"어떻게 됐는데? 그래서 어떻다고? 이제 어떻게 해?"가 우리가 추천하는 간단하고 강력한 '사후점검'의 전체적인 구조다.

이 구조를 효과적으로 사용하려면, 각 단계별 점검에서 다음 3가지 사고방식을 각각 적용하기를 권한다.

- 일어난 상황(What?에 해당)에는 '스토리 맵핑'Story Mapping 기법
- 그 의미들(So What?에 해당)을 이해하는 데는 '파워'POWER 기법
- 이제 개선한다면(Now what?에 해당)은 '중단-시작-향상'Start-Stop-Improve 기법

어떻게 됐는데? ('스토리 맵핑'Story Mapping 기법)

당신이 우리가 얘기한 대로 따라서 했다면, 상담 후에 맨 먼저 당신이 한 일은 큐-노트를 검토하고 다시 정리하는 일을 했을 것이다. 그러면서, 간단한 메모들을 제대로 이해하고 상담에서 거론된 사항들을 가능한 한 자세히 파악했을 것이다.

당신도 익숙한 영업 상담은 일반적으로 3막으로 진행되는데, 맨 먼저 서막으로 소개가 있게 되며, 가끔은 중간에 한 번 쉬기도 한다. 서막은 통상적으로 소소한 주변 얘기로 시작된다. 제1막에서는 상호 신뢰감을 조

성하는 단계다. 제2막은 고객이 당면한 상황과 애로사항들 그리고 도전 문제들을 파악하는 단계다. 그리고 제3막에서 당신은 고객에게 가치를 전달하고 당신이 도움이 될 수 있다는 점을 보여준다.

제1막과 제2막에서는 당신으로 하여금 다음 막으로 진행하게끔 하는 전환점이 있다. 제1막에서의 전환점은 당신이 고객의 신뢰를 확보하고 질문을 묻기 시작할 때다. 제2막에서의 전환점은 고객에게 가치를 제공할 만한 촉매 질문이나 유추를 생각해내기에 충분한 정보를 수집했을 때다. 제3막에도 전환점이 있는데 ― 상담을 끝내면서 당신이 제안했던 약속들을 요약하는 경우다.

당신이 이렇게 한 시간 정도 걸린 상담에서 발생한 요소들을 그림으로 나타낸다면, 다음과 같은 모양이 된다.

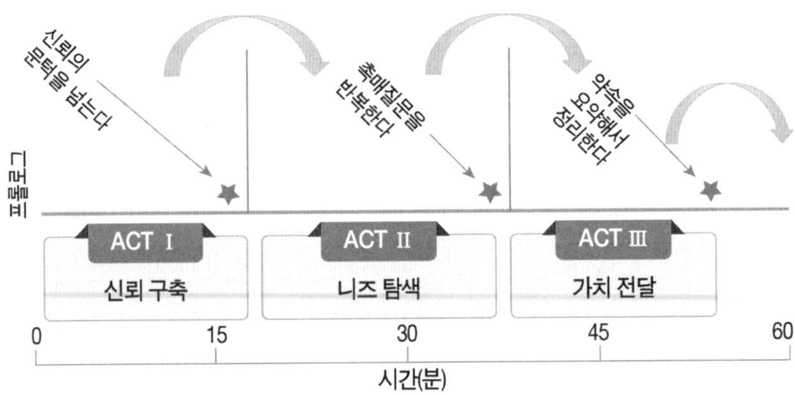

'스토리 맵핑'의 첫 걸음은 상담 내용을 위와 같은 단순한 그래프로 그리는 일이다. 시간 분할은 위의 예와 다를 수 있는데, 실제로 소요된 시간대로 표시를 하여야 한다. 사용했던 큐-노트를 가지고 기억을 되살려

본다. 만일 큐-노트에 시간을 적어 놓았다면, 적절한 그래프를 쉽게 그려낼 수 있다.

이제는 그린 그래프를 참고하면서, 상담한 내용에 대해서 다음과 같은 질문들에 답을 해본다.* [*이들 질문들은 일련의 예문들이다. 시간이 지나면서, 당신 나름의 용도, 스타일, 업무분야에 적당한 질문들을 만들어낼 수 있을 것이다.]

제 1 막	제 2 막	제 3 막
- 상담은 어떻게 시작되었는가? - 당신과 고객 간에 나눈 첫 말은 무엇이었는가? - 상담 전 한담으로 당신은 무슨 말을 했는가? - 상담 전 한담에서 당신은 무엇을 알게 되었는가? - 언제 1막을 시작했나? - 당신이 1막에서 처음 한 말은 무엇인가? - 고객이 1막에서 처음 한 말은? - 고객의 사고 성향 (에너자이저)에 대해서 어떤 단서를 파악했는가? - 당신은 이 성향에 연결하기 위해서 당신의 의사소통방식을 어떻게 조절했는가? - 1막에서 신뢰를 쌓기 위해서 한 일은 무엇인가? - 1막에서 신뢰를 쌓기 위해 추가로 한 일은 무엇인가? - 1막에서 당신은 어떤 위치를 택했는가? - 2막으로 옮아가게 된 전환점은 무엇인가? - 그것이 전환점이었음을 어떻게 알았는가?	- 2막에서 당신이 처음으로 한 말은 무엇인가? - 2막에서 고객이 처음 한 말은 무엇인가? - 당신은 어떻게 고객의 상황, 목표, 애로 사항을 탐색하기 시작했는가? - 고객이 언제 그리고 어떻게 관심이나 흥미를 보였는가? - 고객이 언제 어떻게 무관심을 보였는가? - 당신은 어떻게 반응했는가? - 어떤 촉매질문들이 나왔나? - 누가 촉매질문을 조정했는가, 당신 또는 고객? - 어떤 유추들이 등장했는가? - 누가 그 유추를 표현했는가? - 당신은 2막에서 어떤 위치를 택했는가? - 3막으로 진행한 전환점은 무엇인가? - 그것이 전환점이라고 어떻게 알게 되었는가? - 중간 휴게시간은 누가 제안했는가, 당신 또는 고객? - 한담으로 대화를 돌릴 수 있었는가? - 3막에서 당신이 처음 한 말은 무엇인가?	- 3막에서 고객이 처음 한 말은 무엇인가? - 당신은 제시한 촉매질문과 유추를 어떻게 참고했는가? - 당신은 어떻게 이해를 전달했는가? - 고객은 어떻게 반응했나? - 당신은 조달을 어떻게 전달했는가? - 고객은 어떻게 반응했나? - 당신은 교환을 어떻게 전달했는가? - 고객은 어떻게 반응했나? - 당신은 약속을 어떻게 전달했나? - 고객은 어떻게 반응했나? - 고객은 어떻게 약속을 전달했나? - 당신은 어떻게 반응했나? - 당신은 상담을 어떻게 요약했는가? - 고객은 어떻게 반응했는가? - 상담 말미에 당신이 취한 지위는 무엇이었나? - 당신이 말미에 한 말은 무엇인가? - 고객이 마지막으로 한 말은 무엇인가?

당신이 큐-노트나 위와 같은 질문들을 참고로 하면서 상담한 이야기를 할 때, 어떠한 가치판단도 하지 않도록 노력한다. 가능한 한 객관적인 서술을 하도록 노력하도록 한다.

당신은 방금 전에 했던 상담을 이런 방식으로 점검한다는 데 대해서 처음에는 어색하다고 느낄 수 있는데, "저런, 저것은 너무나 당연한 얘기야… 할 필요가 없는 얘기를… 나는 중요한 얘기만 해야지."라고 생각하면서 어떤 질문들을 생략하고 싶어질 것이다. 그렇게 하지 않도록 하라! 상세하게 파악하는 것이 매우 중요하다. 이렇게 찬찬히 철저하게 자기 검열을 하는 것이 바로 OPFOR부대에서 사용된 사후검토 과정의 핵심이다. 그렇게 철저한 점검 방식이 OPFOR부대가 그토록 우수한 성적을 기록하게 된 이유다.

만일 이러한 질문들을 체크하는 것이 처음에 정 어색한 경우에는, 동료나 친구에게 도움을 청한다. 그들에게 기자 역할을 맡아서 당신에게 질문을 해주도록 요청한다. 이렇게 하면 마치 대화처럼 느끼게 되고 당신이 일어난 일과 나눈 대화들을 기억해내는 데 도움이 된다.

우리가 적극 권하건대, 상담을 할 때는 꼭 어떤 방식으로든 기록을 하도록 한다. 노트를 하던가, 기억을 전부 적어보든가, 또는 녹음을 한다. 선택한 방법이 무엇이든 간에, 상담한 기억에 대한 기록을 남겨서 나중에 다시 볼 수 있으면 충분하다.

마지막으로, 상담한 스토리를 얘기하고 나면, 상담 그래프를 다시 보면서 스토리를 한 번 더 얘기한다. 이번에는 고객입장에서 하는 것이다. 똑같이 상세하게 할 필요는 없지만, 고객의 관점에서 상담을 생각해 보도록 한다. 고객의 눈을 통해서 바라본다. 고객의 귀로 듣는다. 그들은 상담을 어떻게 생각했을까? 시간을 잘 썼다고 생각할까? 정보를 얻었다고 생각할까? 가치가 있었을까? 즐거운 시간이었나? 의욕이 생기는 회합이었나? 왜 그렇고, 왜 그렇지 않을까? 다시 말하지만, 가치 판단은 하지 않도록 한다. '고객'으로 하여금 가능한 한 객관적으로 얘기하게끔 한다. 그런 다음, 당신의 이야기와 고객의 이야기 사이에 뚜렷한 차이점들이 있는지를 본다.

이렇게 스토리 맵핑 과정—상담 그래프를 그리고, 당신의 관점으로 또 고객의 관점에서 얘기를 해보는 일—을 끝내고 나면, 실제로 상담에서 무슨 일이 있었는지를 아주 잘 파악하게 될 것이다. 다음 할 일은 그것으로부터 요점을 파악하는 일이다. 이것이 뜻하는 의미는 무엇인가?

그래서 어떻다고? So What? ('POWER 도구')

POWER 도구에 관해서는 몇 시간이고 얘기할 수 있다.* [* POWER 도구가 굉장하다는 것은 미식축구 코치 존 마덴이 얘기한 에피소드를 연상시킨다(Bryan Burwell, Madden: A Biography, Triumph Books, 2011). 1962년에 22세였던 존 마덴은 빈스 롬바르디Vince Lombardi의 설명회에 참석했다. 주제는 그린 베이Green Bay팀의 파워스윕Power Sweep 공격작전에 관한 것이었다. 마덴은 롬바르디가 파워스윕에 대해서 1시간 정도 얘기하고 다른 주제로 넘어가리라 예상하였다. 마덴은 틀렸다. 롬바르디는 그 경기 하나를 놓고 8시간을 얘기했다. 그는 가능한 모든 수비진영을 대상으로 공격이든 수비든, 모든 선수들 각자의 책임에 대해서 상세하게 얘기했다. 바로 그것이 우리가 POWER 도구에 대해서 갖는 기분이다. 그것은 창의적으로 잘 짜여진 그린 베이 팀의 공격작전 같았다.] 그것은 생산적 사고와 생산적 판매에 관한 도구세트들－고객들은 잘 모르지만－에서 쓸 수 있는 가장 강력한 도구 중의 하나다. POWER는 당신의 상담에서 일어난 일의 의미를 걸러내는데－그리고 당신의 솜씨를 개선하는 방안을 파악하는 데－이상적이다. POWER은 Positives, Objections, What Else, Enhan- cements, 그리고 Remedies의 두음으로 된 약어다. POWER 도구는, OPFOR 전투작전으로부터 세일즈 상담에 이르기까지, 특정 활동을 분석하고 이해하는데 쓰도록 만든 기법이다.

다음 페이지에 세일즈 상담을 분석하는 전형적인 POWER 양식이 나온다.

What Else(그밖에)에 대해서 한마디 한다면, What Else는 볼을 담는 바스켓이다. 그 용도는 당신이 무엇인가 빠뜨리지 않도록 하는 것이다. POWER 과정에서 어떤 코멘트라도 여기에 적어놓을 수 있다. 여러 범주들－Positives, Objections, Enhancements, 그리고 Remedies－을 하나씩 수행하는 도중에, 당신에게 색다른 생각이 떠오를 수 있다. 일단 What Else 바스켓에 넣어놓는다. 그런 다음에 리스트를 검토하고 적절한 범주에 옮긴다. 어느 범주에 적절한지는 당신이 판단하면 된다.

POWER에 내용을 채워 넣을 때에는 먼저 자기검열을 하지 않도록 한다. 생각나는 것은 무엇이든 적도록 하는데, 중요하게 보이든 그렇지 않든 상관없다. 흔히들 어떤 점을 생각한 다음에, 자신에게 "그것은 별것 아니지."라고 너무나 쉽게 여기는 점이 있다. 판단을 미루도록 한다. 어느 것이든 빼먹지 않고 기록한다. 그렇게 함으로써 처음에는 별로 중요하지 않게 보였던 것이 실제 상담에서 정말 중요한 점으로 드러나게 되는 보물을 놓치는 잘못을 저지르게 않게 될 것이다.

POSITIVES(긍정적 요인)

상담에서 내가 잘 한 점들:

상담에서 긍정적이고 유용한 점은 무엇이었는가?

어떻게 상담이 잘 되게끔 할 수 있었는가?

당신의 강점은 무엇이었나? 당신의 실수는 무엇이었나?

ENHANCEMENTS(향상될 요인)

긍정적인 면들을 강화시키는 방법:

당신의 강점들을 어떻게 더 고양할 것인가?

어떻게 당신의 솜씨를 높여서 상담을 성공적으로 이끌 수 있는가?

OBJECTIONS(부정적 요인)

내가 상담을 이끌 때 잘못한 점들:

당신이 상담을 주도할 때 잘못한 점은 무엇인가?

상담이 실패하게끔 당신이 한 일은 무엇인가?

당신의 약점은 무엇이었나? 어느 부분에서 헤맸었는가?

REMEDIES(치유방안)

잘못한 점을 극복하는 방법;

당신이 거론한 Objections을 어떻게 극복할 것인가?

당신은 어떻게 약점을 보강하고 당신이 상담에서 성공하게끔 하겠는가?

WHAT ELSE?(그 밖에 요인)

상담에 대한 다른 기록들:

당신의 상담에서 생각나는 다른 점은 무엇인가? 잘 된 점과 잘못된 점은? 상담의 속도는 어떠했는가? 질문하는 방식은? 질문에 대해서 당신의 답변방식은 어떠했는가? 생각을 이어가는 점에서는 어떠했는가? 촉매질문은 했는가? 비유법은 사용했는가? 상담을 시작하는 면에서는 또 생각나는 점은? 상담 마무리는 어떻게 했는가? Small talk에 관한 점은? 상담시 뜻밖의 상황은 없었는가, 환영하는 분위기 또는 반대, 그리고 어떻게 대처했는가? 상담시 당신의 태도 또는 프로세스 그리고 감정에 대해서 또 다른 생각은 있는가?

이렇게 하고 난 다음에는, 리스트에 Positives(긍정적 요인), Objections(부정적 요인), enhancements(향상될 요인) 및 Remedies(치유방안)에 해당사항들을 충실하게 적도록 한다. 그리고 What Else(그 밖에 요인)란에는 경험상 새로운 관점을 보여주는 여타 사항들을 적으면 된다.

다음에 나오는 POWER 예시는 매트가 최근 가진 상담에 관한 기록이다(당연하지만, 매트처럼 노련한 세일즈맨도 체계적인 사후점검 과정을 하면서 배우는 점이 많다. 바로 그것이 그가 성공한 이유이기도 하다).

당신이 POWER를 작성한 다음에 할 일은 상담을 재차 갖기 전에 개선해야 할 사항들에 힘을 기울이는 것이다. 그렇게 해야만 '이제 어떻게 해?' Now what? 프로세스 점검을 완전히 끝냈다고 할 수 있다.

POSITIVES(긍정적 요인)	**ENHANCEMENTS(향상될 요인)**
상담에서 내가 잘 한 점들:	**긍정적인 면들을 강화시키는 방법:**
개인적 얘기를 통해서 J에 대해서 많은 것을 알게 됨. 예를 들어서, 전략게임에 흥미가 많다.	상호 공통점을 진전시킨다.
워터프론트 개발사업으로 화제 연결, 신뢰는 얻음. J가 관심을 보이다.	J의 업무에 체스를 연결하게끔 질문을 더한다.
딱 2분간 개인적 얘기. 아주 좋았다.	J의 게임이론에 대한 관심에 대해서 더 많은 질문을 한다. 그가 업무에 게임이론을 어떻게 적용하는지.
복잡한 워터프론트 관리업무에 체스를 비유함. 그가 알아들었음.	차별화된 질문 포인트를 찾도록 한다. 사람들은 도전적인 질문에 더 강하게 반응한다.
맨 마지막에 제시한 아이디어 목록으로 관심 유도. 그가 자세를 바로 잡고 앉음.	서두르지 않고, 천천히 한다!

OBJECTIONS(부정적 요인)	**R**EMEDIES(치유방안)
내가 상담을 이끌 때 잘못한 점들: 너무 매끄럽게 했나? 내가 시카고를 좋아하는 점에서 J의 상황으로 너무 쉽게 바꿈. 어떻게 해야 내가 진실하며 너무 꾸민 것처럼 보이지 않을까? 상담을 잘 이끈 점으로 신뢰를 땄으나, 너무 지나쳤을 수 있다. 어떻게 나의 신뢰를 강하게 보여주는 한편, 더 쉽게 대화할 수 있을까?	**잘못한 점을 극복하는 방법;** 잘 듣도록 한다! 체스는 문제가 아니었다. 전략이 문제였다! V박사와 우리가 워터프런트 개발사업에 게임이론을 적용하는 편이 더 유익했을 것임. 표면적인 게 아니라 내재된 이익관계를 찾도록 한다. 산업 동인에 대한 의견을 개발해서 신뢰를 쌓는다. 3~5가지 동인을 요약하고 증대된 투자자본금과 에너지 비용 같은 추세를 이용하는데 대한 나의 입장과 다른 이들의 활동을 파악한다.

WHAT ELSE?(그 밖에 요인)

상담에 대한 다른 기록들:

Jon은 큰 아이디어를 낸다. 에너지가 넘치는 듯. 향후 기억하자.

게임 유추는 효과가 있었다. 다른 고객들에게도 사용할 수 있겠다. 그러나 (Remedies를 참조할 것!)

보트타기도 공통된 주제. 그것을 이용해서 연결점을 찾을 수도 있었다. 경청! 경청! 경청!

이제 어떻게 하지? ("중단-시작-개선" Stop-Start-Improve 기법)

'중단-시작-개선'은 세일즈 상담을 진행하는 과정에서 가장 단기간에 큰 효과를 내는 행위들에 집중하는 방법이다. 그 명칭에 의미가 잘 나타나 있다. 간단히 말해서 자신에게 다음과 같은 질문을 하도록 한다. 내가 그만두어야 할 행동은 무엇인가? 내가 새로 시작해야 할 일은 무엇인가? 내가 개선할 수 있거나 더 잘 할 수 있는 것은 무엇인가?

일단 당신이 POWER 도구를 가지고 완벽하게 일을 했다면, 당신은 변화시킬 수 있는 행위들에 관해서 리스트를 하나 또는 여러 개를 가지게 된다. 그러나 변화란 다루기 힘든 짐승과 같다. 만약 당신이 모든 것을 한꺼번에 변화시키려고 하면, 결국은 혼란에 빠질 것이다. 그러므로 우리가 추천하는 바는, 우선 POWER 도구로 사후점검을 한 내용을 비판적으로 자세히 들여다본 다음에 어떠한 변화가 단기간에 가장 효과적일 것인가를 판단하라는 것이다.

당신이 '생산적 판매' 접근법을 따른다면, 당신의 업무를 수행하는 과정에서 당신은 '스토리 맵핑'과 '파워'POWER 도구연습을 많이 하게 될 것이다. 그런 과정에서 매번 이루어낸 개선점들이 훗날 아주 중요하고 혁신적인 개선으로 발전될 것이다. 기억해야 할 일은, 사람들이 단기간에 이루는 일은 과대평가를 하는 경향이 있고, 장기간에 걸쳐서 이루는 일은 과소평가한다는 점이다. 작은 일부터 꾸준히 하도록 한다.

이제 매트가 자신이 작성한 POWER 분석결과를 '중단-시작-개선' 과정을 통해서 어떻게 실행할 만한 행동들로 변화시키는가를 보도록 하자. 그의 목표는 최대한 큰 효과를 가져오는 일들에 집중하는 것이다.

그가 작성한 POWER 노트에 따라서, 매트는 자신에게 "세일즈 상담을 진행하는 데 있어서, 내가 하지 않아야 할 행동은 무엇인가, 내가 새로 시작해야 할 일은 무엇인가, 그리고 내가 개선해야 할 일(다시 말해서, 계속하는 것 중에 더 잘할 수 있는)은 무엇인가?"라고 묻는다. 그가 작성한 메모가 다음의 예다(물론, 당신에게도 메모를 해보도록 권한다. 메모는 중요한 일이다. 절대 잊으면 안 되는 일이다. 또한 당신이 훗날 시간을 두고 반추할 수 있는 기록들이 필요할 것이기 때문이다).

중단Stop: 불필요하게 개인적인 연결점을 찾으려고 하지 말 것. 내가 체스를 (조금)할 줄 안다는 것으로 마치 고수라고 할 수는 없다. 현실을 직시해야 한다. 진정으로 연결점을 찾을 수 있다면, 좋은 일이다. 연결점을 찾을 수 없으면, 일부러 지어내지는 않도록 한다.

매트는 자신에게 진실되어야 한다고 말하는 것이다. 당연히 그도 어떤 연결점을 찾고 싶지만, 그것은 진실이어야 한다. 상담할 시에 당신이 연결점을 애써 찾으려고 하거나, 관심을 보이는 척하거나, 또는 당신의 전문성을 과장하여 얘기하는 등 덜 진실되게 보이면, 고객이 그것을 눈치채기 마련이다—아마도 당신보다도 빨리. 이런 행위는 당신이 고객과 맺고자 하는 관계에 비추어 볼 때 가치가 없다.

시작Start: 회의적인 대상고객들에게 제시할 수 있도록, 산업에 관한 정보를 미리 작성해서 연습하도록 한다.

매트는 그가 지닌 자산 중의 한 가지가 그가 제시할 수 있는 산업경험과 식견이라고 알고 있다. 그런 장점들에 대해서 그가 더 보탤 수 있는 일은 무엇이든 쓸모가 있다. 또한 직접 준비한 산업관련 정보는 그에게 새로운 의문점들을 가져다줄 것이다. 예를 들어서, 내 고객 중 얼마나 많은 이들이 이러한 산업동인들에 대해서 생각을 할까? 그들이 지닌 정보들에서 내가 얻을 수 있는 것은 무엇일까? 고객들이 변화하는 동인들을 이용해서 행동하거나 적응하기 위한 전략적 계획들을 가지고 있을까?

개선Improve: 더 잘 듣도록 한다. 경청은 곧 집중이다. 상담 중 다음에 무슨 일이 있을 것이라고 예상하지 않도록 한다. 현재 상황에 머무른다. 시간을 두고 이런 상태를 연습한다. 그리고 내가 지닌 모든 관심사에 대한 생각을 하고, 그것들에 대한 비유를 생각해 낸다. 마치 요트를 타는 것과 같다. 준비가 안 되어 있는 것은 위기다. 고요한 호수에는 작은 문제, 격랑이 이는 바다에서는 큰 위기. 비유들은 언제나 유익하다.

매트는 유능하지만, 완벽할 수는 없다. 그는 자신이 산만해질 수 있음을 안다 — 현재 일어나고 있는 일에 집중하지 못하고 다음에 일어날 일에 대해서 걱정을 한다는 점을 안다. 더 잘 듣는다는 것은 간단해 보이지만, 그렇지 않다. 듣는다는 것은 인간관계에서 주춧돌 같은 기술이라고 하겠다. 사람들과 잘 어울리는 매트로서는 그 점을 잘 안다. 또한 그는 본인이 더 잘 할 수 있다는 점도 안다. 그래서 그는 듣는 기술을 향상시키기로 결정했다. 그는 그렇게 하면 여러모로 더 나아질 것을 안다 — 이는 판매력뿐만 아니라 장기적으로 그의 기본 능력에 있어서도 그렇다.

함께 요약한다 Putting It All Together

과정 소개에서 거론된 세 단계는 어렵지 않다. '어떻게 됐는데?' What? '그래서 어떻다고?' So what? '이제 어떻게 해?' Now what? 등은 모두 직설적인 질문들이다.

그러한 질문들을 전개하는 데 도움이 되는 세 가지 도구들도 또한 직설적이다. '스토리 맵핑'은 실제 발생한 일들을 당신의 관점뿐만 아니라 고객의 관점에서도 기억하게끔 해준다. '파워'POWER는 실제 일어난 일의 중요성을 일깨워준다. 그리고 '중단-시작-향상'Stop-Start-Improve은 다음에 더 잘 할 수 있는 점들에 대해서 집중하게끔 해준다.

복잡하지는 않더라도, 이런 점검 방식에는 시간이 걸린다. 당신은 아마도 이미 상담 준비작업을 하느라 서너 시간을 보냈을 것이다. 그러면 조금 더 시간을 투자해서 최대한의 가치를 끄집어내는 것이 낫지 않겠는가? 농부들은 토지를 일구고 씨앗을 뿌리느라 많은 시간을 보낸다. 만약 농부들이 추수하는 데 충분한 시간을 할애하지 않으면 애쓴 노력이 날아갈 것이다.

다른 사람의 이야기들 점검하기

세일즈맨들 세계에서는 항상 이야기 거리가 무성한 법인데, 그런 얘기를 통해서 한 세일즈맨에서 다른 세일즈맨에게 지혜가 옮겨간다고 생각된다. 그러나 애석하게도, 소위 지혜라고 말하는 대부분은 그다지 가치가 없다. 효과적으로 점검을 하지 않는다면, 어떤 이야기에서 잘못된 교훈을 끌어내기 쉽다. 하지만 만일 당신이 점검을 잘 해서 당신 자신의 이야기로부터 유용한 교훈을 끄집어낼 수 있다면, 당신은 그 예를 다른 이들의 케이스에 적용시킬 수 있으며—그 사례로부터 아주 좋은 교훈을 가져올 수 있다.

여기서 간단한 예를 한 가지 보도록 하자.

세일즈맨 밥Bob은 가망고객 중 한 사람과 상담하는 절호의 기회를 잡았다. 밥이 세일즈하는 것은 지속경영에 관한 다큐멘터리 TV프로그램에 관련된 광고스페이스였다. 프로그램의 주제가 그 고객의 회사가 주창하는 미션mission과 아주 부합되었기 때문에, 밥이 광고스페이스를 할인가격으로 제시할 수 있는 상황이었다.

밥은 전화를 걸어서 메시지를 남겨놓았다. 답신은 오지 않았다. 그로부터 48시간 동안, 밥은 35번이나 전화를 걸고 15번이나 음성메시지를 남겼는데, 응답이 오지 않았다. 그러다가 밥이 가까스로 고객과 연결이 되었다. 고객은 크게 역정을 내면서 밥에게 다시는 전화를 하지 말라고 말했다.

밥은, 바로 그 다음날, 고객에게 다시 전화를 걸어서 1분만 시간을 내달라고 청했다. 그는 조건을 제시하고 가격을 말했다. 고객은 아주 흡족해 하면서 광고시간을 사는 데 동의했다.

밥은 이 이야기를 '끈기'라는 타이틀로 간직해 두었다. 그 후 수년 간, 밥은 수백 번에 걸쳐서 그 얘기를 소개하고 다녔다. 자신이 불굴의 의지를 통해서 판매를 성공시켰다고. 그러나 이것이 진정 그 이야기에서 얻을 가르침인가? 그 이야기를 '어떻게 됐는데?' What? '그래서 어떻다고?' So what?

‘이제 어떻게 해?’ Now what? 과정에 간단하게 적용시켜서 점검해 보자.

What? 밥은 36번 전화를 했고, 그의 이름과 전화번호를 16번 남겼다. 간신히 통화가 되었을 때, 고객은 그에게 다시는 전화를 하지 말라고 했다. 그럼에도 불구하고 그는 다시 전화를 했고, 일분 안에 조건과 가격을 제시했다. 고객이 감동해서 구매하기로 했다.

So What? POWER 도구의 축약본을 가지고, Positives와 Objections를 점검할 수 있다.

Positives: 다시는 전화를 하지 말라는 얘기를 들었음에도 다시 전화를 하는 마음.
일 분 안에 조건과 가격을 제시한 것.
Objections: 36번 전화를 걸어서 16번 메시지를 남긴 일.

Now What? 16번이나 남긴 메시지가 아무런 회신이 없었는데, 일분 동안 제시한 조건과 가격으로 판매가 이루어졌다면, 더 나은 전략은 무엇이었을까? 서너 번 메시지를 남긴 다음에, 밥은 고객이 회신을 할 필요를 느끼도록 짧지만 흥미를 끄는 구체적인 메시지를 고객에게 남길 수도 있었다. 다음과 같은 예가 되겠다.

“광고시간은 기후변화에 관한 프로그램에 포함됩니다. 제가 알기로, 귀사의 미션은 기후변화 문제에 직접적으로 관련되어 있습니다.” 밥은 메시지 말미에 가격을 언급할 수도 있다.

훈련된 안목으로 과정을 점검해 보면, 그 이야기에서 얻어야 할 교훈은 끈질김의 가치가 아니라 짧고, 의미가 내포된, 그리고 설득력 있는 메시지를 남기는 전략이 갖는 중요성이라고 하겠다.

아주 놀라운 판매 경험담을 들을 때에도, 단지 그 표면에 드러난 통상적인 가르침을 그대로 받아들이지 말라. 조금만 더 세밀하게 과정을 분석해 보면 통찰력 있는 지혜를 많이 얻을 수 있다.

우리는 '어떻게 됐는데?'What? '그래서 어떻다고?'So what? '이제 어떻게 해?'Now what? 방법을 강력하게 추천한다. 그것은 '경험학습사이클'이 지닌 강력한 효과를 이용하는 증명된 방법이며, 당신이 매번 그 방법을 사용할 때마다 보다 생산적인 세일즈맨이 되게끔 해줄 것이다.

Chapter 21 보물찾기 ••• 상담내용을 사후에 점검한다

지식이란 사실들을 아는 것이다.
지혜는 그 사실들을 잘 사용하는 것이다.

- 매트 Matt

당신이 세일즈 상담에서 목표하는 바는 고객이 어떤 인물인가, 고객이 지향하는 바가 무엇인가, 고객이 당면한 문제들은 무엇인가, 그리고 고객에게 지속적인 가치를 제공하는 방법은 무엇인가를 파악할 기회를 가진다는 것이다. 당신은 상담을 함으로써 이러한 점들을 아는 데 필요한 1차 자료를 얻게 된다. 다음에 당신이 구체적으로 할 일을 찾기 위해서는, 그 내용을 찬찬히 점검해 보아야 한다. 상담에서 알게 된 바를 펼쳐놓고 당신과 당신 조직의 능력을 가지고 걸러낸 다음, 당신이 제안할 바와 다음 단계로 취해야 할 사항들에 대해서 명확한 인식을 갖도록 해야 한다.

당신이 상담내용을 점검하는 일은 상담의 USE 부분을 충분한 시간을 두고 구체적 생각과 열린 마음으로 다시금 검토하는 작업이다. 또한 상담

내용을 점검하는 때는 다음 사항들을 유념해야 한다.

- 팀원 전체가 참여하고 관심을 갖도록 한다.
- 다시 고객을 만나는 데 어울리는 기회들을 여러 가지 생각해낸다.
- 상담에서 약속한 점들과 나름 생각한 후속조치들을 실행하도록 계획을 세운다.

다음 페이지들은 당신과 당신 동료들이 큐-노트를 점검하고, 창의적 생각을 해내고, 제안을 보다 효과적으로 만드는 길을 생각해내며, 관계를 견실하게 유지하고, 또 사업이 진척되게끔 하는 방법에 관한 내용들이다. 그 일은 로켓 연구를 하는 것은 아니다. 사실, 매우 단순한 일이다. 단지 대부분의 세일즈맨들이 그 일을 실천하지 않을 뿐이다. 그 점은 정말 한탄스러운 일인데, 우리가 제시한 3단계 과정을 제대로 실행하면 평균적인 세일즈 성과를 갖는 것과는 달리 진짜 놀랄 만한 결과를 가져올 수 있기 때문이다—이는 당신과 고객 모두에게 해당되는 말이다.

제1단계: '내용 점검'을 위한 미팅 준비

당신이 우리가 제시한 바를 어느 정도 이해하였다면, 당신은 이미 이 단계를 일부라도 한 셈이다. 당신은 상담이 끝나자 바로 시간을 내서, 노트에 적은 메모를 점검하고 추가로 생각난 바를 적었다. 또한 과정을 되새김하는 노력의 일환으로 상담한 바를 다시 되뇌어보았다. 그 결과로, 당신은 상담에서 일어난 내용을 아주 잘 기억하고 있다. 사실, 그 상담에 관해서는 당신이 세상 누구보다도 더 잘 안다. 당신이 고객을 포함해서 누구보다도 잘 안다는 것은, 당신이 이미 몇 차례나 상담을 되풀이해서 생각해 보았고 분석해 보았기 때문이다.

이제 다시 한 번 최종적으로, 당신이 적은 큐-노트를 점검하고 편집하도록 한다. 이는 당신이 상담내용을 팀원들과 공유하고 그들에게 새로운 아이디어를 제시해 보라고 요청할 때 그들이 제대로 따라올 수 있도록 큐-노트를 깨끗이 준비하려는 것이다.

다음으로, 점검 미팅을 준비한다. 다른 중요한 회의를 준비하는 바와 같은 마음으로 한다.

- 상담을 점검하는 작업과 토의를 하는 데에 모두 적절한 시간을 안배한다. 우리 생각으로는 최소 45분으로 하되, 적어도 절반은 토의에 할당하는 것이 좋겠다.
- 플립 차트들과 포스트잇 노트를 부착할 수 있는 벽면이 충분한 방으로 장소를 준비한다.
- 해당 고객과 상담하는 데 시간과 공을 쏟은(또는 관련이 있을 것 같은) 사람들을 초대한다. 초대할 대상은 많다—지원팀의 분석담당, 제품담당, 고객지원담당, 세일즈팀의 동료, 새로운 시각을 지닌 신참 영업사원들, 마케팅 커뮤니케이션 팀원, 또는 당신의 상사 등. 만일 아주 작은 조직이라면, 당신의 거의 모든 동료들이 당신의 상담 내용에 궁금해하고, 당신이 요약해서 얘기하길 원하고, 또한 쓸모있는 생각을 가질 수도 있다.

◎ 점검 미팅에 초대할 사람들에게 시간(시작 및 종료), 장소 및 회합의 목적을 알린다. 구체적으로 당신이 경험하고 의도한 바, 그리고 새로운 사업기회를 성공적으로 추진하기 위해서 그들의 아이디어와 통찰을 기대한다는 점을 말한다.* [*미팅에서 그저 새로운 정보를 듬뿍 알려주는 것뿐만 아니라, 참석자들의 의견과 아이디어를 필요로 한다는 점을 구체적으로 밝힌다. 사람들이 자신들의 참여가 요청되고 소중하게 여겨진다고 느낄 때, 당신은 더 나은 결과를 얻게 될 것이다.]

제2단계: 세일스톰 회합을 연다.

우리는 상담점검 미팅을 '세일스톰'Salestorm이라고 부른다 — 이유는 미팅 성격이 바로 그렇기 때문이다. '세일스톰' 미팅의 목적은 당신이 그 동안 쏟아부은 온갖 노력의 결과물을 만들어내는 방법들을 생각해내는데 동료 직원들의 경험과 지적 능력의 도움을 받고자 하는 것이다.

정기적으로 '세일스톰' 미팅을 이끄는 사람들은 이러한 모임이 자신들의 조직에서 크게 유행할 수 있다는 점을 발견하게 된다. 팀원들은 당신이 상담한 내용을 요점을 알려주는 것에 대해서 고마워한다. 그들도 그 일에 참여하는 셈이 되고 업계의 동향을 잘 알게 된다. 혁신 팀이 특히 관심을 가질 수 있는 까닭은 '세일스톰' 미팅을 통해서 고객들의 입장을 파악할 수 있기 때문이다. 그리고 '세일스톰' 미팅은 당신의 회사 사무실 환경에 에너지를 불어 넣을 수 있는 좋은 방법이기도 한데, 잘 진행되는 '세일스톰' 미팅은 시장정보를 공유하는 기회일 뿐 아니라, 사람들이 자신의 의견을 제시할 수 있는 기회가 되는 까닭이다.

이제 '세일스톰' 미팅을 효과적으로 하는 방법을 알아보도록 하자.

미팅이 진행되는 방에 참석자들이 자신들의 생각을 적은 포스트잇 노트를 부착할 수 있는 벽면 또는 화이트보드 공간이 넉넉히 있어야 한다. 또한 사람들이 자유롭게 돌아다니게끔 공간적 여유가 있는 곳이면 더욱 좋겠다. 좁은 방은 생각도 좁게 만드는 경우가 많다. 참석자들에게 포스트잇과 적당한 필기도구를 주어서, 방 안의 다른 편에서도 볼 수 있게끔 큼직하게 생각을 적어낼 수 있게 한다. 그 다음에 회합에 관한 소개를 한다.

"바쁜 업무 중에도 시간을 내어서 여기 참석해 주신 여러분께 감사를 드립니다. 제가 희망하는 것은 오늘 회합을 통해서, 제가 소구하고 있는 고객과 새로운 관계를 정립하는 데 유용한 방안들을 찾아보는 것입니다. 제가 Hadrian사의 짐 와렐Jim Warrel과 가진 상담을 설명드리겠습니다. 짐은 Hadrian사의 남서부사업 책임자입니다. 그런데 제가 생각하기로는 우리와 그 사업본부 간에 사업잠재력이 매우 큽니다. 제가 얻고자 하는 것은 짐 및 그의 팀원들과 전향적으로 협력해 나갈 공통점을 찾는 일입니다. 아주 간략하게 말하고자 합니다만, 동시에 여러분의 아이디어를 자극할 만한 구체적인 내용도 충분히 말하고 싶습니다. 제가 파악한 바를 얘기할 때, 여러분은 포스트잇을 이용해서 제가 놓치고 있는 점이나 여러분 생각하기에 저에게 도움이 될 만한 점들을 어떠한 것이든 적어서 부착해 주기 바랍니다. 여러분의 아이디어가 좋고 나쁘고 관련이 있거나 없거나 따지지 마십시오. 여러분의 어떠한 생각이라도 저에게는 가치가 있습니다. 포스트잇 한 장에 한 가지 아이디어, 질문, 관찰, 또는 의견을 적어주세요. 생각나는 것은 모두 적어주시기 바랍니다. 포스트잇 한 장에 한 가지씩."

그 다음에 당신이 적은 노트를 가지고 상담이 어떻게 진행되었는지를 자세히 설명한다.

일단 상담의 개략적인 내용을 얘기하고, 그 다음으로 큐-노트 사분면을 하나씩 짚어나간다. 화이트보드나 플립차트 위에 대략적인 큐-노트의 사분면 양식을 그려놓으면, 참석자들이 아이디어를 부착하는 자리가 될 수 있다. 당신이 큐-노트 사분면 내용을 하나하나 짚어가면서, 팀원들에게 다음과 같이 아이디어를 제시하도록 요청한다.

사분면에 어디에라도 적합한 어떤 생각이 나거든 빼먹지 말고 포스트잇에 적고는 큰 소리로 그 생각을 말한다. 그 다음에 그 포스트잇을 지정된 화이트보드나 플립차트 위에 부착한다. 포스트잇에 적은 아이디어들은 쉽게 옮길 수 있으며, 함께 접속시키거나 그룹으로 분류를 할 수 있다.

그 절차는 간단하다.

- 아이디어를 포스트잇에 적는다(읽을 수 있도록).
- 아이디어를 큰 소리로 말한다(다른 사람들의 생각에 자극이 되도록).
- 포스트잇을 부착한다(잘 보이도록).

질문할 사항: (Q1)	**전달할 아이디어들:** (Q2)
팀원들에게 당신이 더 알아보아야 할 부분이나 시각이 있는지 묻는다. 어떠한 질문들에 답변을 듣지 못했는가? 새로 떠오른 질문사항 또는 아이디어들을 모두 적는다.	팀원들에게 고객에게 가치가 있을 수 있는 USE 아이디어들로는 또 어떤 것이 있는지 묻는다. 고객에게 제시하기에 유용할 것 같은 추가 정보사항을 적는다.
핵심 정보(개인적/업무상): (Q3)	**후속조치를 할 사항들:** (Q4)
팀원들에게 자신들이 생각하기에 쓸모가 있을 추가사항을 포스트잇에 적도록 요청한다. 팀원들로 하여금 당신이 고객에게 했어야 할 또는 여전히 해야 할 질문사항들을 적도록 요청한다.	팀원들에게 당신이 고객과 향 후에 조치해야 할 아이디어들을, 개인적이든 업무상이든, 생각해 보도록 요청한다. 팀원들에게 단 한 번이라도 개인적으로 연결되는 것이 업무상 연결되는 것보다 열 배의 효과가 있다는 점을 강조한다.

참가자들은 자기가 적어내는 내용을 설명하거나 애써 감쌀 필요가 없을 뿐더러, 적절한 사분면에 들어가는가를 확인할 필요도 없다. 중요한 것은 아이디어들을 빨리 생각해낸 다음, 모두가 함께 아이디어들을 보고 다시 생각을 보태면서 의논하는 것이다.

아이디어들이 모두 나온 다음에는, 팀원들과 각 사분면을 검토하는데, 고객과 관련된 새로운 생각들을 모으고, 모두가 자신들의 생각들을 논의하고 새로운 발상들을 끄집어내며 제시된 아이디어들에서 발전시키도록 권한다. 이론적으로는, 제1사분면과 제2사분면 안에 적힌 아이디어들은 각기 후속 활동으로 변환될 수 있다. 당신이 원하는 바는, 당신과 고객 사이를 연결하는 연결점을 찾는 일이다. 필히 팀원들에게 말해야 할 점은, 사업상 단기간에 효과가 있는 연결점만을 찾고 있지 않다는 것이다. 조달sourcing로 이어지는 개인적 연결점과 기회들도—비록 사업에 직접 연결되지 않더라도—가치를 전달하고 관계를 긴밀하게 하는데 중요하다는 점을 상기시키도록 한다.

제3단계 : 행동계획의 설계

이렇게 '세일스톰' 미팅에서 아이디어들이 모아졌으면, 최종적으로 할 일은 고객을 대상으로 실천할 행동계획을 설계하는 일이다. 그 계획은 세 가지 내용으로 이루어진다.

우선 무엇보다도, 고객과 상담 시에 당신이 약속한 사항들(인도 날짜 등, 예를 들자면). 당신이 하겠다고 말한 약속을 지키는 것은 당신의 신뢰와 연결된 것으로 매우 중요하다. 만일 당신이 고객에게 시장분석자료를 보낸다고 했는데도 그들이 극장 초대권만 받았다면, 고객은 설사 기분이 나쁘지 않더라도 당신을 믿음직하다고 생각하지는 않을 것이다.

둘째, 당신과 팀원들이 생각해낸 연결점들 중에서, 사업상 및 개인적인 것으로 공히 가장 요긴한 점을 몇 가지 선택한다.

셋째, 연결점과 후속 활동들에 대해서 누가 무엇을 언제 할 것인가 등 상세한 실천계획을 만드는 일이다. 분석담당이 할 일은 무엇인가? 상사의 역할은? 당신이 약속한 사항들과 타이밍이 중요한 점들은 빠른 시일 내에 일정을 잡도록 한다. 각 연결점에 대해서 하나하나 날짜, 담당자, 중간 점검 시기 등을 포함해서 자세한 일정표를 만든다.

Chapter 22 새로운 시작 ••• 기억영역을 확보한다

> 성공이 저절로 오지 않는 까닭은
> 그저 앉아 있어서는 성공을 성취할 수 없기 때문이다.
>
> \- **버질** Virgil

최선의 시나리오에서라면, 이런 모든 일들—당신의 스크립트를 작성하는 일에서부터 대상고객을 파악하고 미팅약속을 얻어내며 신뢰를 구축하고자 2차 조사를 하고 고객이 필요한 바를 찾아내고 유용한 제안을 제시하며 급기야는 당신의 상담과정과 내용을 되새김하는 일들—의 궁극적 결과는 세일즈 한 건으로 끝나는 것이 아닌 새로운 관계의 시작이다. 바로 그래서 우리는 제22장의 제목을 '새로운 시작'이라고 부른다.

당신은 이제 잘 알겠지만, 우리는 세일즈란 근본적으로 남에게 도움을 주는 직업이라고 믿는다. 크게 성공한 세일즈맨들은 고객이 무엇을 원하는지를 알려고 노력하고, 고객에게 가치를 제공하는 방법을 끊임없이 찾는 사람들이다. 그렇다고 세일즈맨들이 이타적인 성품이어야 한다거나, '마음씨 좋은' 사람이 되라는 거나, 사람들과 어울리는 것을 즐기라는 말은 아니다. 우리가 추구하는 방식은 본질적으로 매우 실용적이다. 사업을 하는 사람은 모두 알겠지만, 거래를 되풀이하는 것이 언제나 새로운 거래를 만드는 일보다 비용이 적게 든다. 맨 바닥에서 새로 시작하는 일보다 기존 사업을 새로운 사업으로 전환하는 일이 시간, 노력, 그리고 비용 면에서 훨씬 유리하다. 사업을 한다는 관점에서 보면, 고객의 기억영역*에서 보다 넓은 영역을 차지하는 방법을 찾는 것이 당연한 얘기다.[* 기억영역(headspace)개념과 관련해서 알란 에델슨Alan Edelson에게 감사한다.]

기억 영역

당신은 어떤 이들에게는 세상의 인정과 성공이 아주 쉽게 찾아오는 것 같다고 생각한 적이 있는가? 그런 인물들의 이름은 사람들이 특정 주제들 또는 문제들에 대해서 생각할 때에는 언제나 떠오르기 마련이다. 그런 이들은 전혀 모르는 사람들에게서 뜻밖에 전화를 받기도 하는데, 서로 아는 지인이 그들을 추천을 했기 때문이다. 실제로, 이들은 남들이 그들에 대해서 생각을 하기 때문에 성공을 한 셈이다.

이런 인물들은 기억영역을 차지하는 기술을 몸에 익힌 것이다. 우리가 이 책에서 주창하는 바와 거의 흡사하게, 이 '기적 같은' 기술들을 익히는 것은 처음에 생각하는 것보다 훨씬 쉬운 일이다.

비결은 고객이 당신에 대해서 가끔 생각을 하게 할 만큼 접촉을 유지하는 것이다. 당신이 고객과 관심사 또는 네트워크를 서로 공유하거나 화제로 삼았던 경우라면, 고객들은 행글라이딩 잡지를 읽을 때나, 전에 당신이 얘기했던 까다로운 16번 골프 홀에서 어프로치를 하면서, 또는 자녀들 대학선택을 고민할 때, 당신을 머릿속에 떠올리기도 한다. 당신이 두세 달 전에 리더십에 관한 기사를 어느 고객에게 보내주었다면, 그 고객은 훗날 문제 직원에 관한 고민이 있을 때 당신을 생각하게 된다. 당신이 호주의 축구규칙에 관해서 고객이 궁금증을 가지고 있다는 점을 기억하고 그 주제에 관해서 향후 방영될 TV특집방송에 관해서 메모를 보냈다면, 그 고객은 당신을 그 정보를 가져다준 사람으로 생각할 것이다. 당신이 고객의 생일을 기억하거나 또는 그들이 사업을 시작한 기념일을 축하해준다면(이런 일은 단지 달력에 메모를 해놓는 정도의 수고만 하면 된다), 당신은 그들에게 친숙한 사람이 된다—지난번 접촉 후 일 년이 지났더라도 그렇다.

기억 영역을 차지하는 것은 어렵지 않다. 그것은 단지 사려가 깊다는 점을 나타내는 일이다. 당신이 누군가의 기억영역을 차지하고자 무엇인가를 한다면, 당신은 그들에게 그들이 당신의 기억 속에 존재한다는 신호를 보내는 것이다.

거기에서 비롯되는 결과는 놀라울 정도로 크다. 그 과정에서 친구를 사귀게 될 뿐 아니라, 고객의 기억영역을 차지함으로써 그들이 정보 또는 조언 또는 제품이나 서비스를 필요로 할 때 당신을 찾게 될 확률이 높다는 것이다.

기억 영역을 차지하는 데 가장 쉬운 첫 걸음은 연결점을 찾는 일이다. 바로 앞서 제21장에서 '연결점 행동계획' touchpoint action plan을 수립하는 것에 대해서 논의를 했지만 여기에서 다시 그 개념을 반복할 필요가 있는데, 그 이유는 놀랍게도 '연결점 행동계획'이 *설사 당신의 상담이 기대한 데로 풀리지 않았더라도* 고객과 관계를 오랫동안 발전시키는 데 도움이 되기 때문이다.

제5장에서 스티브가 이안과 상담한 것을 기억하는가? 스티브는 과거에 이안에게서 신뢰감을 결코 얻지 못했다. 이안이 질문한 바에 대해서 제대로 답변을 하지도 못했다. 그리고 스티브는 자기 말을 많이 했다. 그 상담은 특기할 만한 내용이 없는 그저 그런 수준이었다. 그러나 서로 예전에 알던 관계였기에, 이안은 다음에 다시 접촉할 여지를 약간은 남겨 놓았었다. 스티브로서는 이안과 거래를 계속 하고 싶었기 때문에 이안의 레이다 안에 남기로 결정했다. 그러기 위해서 스티브는 '연결점 행동계획'을 작성했다. 아래에서 그 예를 보기로 한다.

- **오늘**: 이안에게 감사 이-메일을 보내면서, 호기심을 드러낸다. "상담에서 척도에 대해서 두세 번 언급을 했잖아요, 그런데 사실은 제가 너무 흥분된 탓인지 당신에게 그 점이 아주 중요하다는 것을 놓쳤지 뭐예요. 무슨 걱정이 있으신가 알고 싶습니다."
- **다음 주**: 분석담당자에게 이안의 회사에 누가 부품을 납품하는가를 파악하도록 요청한다. 그쪽에 연결이 될 수 있는지 알아보고, 적절하면 진행한다.
- **3월 1일부터**: 매월 이안이 캘리포니아 북부를 방문하는 일정을 체크한 다음, 우리 생산공장에 들르도록 초청한다. 내 사촌이 샌프란

시스코의 올림픽 골프클럽에 우리를 초대할 수 있는지 알아본다.

- **3월 중순**: 이안이 사세확장을 언급한 것으로 보아, 아마도 지분투자자에 관심이 있을 수 있다. 그에게 캐롤라인 스왈로우Caroline Swalow를 소개해 주겠다고 제안한다.
- **5월** : 골프시즌이 시작되면, 오렌지색 골프볼 한 박스를 보낸다.
- **6월 중순**: 이안을 브레드의 골프클럽에 (브레드와 함께) 라운딩을 같이 하자고 초대한다. 서로 알게 되면 좋겠다.
- **8월**: 마스터스 대회 첫날에 그에게 이-메일을 한다. 그에게 우리가 하는 마스터스 대회에 대한 내기게임에 참가할지를 묻는다.
- **9월**: 이안에게 브레드와 2차 상담을 해보도록 묻는다. 이안 회사의 조립공장을 둘러보는 것도 좋겠다?

만일 스티브가 이러한 아이디어를 하나하나 실행한다면, 두 가지 일이 일어날 것이다. 스티브는 이안의 기억 영역에 머물게 되고, 또 스티브는 많은 것을 배우게 된다. 그가 이안의 기억 영역에 더 머물게 될수록, 그는 이안에 대해서 더 잘 알게 될 것이고, 이안과 사업에서 그리고 개인적으로 연결점을 찾는 것이 더욱 쉬어질 것이다. 선순환(善循環)이 이루어진 셈이다.

이런 방식의 연결점 계획은 당신과 고객 모두에게 특이한 경험이 될 것이다. 어떤 계획은 비즈니스에 초점이 더 맞추어지겠으나, 다른 것들은 개인적인 측면에 관한 것들이다. 그러나 각각의 계획은 생산적인 관계를 맺고자 하는 의지에서 파생된 것이다.

'생산적 판매'Productive Thinking 태도를 개발하고 이 책에서 제시된 기술들을 연습하게 되면, 당신은 남들이 기억하고 또 주변에서 추천하는 인물이 될 수 있다. 이것이 계속되면, 많은 사람들의 기억영역에 머물게 되고 당신을 찾는 전화가 끊임없이 울릴 것이다. 그것은 이상적인 결과라고 하겠는데, 특히 비자발적으로(그리고 때로는 입장 때문에 어쩔 수 없이) 세일즈를 해야만 하는 이들에게는 더더욱 그렇다.

여기 한 가지 확실한 점이 있다. 당신이 '생산적 판매'에 더욱 익숙해질수록, 실제 영업하는 데에는 시간을 적게 쓰고, 우리가 모두 당연히 하기를 원하는 일—사람들이 문제를 해결하는 데 도움을 주고 기회를 얻는—에 더 많은 시간을 투입하게 될 것이라는 것이다.

당신의 성공을 빈다.

부 록 생산적 판매 – 리뷰

> 독자들이 건너뛰는 부분은 생략하도록 한다.
>
> - 엘모어 레오나드 Elmore Leonard

다음 부록에서는 *'세일즈의 탄생'*Never Be Closing의 제1장~제22장을 요약한 내용, 생산적 판매 프로세스의 개괄, 그리고 생산적 판매 도구들의 양식들을 간추려 소개한다.

제1장은 나그네의 딜레마라는 문제 – 전혀 모르는 사람들이 서로 거래를 하려고 할 때, 우선 신뢰의 장벽을 극복해야 하는 사실 – 를 소개한다. **생산적 판매**Productive Selling는 나그네의 딜레마를 극복하는 데 도움이 되는 철학, 기술 세트, 그리고 일련의 도구를 제시해 준다. 생산적 판매는 제반 문제를 파악하고 해결하는데 있어서 다년간 연구된 과정에 기반을 두고 있으며, 그 용도는 당신이 고객과 긴 시간을 두고 관계를 발전시키는 데 있어서 창의적으로 접근하고 적용을 하도록 돕는 데 있다.

제2장에서는 **생산적 사고**Productive Thinking가 소개되는데, 생산적 사고는 창의적 문제해결과 관련하여 교육 및 훈련과정에서 비즈니스 업계와 비즈니스관련 학계에서 광범하게 쓰이는 이론체계이다. 생산적 사고의 6단계 모델은 성공적인 세일즈 직원들이 사용하는 프로세스와 유사한 면이 많다.

생산적 사고 6단계 모델

- 현재 상황을 탐색하고, 해결되어야 할 애로사항을 파악하고, 그리고 미래의 비전을 세운다.
- 제안된 해결방안들이 지닌 잠재적인 효과를 파악하기 위하여 성공에 대한 범주를 명확하게 그리고 확인이 되게끔 정의한다.
- 애로사항에 대한 해답이 요구되는 질문들을 명료하게 표현한다.
- 그러한 질문들에 대한 답으로 창의적인 아이디어들을 최대한 생성한다.
- 가장 유망한 아이디어들을 건실한 해결방안으로 정제한다.
- 실행방안을 만들고 이행하는데 필요한 자원을 파악하고 동원한다.

생산적 사고Productive Thinking에는 혁신활동 및 판매활동에 모두 적용되는 다섯 가지 기본 원리가 있다.

- 유용성이 없는 습관적 사고 패턴(정형定型)에서 벗어나야 한다.
- 창의적 사고와 비판적 사고를 분리한다. 다시 말해서, 아이디어를 많

이 생각해 낸 다음에 하나하나에 대해서 평가를 한다.

- 맨 처음 나오는 '옳은' 답변을 넘어서서, 복수의 '옳은' 답들을 찾아서 거기에서 가장 유망한 해답을 선택할 수 있도록 한다.
- 뜻밖의 연상들과, 당면한 주제 문제 및 잠재력에 대한 새로운 시각들을 받아들이는 열린 마음을 갖는다.
- 점검 프로세스를 신중하게 적용함으로써 매번 경험에서 배우고 보다 정교한 수준의 기술과 실행력을 갖추도록 한다.

제3장에서 제시하는 바는 **생산적 판매 방식**Productive Selling approach이 단지 전문적 세일즈 직원들에게만 필요한 것이 아니라 본인도 모르게 실제 세일즈 활동에 매일 접하는 사람들—종업원, 소기업 업주들, 기업가들, 또는 공동사회 멤버들을 막론하고—에게도 유용하다는 점이다. 누구라도 상대방에게 특정 아이디어의 가치를 설득하려는 경우에는 생산적 판매 방식이 도움이 될 수 있다.

제4장은 세일즈에서 요구되는 윤리에 관하여 논의한다. 사람이 사업에서나 개인적으로 만족감을 갖기 위해서는 나름의 도덕적 나침반을 갖는 것이 중요하다. **생산적 판매 철학**Productive Selling philosophy은 당신으로 하여금 자기 나름의 세일즈 프로세스를 정립하게끔 해서, 당신이 자신과 고객과 동료들과 그리고 공동체에 떳떳할 수 있게 해준다. 생산적 판매는 정직하게 세일즈를 하는 방법이다.

제5장에서는 자신의 옛 동료를 만나서 세일즈 상담을 성공적으로 끝

냈다고 생각하는 초보 세일즈맨, 스티브가 등장한다. 그러나 실제로 드러난 바는, 그 동료는 상담결과에 대해서 전혀 다른 견해를 갖고 있으며 스티브에게 "약간 실망했다"는 이-메일을 보낸다. 혼란에 빠진 스티브는 그 상담에 관해서 두 사람의 지인들과 상의를 하는데, 두 사람이 각기 다른 조언을 한다. 노련한 세일즈맨인 매트는 '사람'에 집중할 것을 권하는데, 경영대학원 동창인 제인은 '프로세스'를 정리하도록 제안한다.

제6장에서는 스티브의 멘토인 버질이 등장해서, 스티브에게 그 잘못된 상담에 대해서 간단히 점검하게끔 한 다음, 스티브에게 **생산적 사고**라는 혁신 모델에 기초한 세일즈 프로세스를 가르쳐 주겠다고 제안한다. 나머지 내용은 **생산적 판매 모델**에 관한 것들이다.

제7장은 세일즈맨 자신, 제안 사항 그리고 잠재고객에 대한 가치 등을 간단명료하게 표현한 '**스크립트**'를 고안하고 작성하며 연습하는 방법을 보여준다. 스크립트는 세일즈 상담 및 여타 많은 상황에서 쓰일 수 있다. 통화할 때, 레스토랑에서, 회의에서 등. 스크립트를 효과적으로 사용하면, 당신 자신 및 지식은 물론, 당신은 전문적 업무처리능력에 관해서도 당신에 대한 고객의 신뢰를 크게 높일 수 있다. 스크립트는 다음내용을 '커뮤니케이션'할 수 있다.

- 당신에 관한 흥미롭고 특이한 점들
- 당신의 전문적 배경
- 당신의 팀

- 당신 회사와 회사이념
- 당신 개인의 비즈니스 철학
- 산업계 뉴스와 식견
- 당신이 제시하는 제품 및 서비스
- 당신 회사의 최근 발전 동향
- 고객을 도운 실적

스크립트가 갖추어야 할 점

- 간단명료할 것—길어야 60초 이내
- 당신 및 회사의 특장에 대해서 집중해서 요점 위주로 제시할 것
- 사실뿐만 아니라 사람들 얘기도 포함할 것
- 고객과 연관성이 있어야—일부 내용은 일반적이되, 다른 내용은 고객의 업종, 관심사, 그리고 니즈에 주목할 것
- 언제나 질문으로 끝맺을 것

제8장에서는 **상담을 요청할 때** '해야 할 일'과 '해서는 안 될 일'들을 논의한다. '5단계 프로세스'를 소개한다.

- 대상 고객이 있게 해주는 당신의 상담요청에 쉽게 응할 수 사업상 또는 개인적 연결점을 찾는다.
- 당신과 회사에 대해서 매력적인 내용이 담긴 스크립트를 한두 가지 고르고 연습을 한다.

- 고객과 시간 약속을 확인할 다이어리를 몸 가까이에 지닌다.
- 중요 사항을 적을 수 있도록 노트를 준비한다.
- 전화를 하기 전에 언제나 무엇인가 얘기할 거리를 준비한다.

제9장에서는 고객 리서치를 효율적 생산적으로 하는 방법을 제시한다. 고객에 관하여 리서치를 하는 목적에는 세 가지가 있다.

- 당신의 신뢰성과 전문성을 높인다. 당신이 대상고객에 대해서 더 많이 알수록, 당신이 상담에서 더 효과적이 될 수 있다.
- 당신으로 하여금 고객과 얼굴을 맞대고 하는 상담에서 탐색하고자 하는 질문 다섯 가지—상담 의제를 파악할 수 있게 한다. 이렇게 다섯 가지 분야를 준비하게 되면, 한두 가지가 끝나도 바로 다음 얘기를 할 수 있다.
- 당신이 고객에게 가치를 전달하는 아이디어를 생성하고 평가하게 된다.

이 장에서는 개괄적으로 고객의 핵심제품 또는 서비스에 관한 정보를 발견하는 방법을 보여준다. 그 정보에는 대상 시장, 경쟁자, 전략적 제휴 관계, 사업장, 생산공장, 수익성, 종업원 수, 기업가치, 당신의 시장과 고객에 대한 고객의 상황, 또 당신 회사와의 거래 실적 등이 포함된다.

마지막으로, 이 장에서는 강력하고 시간절약이 되는 리서치 도구로서 **'노우 원더'**Know Wonder를 제시한다. 그 도구는 당신으로 하여금 고객의 상황을 이해하고 상담을 전후해서 당신이 탐색해야 할 연관 분야를 파악하게 해준다.

노우Know	원더Wonder
당신이 대상고객에 대해서 기왕 아는 바를 전부 나열한다.	고객에 대해서 알지 못하나, 알면 좋겠다고 생각하는 바를 나열한다.

제10장은 당신 상담(그리고 이어지는 고객관계)에 대한 '성공기준'을 수립하는 방법을 보여준다. 성공기준을 세우는 데에는 간단하지만 강력한 도구인 **DRIVE**가 당신으로 하여금 다음을 정의하게끔 도움을 준다.

D – 고객과의 상담과 관계에서 기대하는 성과

R – 회피해야 할 위험(상담에서 그리고 관계에서)

I – 세일즈를 위한 노력에 당신이 투자할 시간, 금전, 그리고 여타 자원들

V – 관계를 발전시키면서 당신이 지킬 가치들

E – 상담(그리고 지속되는 관계)에서 얻을 필수적이며 측정 가능한 성과로서 당신의 노력이 성공했는지를 알려주게 된다.

제11장에서 **큐-노트**Q-Notes양식이 제시되는데, 상담에서 노트하는 방법의 하나로서 다음과 같은 기능을 갖는다.

- 탐색할 의제를 수립하고 질문할 분야를 뒤에 처리한다.

- 당신이 상담 말미에 제안하기 원하는 아이디어들을 조직화해서 내어 놓는다.
- 고객의 관심, 주요 관심사, 그리고 니즈에 대해서 당신이 관찰한 바를 기록한다.
- 고객과 연결하는 접촉기회를 후속적으로 따르게 체크리스트를 만든다.

큐–노트는 당신이 점검을 하는 데 있어서 기본인데, 당신은 점검 과정에서 동료들로부터 고객과 일을 진척시키는 방법에 대해서 아이디어를 구하게 된다.

	발견 Discovery	**인도** Delivery
상담 중	***의제 사분면*** Agenda Quadrant • **준비한 질문들**: 리서치에서 파악된 5개 분야로, 대개 Who, What, Where, When, Why, 또는 How, 아니면 그저 "…에 대해서 얘기를 해주세요"로 시작하는 질문 • **발견한 질문들**: 당신이 발견한 새로운 탐색 대상 지역들—상담 후반에 재차 검토한다.	***가치 사분면*** Value Quadrant • **준비한 아이디어/제안들**: 고객을 돕기 위해서 상담 전에 생성한 것들 • **발견한 아이디어/제안들**: 상담에서 고객이 답변하는 것을 들으면서 당신에게 생각난 것으로서 고객에 도움이 될 것—당신의 제품/서비스가 얼마나 도움이 되는지, 고객들이 알아야 할 사람들, 고객이 확보해야 할 자원들
상담 후	***핵심 정보*** Key Information • 당신이 상담 중에는 탐색하고 싶지 않았으나 훗날 필요할 것으로 보이는 정보 • 장래 접촉할 기회를 제공할 수 있는 개인적 정보—아마 당신이 상담 전 소소한 얘기에서나 다른 한담에서 알게 된 것들	***후속조치 체크리스트*** F/up Checklist • 제2사분면, 또는 3사분면에 나온 아이디어 대부분은 후속 대화를 나누는 데 필요할 수 있다. 예를 들면, • 2주 내로 고객이 컨퍼런스에서 연설한다. • 고객의 주니어 팀이 곧 챔피언 결정전 시합에 참가한다. • 고객이 최근 정부가 발표한 보고 규정에 대해서 궁금해 한다.

제12장에서는 세일즈 상담에서의 대화가 3막으로 전개됨을 보여준다.

- **제1막**(상담의 첫 20~25% 비중)은 고객에게 탐사하는 질문을 할 수 있도록 신뢰를 얻는 곳이다.
- **제2막**(상담의 절반에 해당)은 고객이 처한 문제와 도전을 잘 이해하기 위해서 일련의 준비된 질문을 고객에게 던져서 고객의 니즈를 탐색하는 곳이다.
- **제3막**(상담의 20~30% 비중)은 당신이 고객에게 통찰, 자원, 제품 또는 서비스, 그리고 지속적인 관계에 필요한 기반을 제공함으로써 당신의 가치를 증명하는 곳이다.

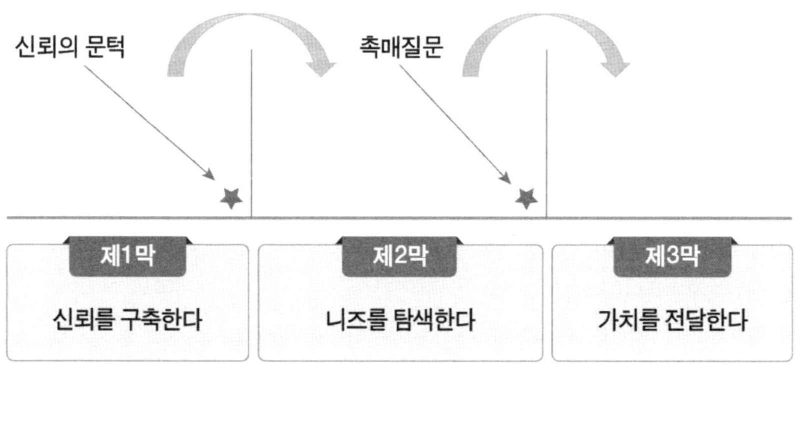

제13장에서는 세일즈 상담에서 마주치게 되는 여섯 가지 유형의 고객들을 효과적으로 파악하고 소통하는 방법을 설명한다.

- **상황지향형 스타일**: 이들은 어떤 일에 뛰어들기 전에 상황을 충분히 이해하려고 한다. 그들은 너무 빨리 서두르는 것을 불편해한다.

- **결과지향형 스타일**: 이들은 사실, 숫자, 그리고 목표를 뒷받침하는 논리에 주목한다. 그들은 단도직입적이고 효율적인 면을 가치가 있다고 여긴다.
- **아이디어지향형 스타일**: 이들은 추상적 사고를 선호한다. 그들은 새로운 아이디어를 많이 제시하고 문제에 대해서 가능한 많은 해법을 제시하는 것을 좋아한다.
- **과정지향형 스타일**: 이들은 시스템적 사고를 한다. 그들은 일들이 어떻게 이루어지는가를 이해하고 제안된 해결책들이 제대로 성과를 내는지 보기를 원한다.
- **행동지향형 스타일**: 이들은 행동파다. 그들은 악착같고, 단호하며, 주장이 강하다. 그들은 일이 진행되는 것을 보고 싶어한다.
- **사람지향형 스타일**: 이들은 사회라는 렌즈를 통해서 세상을 본다. 제안들을 평가하는 데서도, 그들의 첫 번째 관심사는 사람들이 어떻게 영향을 받느냐이다.

제14장은 당신이 대상고객의 회사를 방문한 경우, 리셉션 구역에서 보낸 시간, 그리고 회의실로 걸어가는 동안, 그리고 회의실에서 초기 수분간 등을 효과적으로 이용하는 방법에 대해서 설명한다.

리셉션 구역에서는 고객회사와 상담대상 고객에 대한 단서가 되는 정보들이 보이는 경우가 많다. '응접실의 현인'이 되는 방식—호기심을 가지고, 리셉셔니스트에게 자기 소개를 하고, 마주치는 사람들과 인사를 나누는 등—으로 당신은 생산적인 상담에 도움이 되는 정보거리들을 얻을 수 있다.

고객의 사무실로 안내되는 길에, 당신은 소소한 얘기들을 통해서 고객과 공통점을 상담 전에 발견할 수도 있는데, 예를 들어서 같은 취미, 서로 아는 사람들이나 지역들, 또는 운이 좋다면 공동체 멤버십이 같다든지 할 수도 있다. 당신이 알게 된 어떤 공통점이라도 생산적인 상담을 하는 데 도움이 될 것이다. 이렇게 공통점을 찾는 데는, 다음과 같은 습관들을 익히도록 한다.

- 당신 자신에 대한 얘기를 공개하고, 고객에 대해서도 묻는다.
- 인사를 나누자 말자, 바로 시작한다.
- 고객 환경에서 찾은 단서에 맞추어서 얘기를 조절한다.

제15장은 상담 대화의 1막에 대한 설명을 하는데, 당신은 1막에서 고객에게 탐사하는 질문을 하기 위한 신뢰를 얻고 2막에 연결한다. 신뢰의 문턱을 넘는 데는 여러 가지 길이 있다. 당신이 취하는 길은 상담의 분위기, 고객의 사고 스타일, 당신과 고객의 사회적 지위관계, 그리고 당신의 상담 숙련도에 따라 달라진다. 상담이 진행되는 동안, 신뢰를 얻는 방법으로 여덟 가지 증명된 접근방법이 있는데, 이것들은 각기 또는 함께 쓰일 수 있다.

- 믿음직한 지인의 적극적인 소개
- 개인적 연결점

- 사업상 연결점
- 경험과 전문지식에 대한 스크립트
- 능력과 확신을 보여주는 상담 진행
- 산업계 관련하여 적절한 의견과 통찰
- 업계 또는 관련 사회에서의 당신 평판
- 당신이 신뢰를 얻었다는 전제로 하는 단도직입적 질문

당신이 신뢰의 문턱을 넘는 즉시, 당신은 바로 상담의 다음 단계로 진행하는데, 고객의 상황, 중요 문제, 그리고 니즈에 대해서 묻는다.

제16장은 상담대화에서 2막을 보여주는데, 여기에서는 초점이 고객에게 그들의 상황, 난제들, 그리고 니즈에 대해서 예리한 질문을 하는 데에 있다. 2막에서 당신이 탐색할 의제는 당신이 리서치에서 이미 파악해서 큐-노트에 적어놓은 다섯 가지 질문분야에 따른다. 제2막에서는 질문에 집중한다. 달리 말하자면, 고객에게 바로 해답을 제시하고자 하는 유혹을 이겨내도록 한다. 이때는 묻고, 고려하고, 생각하며, 숙고하고, 그런 다음에 당신의 큐-노트에 떠오르는 아이디어를 적는 것이 무엇보다도 중요하다. 당신이 할 일은 잘 알아본 다음에 2막 말미에 한 두 개의 촉매질문을 하는 것인데, 그 다음에 3막으로 상담이 넘어간다.

이 장에서는 당신이 탐색하는 데 도움이 되는 세 가지 도구들이 제시된다. **'하이 파이브'**High Five, **'개방형 질문'**Open-Ended Question, 그리고 **'에이아이엠'**AIM이다.

'하이 파이브'는 다섯 가지의 탐색질문들이다.

고객의 애로사항 Itch — 귀찮은 일들, 어긋난 일들, 걱정거리들 — 은 무엇인가?

각 애로사항이 주는 영향 Impact은 무엇인가 — 왜 그것이 문제인가?

그 애로사항에 대해서 알려진 정보 Information(또는 알았으면 하는 바)는 무엇인가? 그 애로사항의 원인, 결과, 내재된 의미 중 알려지지 않은 것은 무엇이고 무엇을 알기 원하는가?

관련된Involved 사람은 무엇인가 — 누가 애로사항으로 영향을 받으며, 상황이 호전되었을 때 혜택을 보는 사람은 누구인가?

애로사항이 조직 또는 조직원들이 가지고 있는 비전Vision이나 가치 Value에 어떻게 연결이 되어 있는가?

당신은 손 모양에서 '하이 파이브'를 기억할 수 있다. 손가락 하나하나가 'I'로 시작되는 4질문을 대표하며, 엄지와 검지 손가락 사이의 간격이 마지막 'V'로 시작하는 단어들을 포함한 질문을 대표한다.

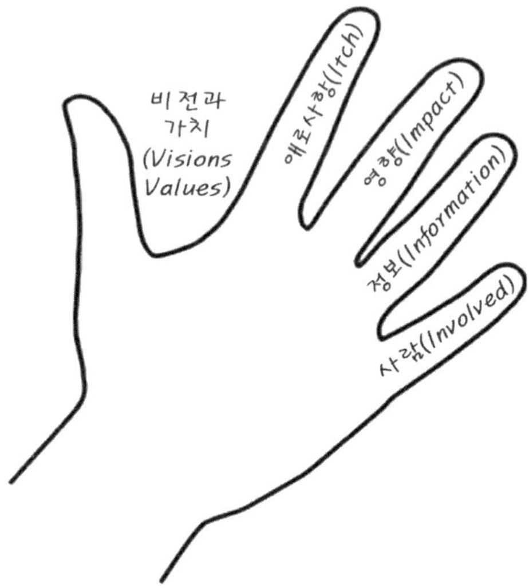

'개방형 질문'은 생각하고, 사색하며, 논의하라는 초청장이다. 개방형 질문에서는 '예' 또는 '아니오'로 대답을 할 수 없다(또는 숫자나 역사기록으로도 안 된다). 가장 유용한 '개방형 질문'은 대개 "어떻게 하면 우리가…?" 또는 "달리 어떻게 하면 우리가…?"하는 형식으로 주어진다.

'에이아이엠'AIM은 고객으로 하여금 왜 그들의 문제를 해결해야 하는지, 해결책에 대한 장애요인들은 무엇인지, 그리고 문제가 해결될 경우에 어떤 여타의 혜택이 있는지를 밝혀내는 데 효율적인 방법이다. AIM은 구성이 Advantages(이점利点), Impediments(장애물障碍物), 그리고 Maybes(가능성可能性)의 머리글자로 이루어졌다.

2막 말미가 될 때까지, 당신은 한두 가지의 촉매질문을 던질 만큼 충분한 정보를 손에 넣었어야 한다. 촉매질문은 원래 대개는 답이 없는 질문들이다. 촉매질문들은 개방형으로 언제나 미래를 지향한다. 그 질문들은 흔히 "어떻게 하면 우리가…?" 아니면 "달리 어떻게 하면 우리가…?" 같은 모양을 갖춘다. 촉매질문은 원래 흥미를 유발하고, 안개를 거두며, 새로운 해결방안으로 길을 열어주고, 행동하고자 하는 동기유발을 하는 목적으로 고안되었다.

제17장에서는 세일즈 상담 중에 짧은 휴식시간을 갖도록 제안한다. 언제나 가능하거나 적절하다고 할 수는 없지만, 휴식시간은 당신과 고객 모두에게 3막으로 들어가기 전에 심사 숙고하는 기회를 준다고 하겠다. 짧게 휴식시간을 갖는 데 효과적인 방법이 세 가지가 있다.

- 고객의 작업 공간을 구경시켜 달라고 요청한다.
- 편의시설을 쓰겠다고 요청한다.
- 사업 영역에서 잠시 벗어나 개인적 영역으로 상담분위기를 바꾸는 개인적 유추를 거론한다.

제18장은 세일즈 상담의 3막에 관한 것인데, 당신은 고객에게 USE를 제안하고 약속을 하는 방식으로 가치를 전달한다. USE는 Understanding(이해), Sourcing(조달), 그리고 Exchanging(교환)의 머리글자들이다.

- 당신은 고객이 처한 난제들에 대해서 새로운 관점과 통찰을 제공함으로써 당신이 상황을 이해한다는 점을 제시한다.
- 당신은 고객을 제3자의 제품과 서비스에 소개시켜 줌으로써 조달하

는 역할을 한다.

- 당신은 고객의 니즈에 대해서 당신 자신의 제품, 서비스 그리고 아이디어를 거래하는 제안을 함으로써 고객에게 교환을 제시한다.

조달과 교환을 제시한 결과 생기는 일련의 약속이 향후 당신과 고객의 관계를 결정짓는다. 예를 들자면,

"관련 계약서들을 적절하게 준비해서 내일 오전에 전달하겠습니다."

"제가 사무실로 돌아가는 대로, 당신을 해리Harry에게 소개하는 이-메일을 보내지요."

"우리가 제안서에서 중점을 둘 세 가지 분야는 다음과 같습니다."

제19장에서는 생산적 판매에 필수적인 사후 활동 세 가지를 소개한다.

- 프로세스 점검에서는, 당신의 상담방식에서 개선해야 할 분야를 파악한다.
- 내용 점검에서는, 당신이 처리할 후속조치를 찾아낸다.
- 행동계획에서는, 고객과의 관계를 증진하는 일을 시작한다.

제20장은 상담프로세스를 재점검하는 절차를 보여준다. 달리 말하면, 당신이 상담을 어떻게 했는지를 다시 검토한다. 과정 점검을 하면, 다음 3질문에 대한 답이 나온다.

- What? (상담에서 무슨 일이 있었는가?)

- So What? (그것은 무슨 의미인가?)
- Now What? (다음 할 일은 무엇인가?)

첫 질문(What?)에 대해서 '스토리 맵핑'Story mapping을 이용해서 답변을 한다. 당신이 작성한 큐-노트와 간단한 타임라인을 함께 사용하면서, 당신은 자신에게 일어난 바(당신이 한 일, 당신이 한 말, 당신이 문의한 것과 고객이 한 사항들도 같이)를 가능한 한 정확하게 복기하면서 상담을 점검한다.

두 번째 질문(So What?)에는 POWER 도구를 이용해서 답변을 한다.

POSITIVES 상담에서 긍정적이고 유용한 점은 무엇이었는가? 어떻게 상담이 잘 되게끔 할 수 있었는가? 당신의 강점은 무엇이었나? 당신의 실수는 무엇이었나?	**ENHANCEMENTS** 당신의 강점들을 어떻게 더 고양할 것인가? 어떻게 당신의 솜씨를 높여서 상담을 성공적으로 이끌 수 있는가?
OBJECTIONS 당신이 상담을 주도할 때 잘못한 점은 무엇인가? 상담이 실패하게끔 당신이 한 일은 무엇인가? 당신의 약점은 무엇이었나? 어느 부분에서 헤맸었나?	**REMEDIES** 당신이 거론한 Objections를 어떻게 극복할 것인가? 당신은 어떻게 약점을 보강하고 당신이 상담에서 성공하게끔 하겠는가?

WHAT ELSE?
당신의 상담에서 생각나는 다른 점은 무엇인가? 잘 된 점과 잘못된 점은? 상담의 속도는 어떠했는가? 질문하는 방식은? 질문에 대해서 당신의 답변방식은 어떠했는가? 생각을 이어가는 점에서는 어떠했는가? 촉매질문은 했는가? 비유법은 사용했는가? 상담을 시작하는 면에서는 또 생각나는 점은? 상담 마무리는 어떻게 했는가? Small talk에 관한 점은? 상담시 뜻밖의 상황은 없었는가, 환영하는 분위기 또는 반대, 그리고 어떻게 대처했는가? 상담시 당신의 태도 또는 프로세스 그리고 감정에 대해서 또 다른 생각은 있는가?

세 번째 질문(Now What?)은 '중단-시작-개선'Stop-Start-Improve 도구를 가지고 답변을 한다. 스스로 자문한다. 내가 중단할 점은 무엇인가? 내가 시작해야 할 일은 무엇인가? 내가 개선하거나 더 잘 할 수 있는 것은 무엇인가?

제21장은 상담 중에 후속조치를 할 아이디어나 행동들에 대해서 알아보는 방법을 설명한다(3단계 프로세스의 예).

당신이 적은 큐-노트를 깨끗하고 잘 읽을 수 있는 것으로 점검을 할 준비를 한다.

동료들을 '세일스톰'Salestorm 회합에 초대한 다음, 당신이 적은 큐-노트를 점검하고 후속조치들에 대해서 동료들의 의견을 구한다.

후속조치 계획을 작성한다. 당신이 한 약속을 언제 어떻게 할 것인지, 누가 무엇을 언제 할 것인가 등 자세한 후속조치와 활동을 일목요연하게 만든다.

질문할 사항:	**전달할 아이디어들:**
팀원들에게 당신이 더 알아보아야 할 부분이나 시각이 있는지 묻는다. 어떠한 질문들에 답변을 듣지 못했는가? 새로 떠오른 질문사항 또는 아이디어들을 모두 적는다. Q1	팀원들에게 고객에게 가치가 있을 수 있는 USE 아이디어들로는 또 어떤 것이 있는지 묻는다. 고객에게 제시하기에 유용할 것 같은 추가 정보사항을 적는다. Q2
핵심 정보(개인적/업무상):	**후속조치를 할 사항들:**
팀원들에게 자신들이 생각하기에 쓸모가 있을 추가사항을 포스트잇에 적도록 요청한다. 팀원들로 하여금 당신이 고객에게 했어야 할 또는 여전히 해야 할 질문사항들을 적도록 요청한다. Q3	팀원들에게 당신이 고객과 향 후에 조치해야 할 아이디어들을, 개인적이든 업무상이든, 생각해 보도록 요청한다. 팀원들에게 단 한 번이라도 개인적으로 연결되는 것이 업무상 연결되는 것보다 열 배의 효과가 있다는 점을 강조한다. Q4

제22장은 고객의 기억에 남는 확률을 최대로 높이기 위해서 후속조치를 철저하게 이행하고 당신이 연결할 사항을 파악하는 일이 중요하다는 점을 강조한다. 그래야 고객이 필요할 때마다 당신이 도움이 된다고 생각하게 된다.

감사의 글

비록 개인이(또는 우리들처럼, 두 사람이 공동으로) 책을 쓰는 경우에도, 책이 한 개인(또는 두 사람)의 마음에서만 나오는 산출물이라고 할 수는 없다. 우리로 하여금 *'세일즈의 탄생'*Never Be Closing을 쓰게끔 영향을 끼친 이들에게 모두 감사를 하고 싶은데, 이러자면 많은 지면이 필요할 것이다. 비록 모든 분들에게 각각 감사 인사를 할 지면여유는 없지만, 도와주신 분들은 자명할 뿐만 아니라 우리가 감사한 마음을 지닌다는 점을 아실 것이다.

여기 특별히 기억을 해둘 분들이 몇 분 있다. 그들이 없었으면, *'세일즈의 탄생'*Never Be Closing은 결코 쓰여질 수 없었을 것이다.

먼저, 시드 파슨스Sid Parsons에게 감사하며 이 책을 그에게 바친다. 시드는 특출할 뿐만 아니라 지혜롭고 정열이 넘치는 사람이었다. 창의교육재단Creative Education Foundation의 설립자 중 한 사람인 그는, 우리들에게 보다 더 생산적으로 그리고 더욱 창의적으로 생각하는 방법을 가르쳐 주었다. 시드는 세상에서 더할 나위 없이 위대한 '비자발적' 세일즈맨 중의 한 사람이었다. 그는 수천 명이 넘는 사람들에게, 배경이 무엇이든지 간에, 누구나 더 지혜롭게 생각하는 방법을 배울 수 있다는 사실을 설득시켰다.

우리는 전문적인 프로 세일즈맨들이 남긴 가르침과 경험담에서 많은 도움을 받았다. 우리는 톰 스토얀Tom Stoyan에게 큰 감사를 드린다. 그가 주창하는 '정직한 판매'Selling with Integrity 철학은 *'세일즈의 탄생'*Never Be

Closing의 저변에 뚜렷하게 각인되어 있다. 그리고 백과사전 세일즈맨인 자크 아츠Jacques Atz에게도 그의 '고객을 포로로 잡지 않는 전략'take-no-prisoners strategy에 대해서 감사를 드린다.

이 책을 출간하는 작업에서 잊혀질 수 없는 고객들과 친구들이 있다. 우리는 데이비드 올니David Olney, 케빈 미노나Kevin Minogna, 그리고 켄 월Ken Wall에게 감사의 마음을 전한다. 이들에게서 배운 경험과 통찰이 *'세일즈의 탄생'*Never Be Closing을 더욱 유용하게 만들었다.

우리의 친구이자 동료인 그레그 프래일리Greg Fraley는 깊은 사려, 유머, 성실, 창의적 마음, 그리고 넉넉한 태도로 우리에게 큰 도움을 주었기에 깊이 감사를 드린다. 그가 보여준 친절과 아량이 없었으면 이 책은 나오지 못했을 것이다.

빠뜨릴 수 없는 사람들로, 지칠 줄 모르고 일해준 우리의 출판 대리인 캐시 헤밍Cathy hemming, 총명한 코멘트로 책의 품격을 한껏 높여준 출판 편집인 에밀리 앤젤Emily Angel 그리고 *'세일즈의 탄생'*Never Be Closing이 단지 세일즈를 하는 사람들뿐만 아니라 구매하는 사람들에게도 도움을 줄 것이라고 확신을 해준 출판사 대표 애드리언 잭하임Adrian zackheim에게 꼭 감사한 마음을 전하고자 한다.

마지막으로, *'세일즈의 탄생'*Never Be Closing은 프랑카 리슨Franca Leeson(팀Tim의 파트너)과 매기 듀건Maggie Dugan(팀Tim의 파트너)이 보여준 격려와 관용, 그리고 우리의 자녀들, 연령이 아닌 알파벳 순으로 브랜웬Branwen, 에밀리Emily, 맥스Max, 몰리Molly, 피터Peter, 그리고 루비Ruby의 인내심이 있었기에 쓰여질 수 있었다.

세일즈의 탄생
고객창조를 위한 생산적 판매

저　　자　Tim Hurson · Tim Dunne
역　　자　박재찬
펴 낸 이　한헌주
펴 낸 곳　도서출판 K-books
등　　록　1995년 11월 9일 제300-1995-138호
주　　소　서울특별시 서대문구 독립문로 21-9
전　　화　02-738-7035(대표)
FAX　02-722-4678
e-mail　kmsp@korea.com
홈페이지　http://www.kmsp.co.kr
초판 인쇄　2015년 12월 22일
초판 발행　2015년 12월 29일

값 14,000원
ISBN 978-89-420-0841-4 03320